内幕交易监管下的豁免制度研究

葛向孜——著

法律出版社
LAW PRESS·CHINA
北京

图书在版编目（CIP）数据

内幕交易监管下的豁免制度研究 / 葛向孜著 . -- 北京 : 法律出版社, 2022

ISBN 978-7-5197-6867-6

Ⅰ . ①内… Ⅱ . ①葛… Ⅲ . ①证券交易—金融制度—金融法—研究—中国 Ⅳ . ① D922.287.4

中国版本图书馆 CIP 数据核字（2022）第 113169 号

内幕交易监管下的豁免制度研究 NEIMU JIAOYI JIANGUAN XIA DE HUOMIAN ZHIDU YANJIU	葛向孜 著	责任编辑 朱海波 谢瑞忠 装帧设计 李 瞻

出版发行 法律出版社
编辑统筹 法律应用出版分社
责任校对 裴 黎
责任印制 刘晓伟
经 销 新华书店

开本 A5
印张 8.875 字数 172 千
版本 2022 年 8 月第 1 版
印次 2022 年 8 月第 1 次印刷
印刷 北京建宏印刷有限公司

地址：北京市丰台区莲花池西里 7 号（100073）
网址：www.lawpress.com.cn
投稿邮箱：info@lawpress.com.cn
举报盗版邮箱：jbwq@lawpress.com.cn

销售电话：010-83938349
客服电话：010-83938350
咨询电话：010-63939796

书号：ISBN 978-7-5197-6867-6
定价：48.00 元
凡购买本社图书，如有印装错误，我社负责退换。电话：010-83938349

目　　录

导　论

一、问题的提出

2013 年 8 月 16 日，光大证券公司在对自营交易软件进行实盘测试时发生了系统错误，导致系统自动下单了天量的 ETF[1]成分股。这一乌龙指事件立刻引发证券市场连锁反应，导致证券市场的暴涨。事发当天，光大证券在尚未就该事件对公众发布公告的情况下直接通过 ETF 和股指期货进行了对冲。这一乌龙指事件当时震惊了大大小小的股民，而接下来中国证券监督管理委员会将光大证券在错单发生之后的对冲交易定性为违法内幕交易并对其进行的天价行政处罚决定，更是在实务界和学术界引起了很大争议。这是因为，无论从我国《证券法》的规定来看，还是从大众乃至专业人士的感觉上来说，该案被界定为内幕交易并不十分顺理成章；但如果不作为内幕交易处理，似乎也不甚合理。

该案牵涉证券法上的一个重要问题，即究竟什么样的交易属于内幕交易？如果单纯从我国《证券法》法条对内幕交易行为主

〔1〕 指交易型开放式指数基金。

体的规定来看，该案当事人光大证券公司确实既不是《证券法》所列举的“内幕信息的知情人”，也不是任何意义上的“非法获取内幕信息的人”，因此不满足内幕交易的构成要件。但如果抛开我国证券法对内幕信息知情人不甚完善的选择性列举就会发现，难以判断该案性质的主要原因在于我国内幕交易监管理论不明。

这种理论不明的状态是法律移植造成的。我国《证券法》的制定和修改在很大程度上依赖于对域外法律的借鉴。[1]这种法律移植一方面令我国尚属幼年的证券市场得以快速追赶发达国家的进度，另一方面却可能因缺乏系统性思维而加剧我国资本市场的乱象。[2]我国的内幕交易法律制度恰是体现碎片化移植乱象的一个典型。立法者虽然注意到各法域内幕交易制度有所不同，但并没有意识到造成这些不同的理论根源。事实上，即使在产生这些理论的英美法域，他们各自在法律发展过程中所形成的不同监管进路也没有得到充分辨析。因此，本书的一个重要工作就是辨明不同内幕交易监管理论指导下的不同监管进路，从而找出我国内幕交易监管冲突的根源。

在研究过程中我们发现，当前世界的内幕交易监管制度已经分裂为两大进路，即以信义关系理论（以下简称关系论）为指导的进路和以平等获取信息理论（以下简称平等论）为指导的进路。

---

〔1〕 参见李安安：《资本市场法律移植的制度反思与变革》，载《证券法苑》2015 年第 1 期。

〔2〕 参见张文婷、史广龙：《反思法律移植模式下的资本市场创新机制——以“中概股”丑闻背后的公司治理问题为例》，载《证券法苑》2012 年第 2 期。

关系论认为行为人只在违背信义义务时才需要承担内幕交易的责任，而平等论的核心要义是，无论行为人是否负有信义义务，只要他拥有内幕信息，就被禁止从事相应的交易。这一发现可以在很大程度上解释光大乌龙指事件中的内幕交易认定争议：如果我们采纳的是关系论进路，那么光大证券并没有处在任何信义关系之中，因此也就没有违反信义义务，进而也谈不上构成内幕交易；反之，如果我们采纳的是平等论的进路，那么在符合法律规定的构成要件的情况下，光大证券就可以构成内幕交易。所以，只要明确了我国内幕交易的监管进路，就可以确定该案该如何认定。根据本书的研究，我国采纳的是平等论的监管进路。

以上仍不能彻底解决光大乌龙指事件中存在的问题。因为平等论是一种打击面十分广泛的理论，直接按照这种理论做出违法认定似乎并不十分妥当。对于平等论存在的这一固有问题，部分国家的解决方案是设置多种豁免情形，从而防止监管过度。不过，豁免情形中也存在模棱两可的问题。例如，采纳平等论的新西兰在法律中规定，“一个人并不仅仅因为他知道自己将要进行的或者过去已经进行的相关交易或协议而违反内幕交易规定”〔1〕。这一豁免情形似乎非常符合光大乌龙指事件的情况，因为光大证

〔1〕 参见新西兰《1988 年证券市场法》第 9C 条：“Exception in case of knowledge of person's own intentions or activities (1) A person (A) does not contravene section 8C merely because A trades the securities with the knowledge that A proposes to enter into, or has previously entered into, 1 or more transactions or agreements in relation to the securities or the public issuer or its business activities”。

券正是因为自身已经发生的错单交易才进行了下一步的对冲操作。但是，如何理解法条中的“仅仅”一词呢？光大证券是“仅仅”因为错单交易而被认定为内幕交易的吗？换句话说，我们应当在何种程度上适用豁免呢？

很显然，单纯规定豁免情形并不足以解决内幕交易认定中的争议。要想解决这一难题，我们就必须思考一个更根本的问题，即“为什么要禁止内幕交易”。如果能解答这一问题，那么就可以反过来回答“什么样的内幕交易不需要被禁止”，从而确定我们应当在何种程度上适用豁免了。

二、研究对象的界定

由于内幕交易的豁免属于一个比较新的研究领域，因此在正式开始讨论豁免制度之前，首先要对内幕交易的“豁免”进行界定。在界定“豁免”之前，我们将先对内幕交易进行简单介绍，以便界定“豁免”。

1. 内幕交易

根据我国《证券法》的规定，“内幕交易”是指行为主体（包括内幕信息知情人和非法获取内幕信息的人）利用内幕信息买卖证券、泄露内幕信息，或建议他人买卖该证券的行为。这里提出定义主要是为形成一个有关内幕交易的基本印象。事实上，监管者和学者都不太愿意为内幕交易下定义。一方面是由于内幕交易的界定在理论和实务上存在很多争议，另一方面是由于内幕交易存在循环定义的问题，即法律上的内幕交易通常是指违法的内幕交易，但现实中的内幕交易不一定是违法的。

内幕交易的构成要件一般包括主体、主观要件、内幕信息，以及客观要件。大部分国家对内幕交易的主体要件采用列举的方式进行规定，美国则明确以是否负有信义义务作为是否构成内幕交易主体的依据。主观要件方面，不仅不同法域对此有不同的观点，即使是同一个法域内部也存在不少分歧。总体来说，主观要件可以分为持有说、利用说、推定利用说和知悉说。这四种学说的区别主要体现在当事人的举证责任和执法者的证明难度上。这些"说"的宾语是作为内幕交易对象要件的内幕信息，例如，持有说认为持有内幕信息即可满足内幕交易的主观要件。客观要件主要包括处分证券或金融工具、泄露内幕信息，以及建议他人买卖。并不是每个国家都完全接受这三个客观要件，但第一个客观要件是内幕交易监管必不可少的要件。上述四个构成要件是内幕交易的狭义构成要件。广义的构成要件还包括本书所讨论的豁免。

2."豁免"的概念

如果内幕交易行为符合法律规定的各项内幕交易狭义构成要件，但由于存在某些特殊事实，而不应当被认定为违法的内幕交易。基于这些特殊事实而免除内幕交易的法律责任，就是指内幕交易的"豁免"（exemption），而相应的金融法概念下的制度就是内幕交易的"豁免制度"。

这里的豁免,是广义的抗辩的一部分。一方面,豁免包含于实体法意义上的抗辩,而不是程序法意义上的抗辩,即诉讼时效届满等程序法上的抗辩不是豁免。另一方面,豁免是法律规范中狭义构成要件之外的补充性规定。法律规范是由一定的法律后果与抽象的事实构成相联系而形成的。其中,法律规范的事实构成可分为基本事实构成和补充性规定。补充性规定既可能是对基本事实构成中某个要素的界定,也可能是基本事实构成之外的例外事实构成。[1]前述定义中的豁免,即属于此种例外事实构成。换句话说,广义的构成要件包括豁免规范,而狭义的构成要件不包括豁免规范。在未特殊说明的情况下,本书提到的构成要件是指狭义的、不包含豁免规范的构成要件。

为了便于展开后面的讨论,我们首先要厘清内幕交易和违法的内幕交易之间的区别。一提到内幕交易,人们的内心通常会产生一种负面印象。这种判断无可厚非,因为人们总是将法律禁止的内幕交易直接简称为内幕交易。即使是在法律界,律师、学者甚至是立法者也常常直接使用“内幕交易”来代替“违法的内幕交易”。但在探讨豁免问题时,我们必须清楚,“内幕交易”一词本身是中性的,并不是所有的内幕交易都是违法的。具体来说,内幕交易包含符合法律规定的内幕交易狭义构成要件的内幕交易行为以及不符合狭义构成要件的内幕交易行为。不符合狭义构成

---

〔1〕 参见冯珏:《论侵权法中的抗辩事由》,载《法律科学(西北政法大学学报)》2011年第4期。

要件的内幕交易行为不受法律规制，通常是合法的；而符合法律规定的内幕交易狭义构成要件的行为又可以分为不违法的符合狭义构成要件的行为和违法的符合狭义构成要件的行为。而能够获得豁免的内幕交易行为，正是属于不违法的、符合内幕交易狭义构成要件的行为。同时，这种行为也并不符合广义的构成要件。

在选词上，本书使用了“豁免”，而没有使用“抗辩”“抗辩事由”“免责抗辩”“积极抗辩”等词，主要是基于以下两点考虑：

一方面，使用“抗辩”一词容易造成歧义。我国法学界对“抗辩”一词的使用比较广泛，程序法和实体法，刑法、民法和经济法，对该词的内涵、外延的界定并不相同，整体上比较混乱。在我国，“抗辩”可能是指当事人从程序法或实体法角度对自己的行为不构成违法而进行证明的行为；可能是指针对单个或多个构成要件的阻却事由；也可能是指行为人的行为符合某违法行为的构成要件，但由于存在某些法定原因而使此种行为不具有违法性。这里只有最后一种含义属于本书讨论的概念。而“抗辩事由”“免责抗辩”“积极抗辩”等词虽然在不同学科或不同法域中得到了一定程度的界定，但通常是指普遍适用于某一法律部门的抗辩，因此也存在内容涵盖过广的问题。而且这些短语中仍然带有“抗辩”一词，因此同样容易产生歧义。总体来说，广义的抗辩实际上包含了本书所指的“豁免”。

另一方面，使用“豁免”一词不易造成歧义。“豁免”虽然在法律上有一些既定的概念，但用在内幕交易监管领域不易引起混淆。当“豁免”对应“exemption”时，是例外的意思，此时它是广义的。而当“豁免”对应“immunity”时，一般指因拥有某种身份而免于承担法律责任。例如，我国《宪法》规定，全国人大代表在全国人民代表大会上的发言、表决，免受法律追究。此外，在刑法和国际法上亦有外交豁免和主权豁免的用法。这两种意思，后者需要依据身份，前者不限于依据身份，因此前者更符合本书所称的“豁免”。在内幕交易监管领域，并没有单纯因为身份而免于承担法律责任的情况，因此，使用“豁免”一词并不会在该领域的语境下产生歧义。综合上述两方面考虑，本书选择使用“豁免”一词。

3. 内幕交易法律责任竞合以及不同部门法中的相关概念辨析

辨析内幕交易“豁免”概念还需要解决的一个问题是法律责任的竞合。内幕交易涉及金融法、刑法，以及民法中的侵权行为法，内幕交易法律责任可能是行政责任、刑事责任，抑或民事责任，这取决于不同法域或相同法域下不同时间段的具体法律制度。例如，在美国和欧盟的内幕交易监管制度中，这三种法律责任均有规定，而我国台湾地区目前仅规定了刑事责任和民事责任。再如，英国在《金融服务与市场法》(FSMA 2000)实施之前对内幕交易仅规定了刑事责任，该法实施之后才有了行政责任和民事责任。我国内幕交易行政责任始于 1990 年的《证券公司管理暂行办法》,[1]民事责任最初在1993年《股票发行与交易管理暂行条例》中的一般性规定出现,[2]刑事责任则是到了1997年修订《刑法》时才产生的,[3]因此,我国内幕交易三种法律责任的存否在早期不同时间段内是不同的。目前我国对三种类型的法律责任均有规定。在我国,行政责任是从事违法内幕交易者需要承担的主要责任;民事责任的承担按法律规定要以行政责任的成立为基础,目前实践中行为人承担民事责任的情况还较少;而刑事责任是内幕交易行为比较严重者可能要承担的,所以整体上数量比行政责任少。不过,根据实证研究,大部分承担内幕交易刑事责任的人并未承担行政责任。[4]

由于内幕交易的法律责任涉及民法、刑法和行政法,所以,有必要将内幕交易的豁免与刑法、民法、行政法上的类似概念进行区分。

刑法上类似于金融法上内幕交易监管之豁免的概念是内幕交易罪、泄露内幕信息罪的"免责抗辩"。从刑法"三阶层理论"的角度看,免责抗辩既可能是正当防卫、紧急避险、执行职务等违法性阻却事由,也可能是不满责任年龄、违法性认识错误、缺乏期待

---

〔1〕 参见中国人民银行1990年10月12日发布实施的《证券公司管理暂行办法》(银发〔1990〕254号)第20条。

〔2〕 参见国务院1993年4月22日发布实施的《股票发行与交易管理暂行条例》(国务院令第112号)第77条。

〔3〕 参见我国1997年《刑法》第180条。

〔4〕 参见金灵:《内幕交易行为规制的行、刑关系矫正:一个实证研究》,载《证券法苑》2017年第2期。

可能性等有责性阻却事由。其中，正当防卫和紧急避险不是金融法上的概念；不满责任年龄虽然可以作为内幕交易行政责任的抗辩事由，但这是一般性的抗辩，并不属于专门用于金融法上内幕交易监管的豁免；执行职务、违法性认识错误，以及缺乏期待可能性这三类抗辩事由虽然具有一定的普遍性，但经过进一步具体化之后可以专门适用于内幕交易监管，从而可以成为本书所说的豁免。此外，刑法中也可以专门针对内幕交易规定特殊免责抗辩。例如，英国《1993年刑事司法法》(the Criminal Justice Act 1993)就按照欧盟《1989年反内幕交易指令》的内容规定了做市商、信息来自公开数据、稳定发行价等方面的抗辩，这类仅适用于内幕交易的抗辩事由就是性质上属于豁免的抗辩事由。总体来说，刑法上的免责抗辩与金融法上内幕交易监管的豁免在整体逻辑思路上是一致的，即均是在构成要件之外的抗辩。但由于二者所属法律部门不同、适用范围大小不同，因此存在一定程度的差异。

侵权法上的类似概念是“免责事由”(或“抗辩事由”)。免责事由包括正当理由和外来原因。“正当理由”是行为具有合法性而使被告责任得以免除的理由，在大陆法系中一般包括正当防卫、紧急避险、法定权力或其他合法权利、自助、受害人同意五项；美国侵权责任法上的正当理由包括正当防卫、防卫他人、受害人同意、对财产的防卫、从财产上获取权益、执行军令等。[1]正当理

〔1〕 参见张新宝：《侵权责任法原理》，中国人民大学出版社2005年版，第108页。

由既可以是法律直接规定的，也可以包含在对法律的解释中，各国的情况不尽相同。[1]我国民法明文规定的正当理由包括正当防卫、紧急避险和救助他人。[2]第二种免责事由“外来原因”是损害结果和行为人的行为之间由于没有因果关系而使行为人免责的理由，[3]一般包括不可抗力、意外事件、受害人行为、第三人行为。[4]虽然内幕交易的豁免与侵权法中的“正当理由”内涵十分相似，但适用领域不同，外延差异也较大。且侵权法上的免责事由都是一般性规定，可以普遍适用于侵权行为，而侵权法作为民法的一部分，适用于平等主体之间，其性质与金融法根本不同，因此侵权法上的免责事由不应与金融法内幕交易豁免相混淆。当内幕交易行为主体被要求承担民事赔偿责任时，其能援引的抗辩仍然是金融法内幕交易监管中的豁免规定，而不是侵权法上的免责事由。

行政法上一般提到的免责事项与本书所讨论的内幕交易行政责任的豁免完全是两回事。行政法学上常说的免责事项一般是指国家无须承担行政赔偿责任的情形，属于国家赔偿法层面的问题。行政机关人员实施的与其职权无关的个人行为，因公民、法人或其他组织自己的行为而导致损害发生的情况，以及法律规定的其他情况，属于我国国家赔偿法规定可以免予赔偿的情形。[5]

---

〔1〕 参见张新宝：《侵权责任法原理》，中国人民大学出版社 2005 年版，第 113~114 页。

〔2〕 参见我国《民法典》第 181、182、184 条。

〔3〕 参见张新宝：《侵权责任法原理》，中国人民大学出版社 2005 年版，第 108 页。

〔4〕 参见冯珏：《论侵权法中的抗辩事由》，载《法律科学（西北政法大学学报）》2011 年第 4 期。

〔5〕 参见 2012 年《国家赔偿法》第 5 条。

因此，虽然内幕交易会导致行政责任，但内幕交易行政责任的免除与行政法上常说的国家赔偿免责事项无关。另外，如果单从行政责任的角度来看，我们也可以适用行政处罚法的一般规则来免除行为人的行政责任，如行为人在不具有相应的责任能力时不受行政处罚。不过这类规则是在行政处罚中可以普遍适用的免责事由，并不是本书讨论的主要针对内幕交易的豁免理由。

4.“豁免”的特征

根据对豁免的定位与辨析，本书所讨论的金融法中内幕交易监管的“豁免”具备以下特点：

（1）例外性

“豁免”应具有例外性。这种例外性体现在豁免情形难以通过对既定构成要件进行设计或解释而予以排除，所以内幕交易监管的豁免制度一定是构成要件之外的规定。例如，涉案信息在行为人交易时已可以为公众所知的情形，是不属于本书所说的豁免的。因为这属于内幕信息不具有未公开性的情况，是内幕交易构成要件之对象要件中可以解决的问题，因此这种情况不具有例外性。换个角度说，豁免的“例外性”要求适用豁免的前提是内幕交易构成要件已经具备。如果行为人不是法律规定的内幕交易之行为主体，或者行为人没有从事内幕交易之行为，或者行为人持有内幕信息与交易行为之间不具有因果关系（一般是指行为人未利用内幕信息），抑或所涉信息不具有重大性或未公开性，这些都属于内幕交易构成要件不该当的情形，尚无须适用豁免规则。

(2)非普遍性

"豁免"应具有非普遍性。这种非普遍性体现在适用范围较广的一般性法律规则并不属于内幕交易的豁免,即具有普遍性的抗辩不属于豁免。例如,不满 14 周岁的违法行为人不受行政处罚法处罚,这种情形虽然也可以作为内幕交易监管中的抗辩理由,但因其普遍性而无须纳入内幕交易豁免规则范畴。

(3)实体法属性

因具有普遍性而被排除在内幕交易豁免制度之外的情况在程序法上表现比较突出,其原因在于程序法上的抗辩一般都是可以普遍适用的。例如,诉讼时效届满或者超出法律管辖范围,属于程序法上的抗辩,这种抗辩一方面属于普遍适用的规则,因此不具有非普遍性;另一方面也不具有实体法属性。所以说,内幕交易监管的"豁免"是一种实体法概念,而非程序法概念。

(4)严格限定性

严格限定性是指豁免规则的适用一般要受到严格的限定。例如,美国的预定交易安排以及欧盟的回购计划和安定操作豁免适用时都有非常严格甚至是苛刻的限制。豁免的这种特性,主要因为豁免条款如果适用范围过大,则很容易被当成故意规避法律监管,使禁止规则形同虚设。

三、研究意义

(一)理论价值

1. 建立内幕交易豁免理论

当前世界各法域的豁免规则是十分零散的,学术界对此也没有进行过专门的理论研究。作为内幕交易监管理论中相对独立的一部分,豁免制度应当有自己的理论基础,以便构建整个豁免制度,并为那些零散的豁免规则提供指引。

2. 构建内幕交易豁免体系,完善内幕交易监管制度

除了豁免理论之外,我国对散落在各法律的豁免规则也缺乏系统性研究。“预定交易安排”这一豁免情形因美国法的规定而受到最多关注;针对“中国墙”制度的研究则较少从豁免角度出发;其他类型的豁免在我国讨论得更少。因此,有必要对豁免理论以及不同的豁免情形进行系统研究,构建较为完善的内幕交易豁免体系,进而完善整个内幕交易监管制度。

3. 梳理内幕交易监管的两种进路,厘清二者之间的联系与区别

内幕交易的监管存在两种进路,平等论与信义论进路。目前学术界对这两种进路的研究还不够详细、透彻,而且近年来两种进路都有新的发展。这两种理论在保护法益、主体要件、主观要件、客观要件等方面有重大差异。梳理内幕交易监管的两种进路,厘清二者之间的联系与区别,有助于发现内幕交易的理论发展脉络,有助于厘清内幕交易构成要件的细节。

4. 重新审视中国内幕交易监管的进路

不清晰的内幕交易监管思路导致我国相关法律规范混杂了平等论与关系论，根据中国的内幕交易监管情况，我们很难直接确定我国所属进路。有学者通过对内幕交易构成要件的分析指出，反欺诈和维护市场诚信构成了我国禁止内幕交易的二元立法目的。[1]但从实际监管进路角度来看，我国并不属于二元进路。对此，本书将主要通过法律条文的发展演变来进行论证。

(二) 实践价值

1. 减少因两种进路相互纠结而产生的法律冲突，解除法律移植上的混乱态势

我国的内幕交易监管制度是法律移植的结果。在移植过程中，不区分两种监管进路的借鉴导致了一定程度的法律结构混乱，从而容易引起实践上的矛盾冲突。平等论与关系论在历史发展过程中相互勾连，法律实践上既有反复也有重叠。在有较为清晰的适用界限的情况下，二者可以在同一法域中并存(如美国的信义义务理论与 14e-3 规则)。但从我国目前的情况来看，这两种进路相互纠结、界限不明，因此，梳理两种进路的实践价值利于减少内幕交易监管中的法律冲突。

2. 减少因豁免制度不完善而产生的司法与行政争议

法律规范上的冲突必然导致司法和行政机关在适用法律时无

---

〔1〕 参见曹理:《证券内幕交易构成要件比较研究》，吉林大学 2013 年博士学位论文，第 235 页。

所适从。这不利于维护证券监管的同一性与权威性，在行政机关被赋予的自由裁量权过大的情况下，其做法容易招致争议。法律不完善引起的争议不仅损耗司法、行政资源，对学术资源也是一种浪费。

3. 为市场参与者的正当行为提供法律保障，促进证券市场繁荣发展

豁免制度的缺失对于投资者的威胁显而易见。如果某些正当的交易行为无法从内幕交易禁止性规范中排除，那些遵纪守法的市场参与者就可能改变本应有利于自身的交易决策。这种对正当市场行为不加细究的否定性规范，将会对证券市场的繁荣造成一定阻碍。相反，完善的内幕交易豁免制度，既能为守法者保驾护航，也能使钻法律漏洞的投资者有所顾忌。

四、文献综述

（一）监管理论

目前影响较大的三种内幕交易监管理论分别是关系论、平等论及信息财产权理论。前两种理论产生于美国的判例法实践，最后一种理论由学者提出。

1. 关系论（信义关系论）

信义关系中的信义义务源于受托人义务，这种受托人义务在历史上原本只是一种道德义务，在经由法律的确认之后，就成了

所谓的“信义义务”。[1]信义义务源于英国衡平法，已有几个世纪的历史。经过数百年来英美法法院和成文法对这一概念的应用和发展，而今信义义务以及信义关系的适用领域已被大为拓宽，信托法、合同法、公司法等法律中都出现了信义关系的身影，受托人和受益人之间、雇员和雇主之间、董事和股东之间、监护人与被监护人之间、律师和客户之间、银行和贷款人之间、医生和病人之间，都存在信义关系。[2]所谓“信义关系”是指一方信赖他方，将自己处理事务的权利或财产托付给他方，使他方对其决策拥有控制或影响力，且对财产或事务享有管理权所形成的法律关系。[3]

信义义务最初在公司法领域被施加于公司内部人身上，使之为对公司的背信行为承担法律责任。所以，美国早期在利用这一义务来规范内幕交易时也只是适用于公司董事、高管这样的传统内部人，而且大部分法院认为这种义务主要适用于内部人与公司进行交易或代表公司进行交易的场合，而不是用于与股东进行交易的场合，因为内部人被认为只在处理公司财产的时候才对股东

〔1〕 参见肖百灵：《信托受托人忠实义务及注意义务研究》，北京大学2010年博士学位论文，第24页。

〔2〕 See Gordon Smith, *The Critical Resource Theory of Fiduciary Duty*, Vanderbilt Law Review, Vol.55, No.5, 2002, p.1400; Frank H.Easterbrook & Daniel R.Fischel, *Contract and Fiduciary Duty*, Journal of Law&Economics, Vol.36, No.1, Part 2, 1993, p.425.

〔3〕 See Robert Cooter & Bradley J. Freedman, *Fiduciary Relationship: Its Economic Character and Legal Consequences*, New York University Law Review, Vol.66, No.4, 1991, p.1045; Astin Scott, *The Fiduciary Principle*, California Law Review, Vol.37, No.4, p.540. 转引自肖百灵：《信托受托人忠实义务及注意义务研究》，北京大学2010年博士学位论文，第24页。

有信义义务，不处理公司财产时就没有信义义务了。[1]也就是说，早期大部分法院只保护公司利益，这就是所谓的“多数说”。当时也有少数法院认为内部人在与股东交易时也负有信义义务，所以必须向股东全面披露所有重大事项。[2]但即使是这种“少数说”，内部人也只在面对面交易时才需要向交易对方披露内幕信息。也就是说，匿名撮合的证券交易不受此类规则禁止。这种早期的普通法规则有其局限性，因为这一时期内部人只需对既存股东负责，对于尚未取得股权的潜在投资者基本没有披露信息的义务，但潜在投资者同样可能因内幕交易而受到损害。

后来，证券法从公司法中脱离出来，成为美国联邦的管辖范围。随着美国证券监管制度的发展，信义关系理论借助联邦证券法和 10b-5 规则成为内幕交易监管的基础理论，法院将其普遍适用于现代大规模的集中撮合领域，并通过准内幕人概念、泄密人—受密人责任、私用理论等不断扩大信义义务的外延和适用范围[3]，使信义义务成为国家实施普遍监管的工具。总体来说，根据信义关系理论，行为人是否承担内幕交易的法律责任取决于他是否违背了信义义务或其他类信义义务。

---

〔1〕 See Louis Loss, Joel Seligman & Troy Paredes, *Fundamentals of Securities Regulation*, 6th ed., New York: Wolters Kluwer Law&Business, 2011, p.1279.

〔2〕 See Louis Loss, Joel Seligman & Troy Paredes, *Fundamentals of Securities Regulation*, 6th ed., New York: Wolters Kluwer Law&Business, 2011, p.1280.

〔3〕 信义关系理论的发展过程将在第二章中具体阐述。

2. 平等论(平等获取信息理论)

平等论也被称为信息均等理论,同样产生于美国的判例实践。这种理论强调交易主体之间享有平等的获取信息的机会,认为任何持有内幕信息的人都应被禁止从事相应的交易。也就是说,行为人是否负有信义义务不影响其内幕交易责任的承担。在不考虑其他构成要件的情况下,平等论的覆盖范围非常广泛,因此是一种更为激进的理论。

3. 信息财产权理论

根据信息财产权理论,信息被视为商业财产。因此,禁止内幕交易实际上是为公司所拥有的信息提供产权保护。将信息视为商业财产的主要理由,是公司在开发这些信息时投入了资源。在投入资源开发信息的情况下,如果有人为了个人私利,而不是公司目的,来使用这种信息,就相当于盗窃或侵占了公司财产。[1]而这种盗窃或侵占,通常会损害拥有信息财产权的公司的利益。例如,如果公司投入了大量人力、物力用于开发新的矿藏,那么新矿藏被发现的消息就具有了公司财产的性质。在得克萨斯海湾硫磺公司案中,行为人根据矿藏被发现的信息从事内幕交易会引发矿藏周边土地的价格上升,因此,发现矿藏的公司在购买这些土地时的成本就会上升。[2]再如,在要约收购中,收购方公司会投入大量精力来

---

〔1〕 See Kenneth E.Scott, *Insider Trading-Rule 10b-5, Disclosure and Corporate Privacy*, Journal of Legal Studies, Vol.9, No.4, 1980, p.814.

〔2〕 See Kenneth E.Scott, *Insider Trading-Rule 10b-5, Disclosure and Corporate Privacy*, Journal of Legal Studies, Vol.9, No.4, 1980, p.804.

寻找具有投资价值的目标公司，因此，对目标公司进行收购这一信息就成为收购方的信息财产。如果有人利用收购方即将进行收购的信息从事内幕交易，那么就会引发市场对目标公司的关注，导致目标公司股价上升，从而使收购方的收购成本增加。[1]

信息财产权理论的观点，可以解决传统的关系论无法禁止资料印刷员、财经记者、股票分析师等公司外部人利用对公司利好的消息从事内幕交易的问题，[2]但不能解决负面消息和其他公司未投入资源而取得的信息所引发的内幕交易问题。根据该理论倡导者的想法，与其说“不能解决”这类问题，倒不如说本来也没打算禁止这类内幕交易。因为创设信息财产权的目的，在于促进公司制造或发掘这种具有创新意义的信息，从而提升社会整体财富。[3]对于公司财务报告或股息政策调整这样不具有财富创造价值的中性信息，以及可能减损社会财富的负面信息，如果依然给予保护，恐怕并不合理。所以，信息财产权论者反对根据公平理念对内幕交易进行不加区分的禁止，因为监管的成本可能远远超过收益，从经济学的角度看，这是不合算的。[4]支持对内幕交易进行大范围监管的人常常喜欢将信息财产权理论列为他们的论据，

〔1〕 See Kenneth E.Scott, *Insider Trading–Rule 10b–5, Disclosure and Corporate Privacy*, Journal of Legal Studies, Vol.9, No.4, 1980, p.804.

〔2〕 参见[美]路易斯·罗思、[美]乔尔·赛里格曼:《美国证券监管法基础》，张路等译，法律出版社 2008 年版，第 675 页。

〔3〕 参见张心悌:《从法律经济学与资讯财产权探讨内线交易理论：兼论内线交易内部人之范围》，载《台大法学论丛》2008 年第 3 期。

〔4〕 See Kenneth E.Scott, *Insider Trading–Rule 10b–5, Disclosure and Corporate Privacy*, Journal of Legal Studies, Vol.9, No.4, 1980, p.815.

但这种不考虑理论细节而使之在支持监管与不支持监管中强行站队的做法并不恰当。

对比关系论和平等论，这种信息财产权理论的主要保护对象是公司，内幕交易中的对手方以及其他投资者并不是该理论关心的对象。

（二）两种监管进路

上述监管理论在实践中被实际采纳的是前两个理论，即关系与平等论。这两个理论都是在美国判例法中产生的，但根据这两种理论所形成的两种监管进路之区分在相当长的时期内并未被人重视。近年来，注意到这两种区分的学者正逐渐增加。

马克·斯坦博格（Marc I.Steinberg）在其1999年出版的著作《国际证券法》[1]中审视发达国家市场的证券法后发现，当时某些国家在内幕交易监管领域已经拒绝了美国的信义义务分析法转而采用平等论作为判断标准，其原因可能是美国模式有时无法给予市场参与者以公平对待，阻碍了商业的确定性。[2]爱德沃德·格林（Edward Greene）与奥利维亚·施密德（Olivia Schmid）明确指出，英国与欧盟以信息平等为禁止内幕交易的基础，对信义义务或类似的信托或信任关系不作要求，因而不同于美国的反欺诈框架。平等论进路关注的焦点在于交易人拥有的信息，而不在于他如何

〔1〕 See Marc I.Steinberg, *International Securities Law: A Contemporary and Comparative Analysis*, Kluwer Law International, 1999.

〔2〕 See Marc I.Steinberg, *Insider Trading, Selective Disclosure, and Prompt Disclosure: A Comparative Analysis*, U.Pa.J.Int'l Econ.L., 2001, p.635.

获得信息或是否有意违反法律。这两位学者认为，在美国采取与英国类似的以“有限”信息平等机制为基础的成文法框架会是更合适的监管结构。[1]对于这种观点，美国证券法权威约翰·科菲(John C.Coffee)并不同意。他认为朝向信息均等理论的改革会使潜在成本过高，更好的方式应是固守信义义务理论，并通过美国证券交易委员会(以下简称SEC)制定规则以及对个案的仔细检讨之方式来稀释信义义务理论的弱点。[2]

涅芙·莫洛尼(Niamh Moloney)在其著作《欧洲证券监管》中为内幕交易监管总结了两种逻辑依据，一是以关系为基础的，二是以市场为基础的，前者从微观切入，将内幕交易描述为对信义关系的违反；而后者从宏观角度关注更广泛的证券市场，同时注重保护信息有效、公平传播的重要地位。[3]以市场为基础的理论认为禁止内幕交易的目的在于保护投资者信心，进而维护市场的流动性以及资源分配的有效性。而投资者信心主要与市场平等主义或投资者对在市场上平等获取信息的信心以及对价格形成机制的信心相关。[4]不同的逻辑依据对于如何界定、禁止内幕交易有明

---

〔1〕 See Edward Greene & Olivia Schmid, Symposium: The Past, Present, and Future of Insider Trading Law: A 50th Anniversary Re-Examination of Cady, Roberts and the Revolution It Began: ARTICLE: *Duty-free Insider Trading*? , *COLUM.BUS.L.REV.*, 2013, p.369.

〔2〕 See John C.Coffee, Jr., Symposium: The Past, Present, and Future of Insider Trading Law: A 50th Anniversary Re-Examination of Cady, Roberts and the Revolution It Began: INTRODUCTION: *Mapping the Future of Insider Trading Law: of Boundaries, Gaps, and Strategies*, COLUM.BUS.L.REV., 2013, p.281.

〔3〕 See Niamh Moloney, *Ec Secueities Reguation*, Oxford University Press, 2002, p.739-740.

〔4〕 See Niamh Moloney, *Ec Secueities Reguation*, Oxford University Press, 2002, p.740-741.

显的影响。[1]涅芙·莫洛尼关于“市场”与“关系”、“宏观”与“微观”的提法在内幕交易监管领域具有开创性，为后来的学者总结关系论和平等论提供了基础。亚历山大·楼克在针对英国、澳大利亚、新西兰三国的专门研究中更加直接地指出，虽然这些国家的早期尝试与信义理论有联系，但这种联系从20世纪90年代以来已被陆续放弃，转而采用平等论。为防止对理论的硬性划分造成偏颇，他从价值角度出发，主张内幕交易责任受到信息平等规范与经济效率规范这组相反概念的影响，二者之间的张力构成了内幕交易的轮廓。[2]马可·文托鲁祖在2015年更为旗帜鲜明地指出了两大法域所依赖的不同理论——美国依靠关系论，欧盟依靠平等论。[3]

欧美等已形成既定进路之国家和地区的学者对两种进路的争论主要集中在哪种进路更好上，而处在进路未明状态中的国家和地区，除了争论最优选择之外，也对本国或地区究竟属于哪种进路或应当采取哪种进路存在争论。

在我国台湾地区，市场论与关系论的二分法已为学界普遍接

〔1〕 See Niamh Moloney, *Ec Secueities Reguation*, Oxford University Press, 2002, p.742.

〔2〕 See Alexander F.Loke, *From the Fiduciary Theory to Information Abuse: The Changing Fabric of Insider Trading Law in the U.K., Australia and Singapore*, American Journal of Comparative Law, Vol.54, No.1, 2006, p.170-171.

〔3〕 See Marco Ventoruzzo, *Comparing Insider Trading in the United States and in the European Union: History and Recent Developments*, European Company and Financial Law Review, Vol.11, No.4, 2015, p.554-593.

受。赖英照认为，健全市场理论（市场论）[1]与信赖（义）关系理论（关系论）是禁止内线（幕）交易的理由的两条主轴。前者从市场总体观点着眼，主张禁止内幕交易可以提高信息的流通性，优化资源配置，从而提高金融市场的效率，其核心观点在于认为投资者有权平等获取信息。该理论认为，影响证券价格的重要消息均应公开让投资人分享。内幕交易违反交易的公平，损害投资人信心，影响市场的健全发展，因此必须加以禁止。而信义关系理论则从公司个体立论，以内部人对公司及股东所负的信义义务为基础，主张公司内幕人知悉内幕消息后买卖股票，图谋个人私利，就是违背受任人的信义义务，也就是对交易相对人的欺骗行为。他认为，私取（私用）理论本质上也属于违背信义义务的欺骗行为。市场论的重点在于追求信息平等，而关系论的基础则是禁止欺骗。此二者不仅是理论上的分歧，在内幕交易的规范机制上也相应有所区别。其区别主要体现在侵害法益的性质、内幕交易的范围、内幕信息的含义、公开的意义、损害赔偿请求权人、民事刑事责任等方面。[2]刘连煜与赖英照观点相似，[3]基本都源于涅芙·莫洛尼的看法。曾宛如以内幕交易所欲保护之法益为中心，认为美国的内幕交易监管基本上以反欺诈为立论基础，而英国则受到欧

---

〔1〕 关于平等论与市场论区别见本书第 122 页。

〔2〕 参见赖英照：《股市游戏规则：最新证券交易法解析》，2014 年自版发行，第 445~447 页。

〔3〕 参见刘连煜：《内幕（线）交易之行为主体的理论与实务——台湾最新案例研析》，载张育军、徐明主编：《证券法苑》第 6 卷，法律出版社 2012 年版。

盟影响，发展至今其对市场诚信的保护已经明显超出了对个人法益的保护。通过对规范和实务的多角度分析，她认为我国台湾地区未能在反欺诈与市场秩序的保护之间做出明确抉择。选择反欺诈理论中的个人财产法益之保护存在一定的局限性，兼采反欺诈及市场诚信作为保护法益将可能造成解释上的矛盾，选择市场诚信作为法益保护的对象更有利于我国台湾地区重新建构内幕交易相关要件。她建议在确定以市场诚信作为法益保护的中心之后，应当就内部人的范围、规范标的的内容、不法行为样态、内幕交易定义、内幕消息成立的概念、消息公开的解释、损害赔偿必要性、免责要件等方面进行重新建构，从而求得理论体系的一致与完整。[1]曾教授关于同一法域混用两种理论会导致法律纠结这一思路对大陆的内幕交易监管很有启发意义。

在我国，最早认识到美国与欧盟之间内幕交易监管理论差异的可能是从事欧盟证券法研究的薛亮，他在对欧洲市场滥用监管制度进行充分梳理的过程中对涅芙·莫洛尼的观点做出了进一步的阐述。这种禁止内幕交易立论的两分法尚未得到我国证券法学界的普遍认识。近年来部分学者开始将其运用到对我国证券监管的分析上：曹理的起始思路与曾宛如类似，指出当今时代内幕交易立法的展开围绕着两种截然不同的进路，即信义义务进路与市场公平进路。我国同时采纳两种进路的做法导致了规则上的矛盾

---

〔1〕 参见曾宛如：《建构我国台湾地区内线交易之规范——从禁止内线交易所欲保护之法切入》，载《台大法学论丛》2009年第1期。

以及逻辑不清。他认为，市场公平进路更符合我国实际，而信义义务进路在我国水土不服，因此根治我国上述缺陷的方法是采取市场公平的一元进路。[1]夏中宝则从内幕交易主体的角度切入，认为我国法律界定的“内幕信息知情人”与“非法获取内幕信息的人”不合理，应当重构我国证券法中的内幕交易主体法律规制体系，从以身份为中心转换为以信息中心。他认为，对内幕交易主体的规制理念，已经从信义理论发展到市场公平理论与信息产权理论，市场公平理论在逻辑上更为自洽，运用到我国证券法当中也具有相当的理论优越性。[2]曾洋也从对主体的识别入手，认为我国的内幕交易主体立法应以“信息平等理论”为基础、以任何知情人为同一立法用语、以“行为中心主义”为实践导向和主体类型化依据；并提出“信义关系理论”源于商事法律起源时以封闭型公司为主的实践，本质上反映的是公司内部治理要求，这种惯性思维延伸到公众公司后就出现了信义关系理论与市场基本价值判断之间的冲突，从而出现难以自洽且影响市场公平的现象。与其他学者相比，曹理的视野没有局限于内幕交易的主体，而是将重构的野心扩展到了内幕交易的各个构成要件当中，[3]这也是对禁止内幕交易理论的二分法更为全面和有效的运用。曹理在其博

---

〔1〕 参见曹理:《市场公平进路下的内幕交易立法改革——以行为构成体系为中心》，载张育军、徐明主编:《证券法苑》第 3 卷，法律出版社 2010 年版；傅穹、曹理:《内幕交易规制的立法体系进路：域外比较与中国选择》，载《环球法律评论》2011 年第 5 期。

〔2〕 参见夏中宝:《从“身份中心主义”到“信息中心主义”——内幕交易主体法律规制之变迁》，载郭锋主编:《金融服务法评论》第 6 卷，法律出版社 2014 年版。

〔3〕 参见曹理:《证券内幕交易构成要件比较研究》，吉林大学 2013 年博士学位论文。

士论文中对内幕交易的各项构成要件进行了扎实、详尽的分析和比较，对各国内幕交易法律制度有了较之以往更为清晰的梳理。论文结论提出我国的内幕交易制度虽然呈现二元利益观，但在构成要件上呈现明显的美国式反欺诈进路特征，导致我国目前存在规制范围不完善和执行效率低下的问题，因此我国应当顺应市场发展和成文法传统，摒弃反欺诈的立法目的，根据市场诚信进路对内幕交易法律规范进行全面调整。

学界描述内幕交易监管理论两分法的用语有所不同，美国学者将其称为进路（approach）、框架、模式或标准（standard），而莫洛尼则站在欧盟视角提出二者实为两种不同的“逻辑依据”（rationale），我国台湾地区学者的说法是“禁止内线交易的理由的两条主轴”（赖英照语）或“禁止内线交易之原理的两个主轴”（刘连煜语）。我国有的学者则从“理论”延伸至“进路”。本书将采纳“进路”这一说法。

（三）豁免制度

对于内幕交易的豁免制度，欧美并没有进行过专门的系统研究。这可能是由于美国仅规定了“预定交易安排”这一项豁免，没有对豁免进行系统研究的必要，而作为内幕交易监管的领头者，美国在豁免问题系统研究上的匮乏可能导致其他国家对这一问题没能给予重视。我国台湾地区对内幕交易豁免制度进行了一定的研究。台湾地区对这一问题产生关注有特殊的原因：台湾地区在内幕交易监管方面没有规定行政责任，因此，行为人一旦被界定为违反内幕交易制度，就要承担刑事责任，而实务界对此意见很大。2010 年台湾地区曾在证券交易法律修法提案中建议增加豁免条款，[1]虽然建议最终并未被采纳，但引起了学术界对该问题的关注。遗憾的是，我国台湾地区的相关文章并没有对豁免制度进行系统性的论述，而是停留在单独研究美国的预定交易安排或对其他发达国家既有豁免规则的列举式研究上。

目前唯一试图从豁免规则向理论深入的豁免研究来自亚历山大·楼克。他运用关于信息平等规范与经济效率规范之间的张力的解释，认为对内幕交易责任的豁免条款主要反映了英国、澳大利亚、新加坡的内幕交易机制对经济效率的考量。他通过列举三国豁免条款的方式探讨其中是否含有经济效率之考量。在他看来，预定安排、信息隔离制度、经纪人执行客户指令、投资人内心交易想法、潜在收购方在并购之前交易等豁免规定均来自对经济效率的考量；遵守法律或监管义务则来自公共政策考量；对手方掌握相同信息则兼具两种考量。[2]这种二维视角的设计十分简洁有力，也符合经济法常用的价值判断方法，但这只能是一种事后的判断，没能为豁免制度的设计提供根本指引。

在各种类型中，预定交易安排构成的抗辩受到的关注和研

---

〔1〕 参见林宥宏：《内线交易制定豁免条款之妥适性》，逢甲大学 2013 年硕士学位论文，第 116~121 页。

〔2〕 See Alexander F.Loke, *From the Fiduciary Theory to Information Abuse: The Changing Fabric of Insider Trading Law in the U.K., Australia and Singapore*, American Journal of Comparative Law, Vol.54, No.1, 2006, p.165-167.

究最多。这一方面是对现实世界的回应，另一方面可能因为受美国法关注的影响。此种抗辩的规定主要是为了缓和“利用说”与“知悉说”之间的争论。虽然 SEC 秉承着一贯的激进立场坚持知悉说，但美国法院对该争论并没有形成统一的意见。鉴于此，SEC 在制定 10b5-1 规则梳理知悉说的同时，也规定了预定交易安排作为抗辩制度。[1]我们之所以没有直接称之为豁免，主要是由于在“利用说”语境下预定交易安排一般意味着行为人没有利用内幕信息进行交易的主观意识，属于构成要件不该当，[2]可以称为抗辩事由，但并不属于豁免。只有在采取“知悉说”的情况下，该类型才能成为本书讨论的豁免。因此，“预定交易安排”是否构成豁免要考察其所处的法律环境。

五、难点与创新点

（一）主要难点

1. 内幕交易豁免理论的初次构建

由于鲜有人对内幕交易豁免的理论进行研究，对这一理论的构建缺少可以延续或借鉴的学术基础。而且这一理论的构建涉及基本价值判断，需要对哲学和经济学进行跨学科研究。

---

〔1〕 参见黄昆培：《内线交易构成要件暨豁免条款之研究》，辅仁大学 2013 年硕士学位论文，第 30~31 页。

〔2〕 参见刘连煜：《内线交易构成要件》（第 2 版），新北，元照出版有限公司 2012 年版，第 304 页。

2. 内幕交易的概念和构成要件存有诸多争议

讨论豁免，首先要明确界定内幕交易的概念和构成要件。只有明确何种行为构成被禁止的内幕交易，才能谈豁免。然而当前国内外内幕交易方面的概念、理论和规范仍存在不少争议。因此，必须在理解内幕交易监管制度的基础上才能具体讨论豁免制度。本书的第二章和第三章将具体研究不同制度下的内幕交易构成要件，作为豁免规则的研究依托。

（二）创新点

1. 豁免理论创新

本书是对内幕交易豁免理论的首次构建。一方面，我国大陆鲜有专门针对豁免进行的研究，世界其他国家也未见此类系统研究。另一方面，我国台湾地区虽然进行了一些研究，但都没有上升到理论高度，而只是停留在对具体规则的研究上。本书通过对内幕交易监管之争的梳理，发现该争议的实质是公平与效率之争，而公平效率之争是哲学和经济学上长期争议的、难以解决的课题。因此，这一核心矛盾导致了内幕交易法的高度不完备。基于这种不完备性，本书首次提出了以正当原则和明显效率原则为核心的内幕交易豁免理论。

2. 内幕交易研究框架创新

通过关系论和平等论的分野来分析内幕交易监管制度目前在国内仍然较少。即使是在欧美地区，这种分析也是最近几年才开始被重视起来。这一方面是由于两种理论的分离是随着近年来欧美立法的区别日益加大才更为鲜明，另一方面可能是因为欧盟和美国主要身在某一进路之内，并没有特别在意二者的分离。此外，由于内幕交易监管理论的两分法尚未得到我国证券法学界的普遍认可，对这两种进路的进一步分析和论证将有助于推广这种分析框架，从而在学术上帮助厘清相关理论模型的混乱，在立法和执法上减少内幕交易构成要件中的争议。

3. 观点创新

目前我国有少数学者基于两种监管进路的区分对中国的监管进路进行了判断，其结论一般是认为我国仍处于两种进路相混杂的阶段，抑或认为我国属于美国式的反欺诈进路。但本书通过对20世纪90年代以来的法律制度演变和实务案例进行细致剖析后发现，我国已经实质上采纳了平等获取信息理论。

六、行文安排与研究方法

本书分五章。

第一章解决的是内幕交易豁免的理论问题，即通过对内幕交易监管争议的梳理和分析，建立豁免制度的理论基础，并最终提出豁免制度应遵循的两大指导原则——正当原则和明显效率原则。具体而言，该章第一部分和第二部分回顾了人们对内幕交易监管的正反两方面意见。正方认为内幕交易是不公平的，而且会造成市场流动性的下降，因此应当禁止内幕交易。反方认为“内幕交易不公平”只是一种无法被证实的直觉，且证明内幕交易对市场流动性产生负面影响的证据并不充分。相反，他们认为没有必要对内幕交易进行强制禁止。因为，公司中企业家进行内幕交易的所得可以作为他们提高效率的报酬，有助于促进公司创新。而且内幕交易还有促进信息流动、帮助价格发现、减少股价波动的积极效果。即使某个公司认为内幕交易损害了自己的利益，公司完全可以通过与内部人进行私人约定的方式来禁止内幕交易的发生，而没有必要通过法律进行普遍禁止。对此，正方认为，即使内幕交易是有效率的，也应当禁止内幕交易。

关于内幕交易是否应受到普遍监管的争议持续了半个世纪之久，而且仍未停止。人们没有发现的是，这场争议的实质是在哲学和经济学上已经吵了至少几百年的公平与效率之争。因此，第一章第三部分具体展示了这场旷日持久的大讨论：公平本身就是一个充满分歧的概念。哲学界对公平的主流观点包括直觉主义公平观、功利主义公平观、罗尔斯的作为公平的正义、诺奇克的持有正义，以及阿马蒂亚·森的可行能力公平观。这五种观点对什么是公平的看法各有不同。经济学界虽然对“效率”的认识没有太大分歧，但对公平和效率何者应当优先意见相左，大部分人认为效率应当优先，但也有不少人认为公平应当被放到优先考虑的位置。

第一章第四部分和第五部分是本章乃至全篇的重点。第四部分首先介绍了皮斯托和许成钢共同提出的不完备法律理论。该理论认为，法律是不完备的，而且法律越不完备，就越需要向监管者分配更多的剩余立法权和执法权，以便保证执法的有效性，而金融法属于法律中尤为不完备的一个领域。结合前面关于公平与效率的讨论，本书指出，内幕交易中蕴含的无解的公平与效率之争决定了内幕交易法律制度必然是高度不完备的，而在内幕交易法律制度中引入富有弹性的豁免制度可以缓解这种不完备性。在豁免制度中加入一定的弹性空间，一方面能改善法律的不完备性，另一方面也可以防止破坏法治原则。由此，第五部分结合公平概念的多元属性提出了富有弹性的“正当原则”，并在考虑了“效率”难以测量的特点后提出“明显效率原则”。这两个原则能够指导整个豁免制度。第一章在最后进一步指出了豁免制度的意义。

欠缺内幕交易监管基本制度的豁免制度将成为无源之水、无本之木。因此，本书的第二章和第三章关注的是豁免制度所依托的内幕交易制度。这部分主要以时间为序，采用了法解释学和历史分析相结合的研究方法。由于美国和欧洲的内幕交易监管发展集中体现了当前存在的两种主流监管进路，因此第二章选取了美国和欧盟进行分别研究。美国是采用信义关系理论进行内幕交易监管的典型法域，但沿着时间线对美国的内幕交易法进行梳理后可以发现，美国并不是始终以信义关系理论为监管进路的，更为激进的平等获取信息理论正是产生于信义关系理论的发展过程中，甚至美国至今仍在特定领域采用平等论的进路。而且，信义关系理论的发展本身也是有起伏的：美国法院通过一系列判例确立了信义关系的经典理论、泄密人—受密人责任、私用理论，以及赠礼原则，他们与成文法规则一起共同构成了当代美国的内幕交易监管框架。虽然美国在监管进路的选择上也有争议和动摇，但最高法院最新的判例表明美国依然是关系论的坚定支持者。某种程度上，这也是美国没有过分倒向公平一端的体现。

与美国形成鲜明对比的是大西洋彼岸的欧盟。虽然欧盟的内幕交易监管制度受到美国的很大影响，但欧盟最终选择的监管进路是平等论。第二章的第二部分同样采用时间顺序，梳理了欧盟市场论从萌芽到确立，乃至进一步完善的全过程。在欧盟内幕交易法的演变过程中可以发现，欧盟将源于美国的平等论不断发扬光大，制定了不少独特的成文法规则，并最终发展出了具有欧洲特色的市场论。通过对欧盟历次立法的解析可以发现，欧盟对于市场秩序和投资者信心极为看重，这可能源于其维护欧洲统一市场的需求。第二章的第三部分在前面研究的基础上总结了关系论和平等论的概念，对比了二者在构成要件等方面的区别，指出二者之间最核心的区别在于是否存在信义义务，其背后反映的是立法者更注重保护市场法益还是个人法益。通过对比可以发现，平等论的监管范围通常比关系论更广，所以更需要豁免制度，需豁免的类型也更多。

总体来说，本书第二章的目的有四：一是解析豁免制度赖以依托的内幕交易监管制度；二是为在第三章中判断中国的内幕交易监管进路打下基础；三是为第四章将豁免情形按两大监管进路进行分类做铺垫；四是推导出平等论更需要搭配完善的豁免制度的观点。

与第二章的风格类似，第三章同样以时间为序，运用法解释学和案例分析的方式解读了我国的内幕交易监管制度。本章根据两大监管进路的区别将我国的监管历程分为两个阶段：第一阶段是从我国证券市场建立之初到2007年《中国证券监督管理委员会关于规范上市公司信息披露及相关各方行为的通知》(以下简称《信批通知》)发布之前，即监管进路从平等论向关系论发展的阶段；第二阶段是从2007年《信批通知》发布之后至今，即我国从关系论回归平等论的阶段。之所以将《信批通知》作为二者的分界点，是由于在该通知中中国证监会首次根据2005年《证券法》的授权对我国内幕交易行为主体进行拓展，拉开了我国内幕交易监管制度进一步摆脱信义关系束缚的序幕。本章在梳理完我国的监管制度之后得出结论，即我国目前的内幕交易监管制度正处于以平等论为内核、同时杂糅关系论的状态。这也呼应了第二章得出的平等论更需豁免制度的观点，即我国采纳的正是更需要豁免制度的平等论进路。最后，本章的第三部分揭示了我国在这种杂糅状态下产生的两大问题，一是容易导致法律争议，二是作为内幕交易行为主体之一的“非法获取内幕信息的人”的范围缺乏明确的法律依据。这两大问题是本书在最后一章提出的修法建议的基础。

第四章用于介绍内幕交易豁免制度的具体内容。第二章中曾提到，平等论比关系论需要的豁免情形更多，因此本书第四章将豁免情形分为两组进行讨论，第一组是两大监管进路中均适用的豁免情形，包括预定交易安排、安定操作、信息隔离制度，以及用于兜底的其他正当情形。第二组是仅需在平等论进路中豁免的情形，包括要约收购中的收购方、自有信息等情形。本章在结尾处指出了上述各种情形与第一章中提出的正当原则和明显效率原则的对应关系。

第五章首先盘点了我国现行的内幕交易豁免制度，之后根据第三章所指出的我国杂糅形态下的两大问题提出了针对内幕交易法律制度的整体修改意见，即一方面在我国的内幕交易监管制度中贯彻平等论思想，摆脱杂糅状态，以便减少法律争议；另一方面从文字上将《证券法》及相关规范中的“非法获取内幕信息的人”改为“非因正当理由而知悉内幕信息的人”，解决原内幕交易行为主体之实际范围缺乏法律依据的问题。最后，本章结合第四章的内容提出了直接针对豁免制度的修法建议。

第一章　内幕交易豁免理论探究

在我国，政府打击内幕交易通常是一件大快人心的事。在媒体的“轰炸”和政府的教育下，“内幕交易是不好的”，似乎已成为一项大众共识。但事实上，内幕交易究竟是好是坏，究竟是否应当被法律强行禁止，是一个已经争议了半个多世纪的话题，其背后隐藏着深层次的价值判断。

一、支持普遍监管的理由

（一）内幕交易不公平，损害投资者信心

认为“内幕交易不公平”是支持对内幕交易进行监管的最常见的理由，[1]也是最受法院和政府监管者欢迎的理由。[2]即使是在依靠信义关系理论规制内幕交易的美国，这种观点至今也仍是主流观点。

---

〔1〕 Dennis W.Carlton, Daniel R.Fischel, *The Regulation of Insider Trading*, Stanford Law Review, Vol.35, No.5, 1983, p.880.

〔2〕 Stephen M.Bainbridge, *Securities Law: Insider Trading*, 2nd ed.New York: Foundation Press, 2007, p.4.

这一观点在法律层面主要源自以美国 SEC v.Texas Gulf Sulphur Co. 案为代表的、主张平等获取信息理论的判例。[1]平等论认为，任何人，无论是不是公司内部人，如果能定期收到重大非公开信息，就不能在没有履行积极披露义务的情况下使用该信息从事交易。[2]虽然平等论的观点后来在 Chiarella 案中被美国联邦最高法院推翻，但该理论包含的对公平的追求，一直是美国乃至跟随美国的其他国家对内幕交易进行强制性监管的信心来源。例如，欧盟在其反内幕交易立法中经常强调，市场的顺畅运行有赖于投资者信心，而确保投资者处于平等地位可以保护这种信心。[3]在我国，证券活动中的当事人被认为应具有平等的法律地位，[4]而公开、公平、公正的证券交易基本原则正是内幕交易监管的重要支撑。[5]

但内幕交易监管中所追求的"公平"，只能是相对的公平。如同斯科特教授所说，"如果推得足够远的话，总是可以发现，交易的主体并非在所有方面均处于同等地位；他们的知识、智商或经

〔1〕 参见［美］路易斯·罗思、［美］乔尔·赛里格曼：《美国证券监管法基础》，张路等译，法律出版社 2008 年版，第 709 页。

〔2〕 这是联邦第二巡回法院在审理 Chiarella 案时提出的，这种平等论的观点在终审时被联邦最高法院拒绝。参见［美］路易斯·罗思、［美］乔尔·赛里格曼：《美国证券监管法基础》，张路等译，法律出版社 2008 年版，第 708 页。

〔3〕 See Council Directive 89/592/EEC of 13 November 1989 coordinating regulations on insider dealing, *O.J.* 1989, L 334/30, also see 2014 Market Abuse Regulation: Regulation (EU) No 596/2014 [2014] *OJ* L173/1, Recital (24).

〔4〕 参见《证券法》第 4 条。

〔5〕 参见周正庆主编：《证券知识读本》(修订本)，中国金融出版社 2006 年版，第 256 页；王萍：《证券交易与监管法律研究》，中国政法大学出版社 2015 年版，第 190~191 页。

验，以及资本实力或其他方面，都可能参差不齐”[1]。为此，有学者对这种公平理念进行了修正，认为应当全面禁止的是那些通过“无法打破的信息优势”获取信息的人进行的交易。这里的“无法打破”是指其他投资者无论多么勤勉都无法通过合法方式获取信息。[2]美国的立法者也持有类似的观点。美国众议院能源与商业委员会在通过《1984年内幕交易制裁法》之前曾指出，大多数投资者期待市场中的所有投资者适用相同规则，如果有人滥用信息优势，而其他投资者又难以通过个人努力来弥补这种差异，那么就会造成投资者预期的失衡。[3]中国证监会也曾在总结内幕交易行政处罚案件情况时强调，对内幕交易的强力监管能够对具有信息优势的内部人形成阻吓，从而保护市场上位于劣势的中小投资者，对维持市场秩序的公平、透明起到积极作用。[4]

不过，这种通过信息不对称来论证内幕交易之不公平的说法，遭到了来自法律经济学的质疑。一方面，从有效市场假设的视角来看，任何交易双方之间本来就存在信息不对称，否则交易

---

〔1〕 Kenneth E.Scott, *Insider Trading-Rule 10b-5, Disclosure and Corporate Privacy*, Journal of Legal Studies, Vol.9, No.4, 1980, p.801-818. 转引自[美]罗伯塔·罗曼诺编著:《公司法基础》(第2版),罗培新译,北京大学出版社2013年版,第686页。

〔2〕 Victor Brudney, *Insiders, Outsiders, and Informational Advantages under the Federal Securities Laws*, Harvard Law Review, Vol.93, No.2, 1979, p.322. 转引自[美]路易斯·罗思、[美]乔尔·赛里格曼:《美国证券监管法基础》,张路等译,法律出版社2008年版,第709页。

〔3〕 Louis Loss, Joel Seligman & Troy Paredes, *Fundamentals of Securities Regulation*, 6th ed., New York: Wolters Kluwer Law&Business, 2011, p.1270.

〔4〕 参见中国证监会:《2017年证监会行政处罚情况综述》,载中国证券监督管理委员会网,2017年12月27日, http://www.csrc.gov.cn/pub/newsite/zjhxwfb/xwdd/201712/t20171227_329694.html。

就不会发生。[1]另一方面，禁止内部人交易，未必能保护到普通投资者，反而会让分析师、投资顾问、套利者等市场专业人士首先运用其信息优势获利。值得注意的是，在美国，正是这些专业投资团体，竞相为约束内部人交易提供政治支持。[2]

而且，这种认为"内幕交易不公平"的观点，似乎并不十分合理。内部人通常是通过自身努力而获得报酬的公司经营者，精明的投资者本不会期待与之拥有相同地位。[3]此外，内幕交易完全不是一种不为人知或者无法预见的现象，在投资者的预期回报中，本来也不包括内幕人单独获得的收益。[4]当投资者预期自己将因他人从事内幕交易而受到损害时，会降低买进股票的价格，从而补偿受损的风险。[5]更何况，在集中交易市场中，投资者根本无法得知交易对方是否是内幕人，所以投资者是否交易取决于自己的独立判断，而并不取决于对方是否是内幕人。所以即使投资者受到了损失，那也是由于公司没有公布内幕信息，而不是由于内幕交易的存在。[6]也就是说，投资者损失和内幕交易之间不存在明显

---

〔1〕 参见张心悌:《从法律经济学与资讯财产权探讨内线交易理论:兼论内线交易内部人之范围》，载《台大法学论丛》2008 年第 3 期。

〔2〕 参见［美］弗兰克·伊斯特布鲁克、［美］丹尼尔·费希尔:《公司法的经济结构》，张建伟、罗培新译，北京大学出版社 2005 年版，第 297 页。

〔3〕 参见［美］弗兰克·伊斯特布鲁克、［美］丹尼尔·费希尔:《公司法的经济结构》，张建伟、罗培新译，北京大学出版社 2005 年版，第 296 页。

〔4〕 See Kenneth E.Scott, *Insider Trading-Rule 10b-5, Disclosure and Corporate Privacy*, Journal of Legal Studies, Vol.9, No.4, 1980, p.808.

〔5〕 参见武永生:《内线交易规范之理论基础:法律与经济之分析》，载《铭传学刊》1993 年第 4 期。转引自张心悌:《从法律经济学与资讯财产权探讨内线交易理论:兼论内线交易内部人之范围》，载《台大法学论丛》2008 年第 3 期。

〔6〕 参见张心悌:《从法律经济学与资讯财产权探讨内线交易理论:兼论内线交易内部人之范围》，载《台大法学论丛》2008 年第 3 期。

的因果关系。因此，人们认为内幕交易不公平，在某种程度上恐怕只是一种直觉。[1]

更重要的是，即使我们承认内幕交易不公平，禁止内幕交易也未必是实现公平的良好方式。一项针对美国20世纪80年代内幕交易的实证研究显示，《1984年内幕交易制裁法》实施后，反而产生了公司内部人非正常收益增加、高额内幕交易频率加快的情况。[2]这更让我们对内幕交易监管的合理性产生了怀疑。

（二）禁止内幕交易具有资源配置效益

监管的支持者认为，禁止内幕交易可以促进公司的信息流向市场，从而使市场更好地发挥证券估值和资本分配的功能。[3]美国联邦第二巡回法院曾在某个判例中指出，《1934年证券交易法》第10b条和10b-5规则[4]背后的目的在于促进公司内部信息的充分披露，从而使所有投资者得以做出有据可依的投资判断。[5]一般认为，加快公司重大信息的披露通常能够提升市场的配置效益，因为利好信息能促使股票价格上涨，而负面信息则会让价格下跌。在这一过程中，资本就会从前景不佳的公司流出，流向前

---

〔1〕 See Dennis W.Carlton & Daniel R.Fischel, *The Regulation of Insider Trading*, Stanford Law Review, Vol.35, No.5, 1983, p.880-881.

〔2〕 See H.Nejat Seyhun, *The Effectiveness of the Insider-Trading Sanctions*, Journal of Law&Economics, Vol.35, No.1, 1992, p.176.

〔3〕 See Kenneth E.Scott, *Insider Trading-Rule 10b-5, Disclosure and Corporate Privacy*, Journal of Legal Studies, Vol.9, No.4, 1980, p.804.

〔4〕 联邦禁止内幕交易通常依据的反欺诈条款和规则。

〔5〕 See Shapiro v.Merrill Lynch, Pierce, Fenner&Smith, 495 F.2d 228, 235(2d Cir.1974). 转引自 Kenneth E.Scott, *Insider Trading-Rule 10b-5, Disclosure and Corporate Privacy*, Journal of Legal Studies, Vol.9, No.4, 1980, p.804。

景良好的公司，从而改善资源配置。因此，披露重大信息有助于实现帕累托最优，或者至少能够提升社会生产力水平。[1]

不难发现，该观点的前提是禁止内幕交易能够促进公司加快披露其重大信息。不过，这一前提有很大问题。首先，公司有权在某些情况下因商业原因而推迟公布重大信息，[2]在这种情况下禁止内幕交易无法起到加速信息披露的效果。其次，在禁止内幕交易的情况下，如果内幕信息是利好的，也许公司管理层就会倾向于尽快发布信息，因为这不仅会使公司股东获利，也有利于公司管理层薪酬的增长；但如果信息是负面的，那么公司只会在信息非常确定的情况下发布，因为负面消息会减少股东收益，降低管理层薪酬预期。而且，禁止内部人交易，也就消灭了内部人在交易之后迅速披露负面信息的动机，外部人也无法通过市场股价波动发现公司已经出现了问题。[3]这样一来，禁止内幕交易非但没有起到促进信息流动的作用，反而会起到反效果。此外，这一理由最多能解释为何禁止内部人交易，用于论证禁止外部人交易则说服力较弱。[4]

---

〔1〕 参见[美]路易斯·罗思、[美]乔尔·赛里格曼:《美国证券监管法基础》，张路等译，法律出版社 2008 年版，第 673 页。

〔2〕 参见[美]路易斯·罗思、[美]乔尔·赛里格曼:《美国证券监管法基础》，张路等译，法律出版社 2008 年版，第 674 页。

〔3〕 See Kenneth E.Scott, *Insider Trading-Rule 10b-5, Disclosure and Corporate Privacy*, Journal of Legal Studies, Vol.9, No.4, 1980, p.810-811.

〔4〕 See Victor Brudney, *Insiders, Outsiders, and Informational Advantages under the Federal Securities Laws*, Harvard Law Review, Vol.93, No.2, 1979, p.341. 转引自[美]路易斯·罗思、[美]乔尔·赛里格曼:《美国证券监管法基础》，张路等译，法律出版社 2008 年版，第 674 页。

总体来说，这种观点站不住脚。因为，如果是利好消息，内部人本来也会倾向尽快披露，除非是基于商业理由而不宜披露，但在这种情况下推迟披露，本就是为法律所允许的；如果是坏消息，禁止内幕交易反而使内部人倾向推迟披露，进而阻碍信息流向市场。

（三）内幕交易会造成市场流动性下降

这种观点认为，内幕交易会使市场流动性下降，造成市场萎缩，最终危害社会利益。与前面第一种纯粹的不公平论者不同的是，这一观点发展出了一套理性推理，该观点认为：证券市场中的参与者分为五类，内幕人、信息投资者、流动性投资者、噪音投资者，以及做市商。勤勤恳恳收集公开信息的信息投资者，依靠分析所得到的结论从事证券交易并获利，而内部人则具有远超信息投资者的信息优势。如果允许内幕人利用内幕信息从事交易，则将干扰信息投资者通过分析股价和成交量的变化来判断股价的变化趋势，致使信息投资者黯然离场；同时，在市场中内幕交易频繁的情况下，做市商会通过扩大买卖报价差额进行应对。信息投资者和做市商的这些举动将导致市场流动性降低，从而令以保持资产流动性为目的的流动性投资者也失去投资兴趣，而这又会进一步加剧市场流动性下降，形成恶性循环。所以说，内幕交易会因损害信息投资者的利益而造成市场流动性降低，并最终导致市场萎缩，因此应当禁止内幕交易。[1]

该理由中提出的部分假设可以通过实证研究进行验证。

首先，在市场流动性方面，一项针对 33 个国家的股票市场表现与内幕交易监管之间关联性的实证研究显示，市场流动性与政府证券监督管理部门的监督和调查权的大小显著相关。[2]但问题是，这类实证研究很难避免“果才是因”的问题。也就是说，一个国家很可能正是因为证券市场高度发达，内幕交易监管制度才比较完善，所以其市场流动性本身就比那些证券市场相对欠发达的地区更好。而且研究者自己也表示，这一研究只是为赞成内幕交易监管的那些理由提供了些许支持，而并不能证明支持对内幕交易进行监管的观点比反对监管的观点更有说服力。[3]事实上，该研究者的另一项实证研究表明，不少发展中国家即使实施了内幕交易监管，市场流动性也不会受到显著影响，相反，在信息披露机制不够完善的国家，随着内幕交易监管能力的提升，市场反而会出现流动性下降的情况。[4]这很可能暗示，影响市场流动性的关键是信息披露机制，而不是内幕交易监管。

〔1〕 See Zohar Goshen & Gideon Parchomovsky, *The Essential Role of Securities Regulation*, Duke Law Journal, Vol.55, No.4, 2006, p.711-782.

〔2〕 See Laura Beny, *Insider Trading Laws and Stock Markets around the World: An Empirical Contribution to the Theoretical Law and Economics Debate*, Journal of Corporation Law, Vol.32, No.2, 2007, p.237.

〔3〕 See Laura Beny, *Insider Trading Laws and Stock Markets around the World: An Empirical Contribution to the Theoretical Law and Economics Debate*, Journal of Corporation Law, Vol.32, No.2, 2007, p.282.

〔4〕 Laura Beny, *Do Insider Trading Laws Matter? Some Preliminary Comparative Evidence*, American Law&Economics Review, Vol.7, No.1, 2005. 转引自姜华东：《证券市场内幕交易监管的经济学分析》，南开大学 2008 年博士学位论文，第 113 页。

其次，该理由中有关做市商会通过扩大买卖差价来应对内幕交易的假设，被实证研究证否了。此处的买卖差价，是指专业股票交易者和股票做市商愿意买入股票的价格和愿意卖出股票的价格之间的差价。三项实证研究均表明，买卖差价并不会因内幕交易而扩大。[1]其中一项实证研究指向了曾经叱咤华尔街的“股票套利之王”、著名内幕信息传递人和受领人伊凡·博斯基[2]。该研究表明，伊凡·博斯基虽然交易了收购中的目标公司5%的股票，且占到了累计交易量的一半，但并没有影响买卖差价和市场深度。[3]

回到该观点的论证链条，我们可以发现，后面关于市场流动性降低的论证建立在两个关键点上，一是信息投资者因内幕人的交易而受到干扰，难以判断股价变化趋势，所以会离开市场；二是做市商扩大买卖差价。其中，后者已经被实证研究证否。而前者似乎也并不合理。因为内幕交易造成的股价波动，实际上反映了公司内部未披露的信息，对于勤奋收集各路信息的信息投资者而言，应当是更有利的。因为他会比内幕人之外的、数量远多于内幕人的另外三种投资者更早做出判断，从而获得更多收益或者避

---

〔1〕 参见［美］罗伯塔·罗曼诺编著:《公司法基础》(第2版)，罗培新译，北京大学出版社2013年版，第706页。

〔2〕 伊凡·博斯基是美国电影《华尔街》中的戈登·盖柯的原型，也是记录美国20世纪80年代内幕交易盛况的美国畅销书《贼巢》中的主人公之一。

〔3〕 See Sugato Chakravarty & John J.Mcconnell, *An Analysis of Prices, Bid/Ask Spreads, and Bid and Ask Depths Surrounding Ivan Boesky's Illegal Trading in Carnation's Stock*, Financial Management, Vol.26, No.2, 1997, p.18-34. 转引自［美］罗伯塔·罗曼诺编著:《公司法基础》(第2版)，罗培新译，北京大学出版社2013年版，第705页。

免更多损失。既然内幕交易有利于信息投资者，就更谈不上他会因内幕交易的存在而离开市场了。既然信息投资者和做市商没有做出会导致市场流动性下降的行为，那么流动性投资者也就不会离场，市场也就不会因为陷入恶性循环而萎缩。

二、反对普遍监管的理由

（一）私人约定足以解决内幕交易问题

导论中曾提到，信息财产权理论认为，法律更应当保护那些对社会有创新价值的信息，但对于其他信息是否应当禁止，则取决于成本和收益哪个更高。对此，法律经济学者运用科斯定理进行了解释，他们认为，在交易成本不会影响财产权配置的情况下，如果信息财产权分配给公司股东所产生的价值更大，则应当禁止内幕交易；如果分配给公司管理者的价值更大，则不应禁止内幕交易。不过，这种禁止没有必要通过法律强行规定，因为公司和管理者之间的私人协议足以解决是否应当禁止内幕交易的问题。换句话说，如果管理者的内幕交易不利于公司，那么公司与管理者之间自然会约定禁止内幕交易。[1]是否约定禁止，受公司和行业的影响，甚至受到公司内部员工不同职位的具体情况的影响。[2]

---

〔1〕 See Dennis W.Carlton & Daniel R.Fischel, *The Regulation of Insider Trading*, Stanford Law Review, Vol.35, No.5, 1983, p.862-863.

〔2〕 参见［美］弗兰克·伊斯特布鲁克、［美］丹尼尔·费希尔：《公司法的经济结构》，张建伟、罗培新译，北京大学出版社2005年版，第297页。

但是，科斯定理的基本假设是交易成本为零。因此，私人约定论的反对者提出，为了实现公司激励，管理者会被要求持有公司股票，但在这种情况下，公司很难把合理的交易从不合理的交易中区分出来。由此造成的交易成本，使禁止内幕交易的私人约定无法得到充分实施。对此，私人约定论者指出，想要避免这种成本，只要不要求管理者必须持股就可以了。或者，把薪酬和公司股价挂钩，也可以避免这种成本。再或者，只允许持股，但通过协议禁止交易，那这种识别的成本也就不存在了。不过，即使公司存在这么多的替代方法为管理者提供激励，内幕交易还是如此盛行，这充分说明公司不通过协议来禁止管理者从事内幕交易并不是因为约定的实施成本太高，而是因为这样做的效率太低。〔1〕

有关私人约定的实施成本的争论，看上去应该是私人约定论者胜出了。不过，依然有人提出了其他反对意见。首先，虽然执行约定的实施成本也许可以避免，但在股东众多的公众公司中，就是否允许内幕交易的约定进行谈判的成本会很高。其次，这类股东为这种约定而进行谈判的激励不大，因为每个人能获得的收益很小，而且还存在“搭便车”的情况。〔2〕另一种反对意见认为，通过法律强制禁止内幕交易本质上没有颁布的交易成本，而且执法部门拥有专业的调查能力和市场影响力，通过这种方式禁止内

---

〔1〕 See Dennis W.Carlton & Daniel R.Fischel, *The Regulation of Insider Trading*, Stanford Law Review, Vol.35, No.5, 1983, p.863-865.

〔2〕 See James D.Cox, *Insider Trading and Contracting-a Critical Response to the Chicago School*, Duke Law Journal, No.4, 1986, p.656.

幕交易，则平摊到单个企业上的成本可能更低。[1]不过，这种反对意见显然已经建立在了“内幕交易应当被禁止”的前提下，所以并不能起到驳斥私人约定论的效果。

（二）企业家从事内幕交易能促进公司创新、降低公司成本

亨利·曼恩教授认为，允许企业家从事内幕交易，能够为他们提供有效率的报酬，进而能够激励企业家进行公司创新活动。曼恩从经济学家那里借用了“企业家”这一概念。传统上，企业家与经理人或资本家在功能上并无显著区别，但随着社会发展，企业家的作用与经理人和资本家的作用越来越不同。经理人是根据既定程序从事机械性管理活动的人，而企业家的功能则是不断寻找创新机会，以革命性的方式推动企业进步。这些创新包括但不限于新产品、新技术、新策略、生产元素的重新组合，甚至新的融资方法等。与企业家相比，资本家能够以股利作为其投资的合理回报，经理人可以得到工资、分红、股票期权等传统报酬作为其管理企业的回报。但企业家从事重大的革新工作，却无法通过传统的报酬形式得到充分而有效的激励。相比之下，允许企业家从事内幕交易，则可以大大激励其勤奋创新，这一方面能使公司获得进步，另一方面能使企业家得到合理的补偿。[2]因此，曼恩认为，内幕交易对于企业和企业家来说是一种有效率的报酬方式。一项

---

〔1〕　参见［美］路易斯·罗思、［美］乔尔·赛里格曼：《美国证券监管法基础》，张路等译，法律出版社2008年版，第677页。

〔2〕　See Henry Manne, *Insider Trading and the Stock Market*, New York: Free Press, 1966. 转引自胡光志：《反内幕交易法律制度的经济根源》，载《现代法学》2001年第6期。

中国的实证研究从反面支持了内幕交易构成内部人报酬的观点。该研究对2006年度至2007年度在上海证券交易所挂牌的上市公司的内部人交易数据进行了分析，结果发现，高管个人薪酬越高，内部人交易公司股票的金额就越少。[1]

曼恩教授的这种有效报酬说得到了私人约定论者的进一步发展。他们认为，将内幕交易作为报酬还有另外三种好处。一是可以减少公司和管理者之间就报酬进行重复谈判，从而降低了企业在薪酬方面的谈判成本。因为内部人可以通过内幕交易自行调整薪酬。二是降低了企业筛选优秀经理人的成本。因为对于公司而言，识别出既勤奋又不会过分规避风险的管理者并非易事，而最偏爱内幕交易作为薪酬机制的管理者，可能正是最不厌恶风险且最能干的人。因此，这种管理者的自我选择就将企业遴选管理者以及监督风险厌恶型管理者的成本最小化了。三是降低经理人在经营中做出收益次优的投资决定的机会成本。[2]

对于有效报酬说最常见的批评是内幕交易可能带来道德风险，即企业家可能故意制造负面信息并通过卖空的方式来获取内幕交易收益。对此，有效报酬说的支持者回应道，内部人自己的人力资本价值会随着项目的成败而改变，所以他们十分爱惜自己

---

〔1〕 参见高垚：《内部人交易、信息获利动机与制衡因素——基于沪市A股上市公司的经验证据》，复旦大学2008年博士学位论文，第114页。

〔2〕 See Dennis W.Carlton & Daniel R.Fischel, *The Regulation of Insider Trading*, Stanford Law Review, Vol.35, No.5, 1983, p.869-872.

的羽毛。因此道德风险的问题其实被夸大了。[1]第二种批评是，企业家的贡献完全可以通过以业绩或股价为基础的薪酬方案获得足够回报。如果公司没能向企业家支付其市场价值，那么企业家完全可以去其他企业来获得更多的报酬。[2]而且，以内幕交易作为薪酬方案，企业家的收入很大程度上取决于他的出资能力或者卖出信息的能力，而不是他的创新能力。也就是说，他本身的财富越多，他利用信息进行交易的能力越强，他通过内幕交易所取得的薪酬才越多。最后一种批评是，无论从理论上，还是从媒体报道的案件上看，内幕交易和创新行为之间没有明显的关系。[3]不过这种批评并没有考虑到曼恩所倡导的有效报酬说只适用于具有创新功能的企业家。

需要注意的是，美国学者在强调无须对内幕交易进行强制监管时有一个基础要素，即无论联邦政府是否通过成文法规则来禁止内幕交易，董事、高管等公司内部人违背信义义务仍可通过普通法的审判来承担违背传统信义义务的法律责任。

(三)内幕交易能提高市场效率

内幕交易提高市场效率的作用主要体现在三方面。一是有助于信息流动，二是有助于股价向正确方向发展，三是减少股价

---

〔1〕 See Dennis W.Carlton & Daniel R.Fischel, *The Regulation of Insider Trading*, Stanford Law Review, Vol.35, No.5, 1983, p.872.

〔2〕 参见[美]路易斯·罗思、[美]乔尔·赛里格曼:《美国证券监管法基础》，张路等译，法律出版社2008年版，第675页。

〔3〕 See Kenneth E.Scott, *Insider Trading–Rule 10b–5, Disclosure and Corporate Privacy*, Journal of Legal Studies, Vol.9, No.4, 1980, p.809.

波动。

这三点是相互联系的。内幕人会在有利好消息时买入或做多，在有利空消息的情况下卖出或做空，这一举动本身会使得股票价格向假定信息获得披露时的方向移动，[1]而在此过程中，内幕信息便可以通过内幕交易造成的价格波动向市场传递，市场主体识别内幕交易的能力越强，他们越会采取相应的交易行动。等到内幕信息被公开披露时，股票价格的波动就不会像没有内幕交易时那样强烈了，因此内幕交易有助于市场平稳。

相比禁止内幕交易能促进信息向市场流动的观点，内幕交易能促进信息的流动、提高市场效率的作用才是比较确实的。近年来实证研究支持了这一观点。一份针对违法内幕交易的实证研究表明，内幕交易与股价的快速而明显的波动非常相关，其波动幅度等于信息被正式披露时的 40% 到 50%。[2]

证券市场的效率对于市场功能的实现至关重要。如果禁止内幕交易的立法得到有效执行，那么所有的正确价格只能来自信息获取速度比内幕人更慢的人。这种情况下，市场必然会比没有内幕交易的情况低效。[3]对于内幕交易能提高市场效率这一作用，支

---

〔1〕 See Dennis W.Carlton & Daniel R.Fischel, *The Regulation of Insider Trading*, Stanford Law Review, Vol.35, No.5, 1983, p.868.

〔2〕 See Lisa K.Meulbroek, *An Empirical Analysis of Illegal Insider Trading*, Journal of Finance, Vol.47, No.5, 1992, p.1661-1699. 转引自[美]罗伯塔·罗曼诺编著:《公司法基础》(第 2 版)，罗培新译，北京大学出版社 2013 年版，第 703 页。

〔3〕 See Henry G.Manne, *Economic Mysteries in Insider Trading*, Saarbrücken: Universität des Saarlandes, Europa-Institut, 1991, p.5-6.

持监管的公平论者有着简洁而直截了当的回应：我们应当禁止内幕交易，即便它是有效率的。[1]

（四）内幕交易不会伤害外部投资者

内幕交易不会伤害外部投资者这一观点目前已被普遍接受。[2]如果说在证券市场发展早期，投资者比较容易受到内幕交易的伤害还是有可能的，因为那时的交易还不是集中撮合，而且股权的分散性和流动性较差，内部人很容易通过虚假陈述或重大隐瞒欺骗交易对手方，进而损害外部投资者的利益。但随着证券市场和科技的发展，股票大部分是电子化集中撮合，投资者并不知道交易对手是否是内部人，更不会因为对方掌握内幕信息而改变交易决定。原本打算以某一价格卖出股票的人并不会因为交易对手方是内幕人而改变交易决定，更不会因此受到任何损害。反而是由于多了内幕人作为对手方，外部人更容易快速成交，降低了其因找不到合适交易对手而不得不降低卖出价的可能性。如果是市价委托订单，外部投资者的成交价格会因为内幕人的存在而更高，一起排队等待成交的投资者也都会以更有利于自己的价格成交。

另外，由于内幕交易会使股票价格的波动性减小，所以在某

---

〔1〕 See Roy A.Schotland, *Unsafe at Any Price: A Reply to Manne, Insider Trading and the Stock Market*, Virginia Law Review, Vol.53, No.7, 1967, p.1439. 转引自 Dennis W.Carlton & Daniel R.Fischel, *The Regulation of Insider Trading*, Stanford Law Review, Vol.35, No.5, 1983, p.1881。

〔2〕 See Henry G.Manne, *Economic Mysteries in Insider Trading*, Saarbrücken: Universität des Saarlandes, Europa-Institut, 1991, p.5.

些情况下会有助于减少投资者的损失。例如，在内部人利用利空信息交易之后、公司披露该信息之前的这段时间买入股票的交易者，其遭受的损失会小于没有内幕交易存在的情况。[1]

三、双方争议的实质

长期以来，公平和效率问题一直是经济学乃至哲学领域争论的焦点。哲学领域的争议主要集中在如何界定“公平”，而经济学对于公平和效率何者应当优先则存在不同看法。

(一) 内幕交易监管之争的核心是公平与效率之争

整体上看，前述各种支持或不支持对内幕交易进行普遍监管的争论始终没有走出公平和效率这对基本范畴所涵盖的领域。具体来说，这些讨论所指向的问题无非是：内幕交易是否公平，内幕交易是否有效率，或者监管内幕交易是否有效率。一方面，支持对内幕交易进行监管的最大理由在于认为内幕交易不公平，而反对者则认为内幕交易对投资者没有真实伤害。换句话说，他们认为内幕交易没有造成不公平的情况。另一方面，各方有关资源配置效益、市场流动性、价格准确性、信息披露、公司创新等方面的争论，无非是内幕交易或监管内幕交易的市场效率问题；而源自科斯定理的私人约定论也是从成本—收益分析的视角来探讨什么

---

〔1〕 参见［美］路易斯·罗思、［美］乔尔·赛里格曼：《美国证券监管法基础》，张路等译，法律出版社2008年版，第676页。

程度的内幕交易监管是有效率的。而且，我们在导论中介绍的三种主要监管理论，也均没有脱离这一范畴。信义关系理论和平等获取信息理论实际上强调的是投资者之间因获取信息的机会不平等而形成了一种不公平，因此内幕交易应被普遍禁止。而信息财产权理论在权衡何种内幕交易应受禁止时则指出，根据公平理念对内幕交易进行不加区分的禁止，可能造成监管的成本远远超过收益，[1]这种低效率的监管并不合适。

进一步从公平与效率之间的关系来看，我们还需要考虑公平是否会损害效率，以及效率的提升是否会有损公平。还可以引出的问题是，如果内幕交易不公平，那么这种不公平是否会引发低效率。例如，欧盟认为，内幕交易会降低投资者信心，从而损害金融市场的运行。换个角度来思考，内幕交易或禁止内幕交易所导致的低效率又是否会间接引发金融市场之外的不易察觉的不公平？这类问题人们在讨论中没有直接提及，可能也不必提及，但必然始终隐含在讨论当中。时至今日，虽然对这些问题的解答依然众说纷纭，但可以确定的是，有关内幕交易监管的讨论主要是围绕公平与效率这对价值展开的。

(二)哲学上的公平之争

在语言文字上，公平、正义、平等或公正等词常被混用。以内幕交易为例，当人们说“内幕交易不公平”的时候，也可能是说内

---

〔1〕 See Kenneth E.Scott, *Insider Trading–Rule 10b–5, Disclosure and Corporate Privacy*, Journal of Legal Studies, Vol.9, No.4, 1980, p.815.

幕交易不正义，或者投资者获得信息的机会不平等。而在哲学领域，学者们对公平或正义的理解则有着更深刻的差异。

1. 直觉主义公平观

人类对一件事是否公平存在朴素的直觉。这种直觉并非人类独有，动物也能感受到不公平。奥地利研究人员设计了一个实验，要求狗做出“握手”动作，并用食物作为奖励。研究人员发现，如果狗注意到自己做出与狗同伴相同的动作，但同伴获得了食物奖励而自己没有获得时，将拒绝继续按照指令“握手”。但如果同伴和自己都获得了奖励，狗就会持续听从指令。[1]所以，这种对公平的感受很可能在哺乳动物还没有进化出人类时就已经被写入基因了。

18世纪的道德哲学家西季威克曾指出，“直觉主义是这样一种方法，它不诉诸行动以外的其他目的来确定行为的正当性或善性，并且假定这种正当性或善性是可以直觉地认识的”[2]。根据直觉主义的观点，理性认识总是站在事物之外对事物进行分析、描述，这样的认识具有表面性，无法理解事物的本质，无法抓住真正的实在。直觉主义的代表人物亨利·伯格森指出，依靠固定概念进行的推理判断根本无法准确把握处在不断变化中的事物，而直觉是理智的交融，可以使人融汇于被理解的对象之中，从而符合

---

〔1〕 Friederike Range et al., *The Absence of Reward Induces Inequity Aversion in Dogs*, Proceedings of the National Academy of Sciences, Vol.106, No.1, 2009, p.340-345.

〔2〕 [英]亨利·西季威克：《伦理学方法》，廖申白译，中国社会科学出版社1993年版，“序言”第14页。

那些无法表达的东西。因此，直觉是能够让人洞察终极实在的唯一工具。叔本华也认为，直觉能够克服理性的弱点。如果我们以直觉主义作为认识论，在某种程度上，“内幕交易不公平”即使只是一种直觉，那也足以支持禁止内幕交易的正当性了。

不过，直觉主义也是容易被批判的。因为直觉要么难以用清晰而准确的语言所表达，要么无法提供确定直觉本身的明确方法。[1]罗尔斯认为，直觉主义理论中包含着一批不能再追溯的最初原则，而这些最初原则可能是冲突的，在某些情况下还会给出相反的指示。[2]因此，直觉主义作为一种反理性的方法论恐怕确实难以适应当代多元化的思维形态和复杂的社会形态，当被应用于存在时间相对较短的金融市场时，这种方法论的缺点就更加暴露无遗了。所以，认为内幕交易不公平的直觉虽然在一定程度上能为禁止内幕交易提供一定的支持，但这个理由并不充分。

2. 功利主义公平观

功利主义对公平有着独到的见解。功利主义的核心观点是，最大多数人的最大幸福是人类追寻的目标。根据功利原则，凡是能够增加人的快乐的行为，在道德上就称为善，在政治上就称为公正，在法律上就称为权利。[3]穆勒解释道，将功利原理或最大幸

---

〔1〕 参见［英］亨利·西季威克：《伦理学方法》，廖申白译，中国社会科学出版社1993年版，“序言”第14~15页。

〔2〕 参见［美］约翰·罗尔斯：《正义论》，何怀宏、何包钢、廖申白译，中国社会科学出版社1988年版，第30页。

〔3〕 参见夏文斌：《走向正义之路：社会公平研究》，黑龙江教育出版社2000年版，第122页。

福原理作为道德之根本时，旨在促进幸福的行为即为“是”，而与幸福背道而驰的行为即为“非”。[1]他认为，只有基于功利之上的正义才是道德的主要部分[2]，公平原则只是从功利原则引申而来的次要原则。[3]简而言之，符合最大多数人之最大幸福的，就是公平的。

功利主义发展到现代，对公平的解释出现了些许变化。其中，准则功利主义者布兰特认为，评判公平时必须参照一些相关的共同准则，因为人类的行为中存在共性和共同规定。相应地，公平等价值判断不能以某个行为的功利结果为标准，应当以相关准则的功利效果为标准。准则功利主义能相对较好地解决人们在实际生活中利益计算的难题。[4]而行为功利主义的代表斯马特则认为，评判社会是否公平应从社会行为的实际效果出发，具体情境下的个人行为所产生的实际效果是判断社会基本价值的依据。[5]和穆勒相似，斯马特认为正义是具有从属性的，而且正义是实现功利目的的手段。[6]

将功利主义公平观应用到内幕交易监管的价值判断时，最大

---

〔1〕 参见［英］约翰·斯图亚特·穆勒：《功利主义》，叶建新译，中国社会科学出版社2009年版，第11页。

〔2〕 参见［英］约翰·斯图亚特·穆勒：《功利主义》，叶建新译，中国社会科学出版社2009年版，第137页。

〔3〕 参见侯冬梅：《功利主义公平理论研究述评》，载《湖南农机》2008年第7期。

〔4〕 参见张怀强：《论斯马特与布兰特之争》，载《神州》2013年第27期。

〔5〕 参见夏文斌：《走向正义之路：社会公平研究》，黑龙江教育出版社2000年版，第124页。

〔6〕 参见夏文斌：《走向正义之路：社会公平研究》，黑龙江教育出版社2000年版，第133页。

的难题就在于如何测量内幕交易及其监管的效用，而且功利主义内部各派别之间连评判标准都尚未达成一致，将其实际应用到内幕交易监管中的可操作性就更低了。

3. 罗尔斯公平观

功利主义理念对西方社会科学领域产生了重大影响，奠定了西方政治制度、社会制度和经济制度的基础。[1]面对功利主义在西方社会的长期统治地位，罗尔斯大声疾呼，“正义是社会制度的第一美德”。罗尔斯对直觉主义和功利主义都不太认同，[2]而且尤其反对功利主义。他提出的“作为公平的正义”理论继承了以洛克、卢梭和康德为代表的社会契约论。一方面，他通过“原初状态”假设将这种有着悠久传统但却已经让位于功利主义的社会契约理论上升到了更抽象的水平。同时，他试图用自己构架的具有平等主义倾向的正义理论取代占支配地位的功利主义，对正义做出系统的解释。[3]

罗尔斯在其论述中使用的“功利主义”概念是经过限定的。他简化了功利主义发展过程中的诸多形式，认为西季威克的功利主义道德观足以代替功利主义的其他变化形式，即“如果一个社会的主要制度被安排得能够达到总计所有属于它的个人而形成的

---

〔1〕 参见[美]约翰·罗尔斯：《正义论》，谢延光译，上海译文出版社1991年版，“序言”。

〔2〕 但罗尔斯自己在论证中也常不得不借助直觉。

〔3〕 参见[美]约翰·罗尔斯：《正义论》，何怀宏、何包钢、廖申白译，中国社会科学出版社1988年版，第2页。

满足的最大净余额，那么这个社会就是被正确地组织的，因而也是正义的。”[1]简单来说，如果社会上所有人的快乐减去痛苦得到的余额之和越大，那么这个社会就越正义。

对此，罗尔斯则认为，以功利主义作为原则时，某些个人可能会处在极端不利的困境中，成为最大限度的功利总额中的牺牲品，而这是不正义的。在这种以功利主义为原则的社会中强调同情和仁爱以便协调这种情形并不顺理成章，反而是非常不稳固、不牢靠的。[2]

为彻底推翻功利主义的道德观，罗尔斯模拟了一个“无知之幕”隔离下的“原初状态”，在若干精巧条件的限定下论证出这种状态下的人们会排除包括直觉主义和功利主义在内的其他伦理原则，并最终选择适用罗尔斯提出的正义原则。这种正义原则就是，“所有的社会基本价值（基本善）——自由和机会、收入和财富、自尊的基础——都要平等地分配，除非对其中一种或所有价值的一种不平等分配合乎每一个人的利益。”更细致地说，这种正义观分为两个层次，一是“每个人对与所有人所拥有的最广泛平等的基本自由体系相容的类似自由体系都应有一种平等的权利。”二是“社会的和经济的不平等应这样安排，使它们：（1）在与正义的储存原则一致的情况下，适合于最少受惠者的最大利益；（2）依

---

〔1〕［美］约翰·罗尔斯：《正义论》，何怀宏、何包钢、廖申白译，中国社会科学出版社1988年版，第19、20页。

〔2〕［美］约翰·罗尔斯：《正义论》，何怀宏、何包钢、廖申白译，中国社会科学出版社1988年版，“序言”第13页。

系于在机会公平平等的条件下职务和地位向所有人开放。”这就是罗尔斯提出的两个著名的正义原则。其中，第一个原则又被称为“平等自由原则”，第二个原则是“机会的公正平等原则”和“差别原则”的结合。第一个原则优先于第二个原则，第二个原则中机会公正平等原则又优先于差别原则。[1]可以看出，罗尔斯虽然将自由视为重要的价值，试图调和自由和平等之间的关系，但他更关注弱势群体的利益，希望在为最少受惠者提供最大利益的基础上保持某种程度的效率。所以归根结底，罗尔斯倡导的“作为公平的正义”理论仍具有一种鲜明的平等主义倾向。[2]

4. 诺齐克的持有正义

相比之下，与罗尔斯同在哈佛大学任教的诺齐克则是一位更为彻底的自由主义者。[3]如果说罗尔斯的正义观是以“公平”为核心的，那么诺齐克的正义观就是以“权利”为核心的。他认为任何关于正义的命题都必须建立在权利的基础上[4]，坚决反对罗尔斯提出的具有平等倾向的差别原则、在分配领域扩大国家功能，以及认为天赋不同也属于不平等的观点。[5]诺齐克主张正义与平

---

〔1〕 参见[美]约翰·罗尔斯:《正义论》，何怀宏、何包钢、廖申白译，中国社会科学出版社1988年版，第6、7页。

〔2〕 参见[美]约翰·罗尔斯:《正义论》，何怀宏、何包钢、廖申白译，中国社会科学出版社1988年版，“序言”第7页。

〔3〕 罗尔斯也是一位自由主义者，平等主义的自由主义者。

〔4〕 参见[美]罗伯特·诺齐克:《无政府、国家与乌托邦》，姚大志译，中国社会科学出版社2008年版，“译者前言”第2页。

〔5〕 参见贾中海、张景先:《三种经典公平正义理论之比较》，载《理论探讨》2011年第4期。

等无关，其理由有三：第一，平等是无法解决的；第二，不平等虽然不幸，但不是不公平的；第三，平等的主张缺乏根据。他甚至说，人们对待平等与不平等的态度不一样，也是不公平的。[1]

他认为，国家不能用强制手段来禁止人们从事推进自己利益的活动，不可以迫使一些公民帮助另一些公民。“个人拥有权利，有些事情是任何他人或团体都不能对他们做的”。[2]他认为只有将功能限制在防止暴力、偷窃、欺骗和强制履行契约的“最弱意义上的国家”才是正确的，任何功能更多的国家都会因为侵犯个人权利而无法证明其正确性。[3]

诺齐克反对国家干涉个人权利的观点也反映在了他的正义观中。他想用以权利为核心的“持有的正义”来代替分配的正义。[4]诺齐克提出的持有正义论包含三个原则：持有的获取原则、持有的转让原则，以及不正义持有的矫正原则。他在这些原则中强调分配是否正义要看持有是如何产生、如何演变的，如果所有人对分配在其份下的持有都是有权利的，那么这个分配就是公正的。相对而言，持有的正义理论更看重“历史”。在此，他将平等主义和功利主义放在一起批判，认为此二者遵循的是“即时原则”，对

---

〔1〕［美］罗伯特·诺齐克：《无政府、国家与乌托邦》，姚大志译，中国社会科学出版社2008年版，“译者前言”第24页。

〔2〕［美］罗伯特·诺齐克：《无政府、国家与乌托邦》，何怀宏等译，中国社会科学出版社1991年版，第IX页。

〔3〕［美］罗伯特·诺齐克：《无政府、国家与乌托邦》，何怀宏等译，中国社会科学出版社1991年版，第IX页。

〔4〕参见夏文斌：《走向正义之路：社会公平研究》，黑龙江教育出版社2000年版，第152页。

历史缺乏应有的关照。[1]

5. 阿马蒂亚·森的可行能力正义观

阿马蒂亚·森对前述直觉主义公平观、功利主义公平观、罗尔斯的作为公平的正义，以及诺齐克的持有正义均作出了批判，并提出了可行能力正义观试图解决上述观点中的缺陷。

首先，森反对把直觉作为独立的评判因素，尽管他承认心理态度有其重要性，但理智才是认识公正观念的核心。[2]只有通过理智对负罪感进行批判性考察，才能确定它是否可以成为我们施加谴责的依据。[3]其次，森对功利主义提出了三点批评：一是效用在本质上是个人心理状态的反映，具有很大的弹性，既难以在人与人之间进行比较，也很难被测量。二是功利主义否认权利、自由等本身的重要性，只把它们放在效用的附属地位上。三是功利主义过于重视效用总量的最大化，忽视了分配中的不平等问题。[4]再次，针对罗尔斯的正义论，森指出，罗尔斯的讨论局限在良序社会或民主立宪制国家中，这样得出的结论缺乏普适性。最后，森认为诺齐克以权利为中心的极端自由主义可能导致对另一些自由的严重侵害，进而造成可怕的后果。森强调，更重要的是，当代主流

---

〔1〕 参见[美]罗伯特·诺齐克：《无政府、国家与乌托邦》，何怀宏等译，中国社会科学出版社 1991 年版，第 149~161 页。

〔2〕 参见[印]阿马蒂亚·森：《正义的理念》，王磊、李航译，中国人民大学出版社 2012 年版，“序”第 9~11 页。

〔3〕 参见[印]阿马蒂亚·森：《正义的理念》，王磊、李航译，中国人民大学出版社 2012 年版，“序”第 2 页。

〔4〕 参见刘金伟、杨桂宏、胡建国：《西方自由主义公平观评述》，载《北京工业大学学报（社会科学版）》2006 年第 4 期。

政治哲学对正义的讨论往往采用契约的框架，这种框架具有先验主义性质，导致人们致力于寻找绝对的公正，将注意力都集中于制度，却忽略了现实社会，[1]因此具有严重缺陷，[2]罗尔斯和诺齐克概莫能外。而且，这些理论基本都建立在西方著述的基础上，可能存在偏狭，不利于全球性对话。一个例证是罗尔斯在评价全球正义时就放弃了自己的正义原则。[3]

针对其他理论观点的缺陷，森提出了“可行能力”正义观。一个人的“可行能力”(capability)指的是此人有可能实现的、各种可能的功能性活动(function)的组合，如果一个人拥有某种可行能力，那么他就拥有了选择那些有理由被珍视的生活的“实质自由”。可行能力既包括行动自如的能力、保证营养的能力，以及获得居所和衣服的能力等基本的可行能力，也可以包括接受教育、参与社会政治生活、拥有自尊等进阶的可行能力。[4]“功能性活动”反映的是一个人认为值得去做的各种事情或达到的各种状态。[5]举例而言，一个节食的富人和因贫穷而挨饿的穷人所实现的功能性活动可能是相同的，但他们拥有的可行能力却不同。富

〔1〕 参见［印］阿马蒂亚·森：《正义的理念》，王磊、李航译，中国人民大学出版社2012年版，第5页。

〔2〕 参见［印］阿马蒂亚·森：《正义的理念》，王磊、李航译，中国人民大学出版社2012年版，“序”第4页。

〔3〕 参见［印］阿马蒂亚·森：《正义的理念》，王磊、李航译，中国人民大学出版社2012年版，第21页。

〔4〕 参见秦子忠：《以可行能力看待不正义：论阿马蒂亚·森的正义理论》，载《上海交通大学学报（哲学社会科学版）》2016年第3期。

〔5〕 参见［印］阿马蒂亚·森：《以自由看待发展》，任赜、于真译，中国人民大学出版社2002年版，第62页。

人可以有很多节食方案作为选择，甚至选择不节食，而穷人则缺乏保证营养的能力，他并没有进行选择的实质自由。森的支持者玛莎·努斯鲍姆等人主张像罗尔斯列举“基本善”一样为可行能力列出清单，以此构建“能力充分原则”，从而作为评判正义的依据。[1]相对而言，森对于列出一份确定的清单并不热衷，他强调，从消除全球明显的不正义的角度看，能力充分原则所确定的能力清单的薄厚，应当根据不同国家或地区的经济水平、社会文化等具体情况来确定，并将决定权交给各国各地区的民主协商机制。[2]作为一个自由主义者，他主张运用作为公共理性的民主和作为自由的人权来实现正义[3]，他认为言论自由、独立的新闻媒体、内含民主因素的活动等，即使在没有保障基本人权或最低能力门槛的国家或地区也应扮演重要角色。[4]

对于森而言，消除不正义远比确定“什么是正义”更重要。森认为，绝对的正义概念是不存在的，与其苦苦追求不可能存在的完美的、绝对的公平正义，不如承认观念的多元化，通过比较的方法发现最明显的不正义，并致力于消除这种不正义。

综上，不同时期、不同学者对于公平正义的认识是非常不同

---

〔1〕 参见秦子忠：《以可行能力看待不正义：论阿马蒂亚·森的正义理论》，载《上海交通大学学报（哲学社会科学版）》2016 年第 3 期。

〔2〕 参见秦子忠：《以可行能力看待不正义：论阿马蒂亚·森的正义理论》，载《上海交通大学学报（哲学社会科学版）》2016 年第 3 期。

〔3〕 参见［印］阿马蒂亚·森：《正义的理念》，王磊、李航译，中国人民大学出版社 2012 年版，第 15~17 章。

〔4〕 参见秦子忠：《以可行能力看待不正义：论阿马蒂亚·森的正义理论》，载《上海交通大学学报（哲学社会科学版）》2016 年第 3 期。

的。因此，在什么是公平、什么又称得上不公平这件事上，哲学界并未达成一致。哲学领域尚无共识的问题，进入社会科学领域恐怕就更加难以分辨。也许正如森所说，绝对的公平正义是不存在的。

（三）经济学上的公平与效率

经济学上对公平与效率的争议主要集中于二者哪一个应当优先。以一种不甚精确的方式，可以将各方的观点大致分为公平优先和效率优先两类。

1. 效率优先

对于什么是效率，人们的理解是存在一定共识的。广义的效率指社会效率，即任何投入和产出之间的比率。而通常用来与"公平"相对应的则是狭义的效率，即代表经济投入与产出比的经济效率。[1]经济学上通常从资源配置角度进行效率分析，即如何在给定资源和技术的情况下尽量满足人的需要。在各类界定效率的观点中，帕累托效率是应用最广泛且争议相对较少的概念。[2]帕累托效率，也就是"帕累托最优"，是由意大利经济学家帕累托在其著作《政治经济学讲义》和《政治经济学教程》中提出的。他给出的定义是：对于某种经济的资源配置，如果不存在其他生产上可行的配置，使该经济中的所有个人至少和他们在初始情况时一样

〔1〕 参见周庆国：《公平与效率关系研究综述》，载《齐齐哈尔大学学报（哲学社会科学版）》2009年第5期。

〔2〕 参见何大昌：《西方经济学关于公平与效率关系理论研究》，载《现代管理科学》2002年第6期。

良好，而且至少有一个人的情况比初始时严格地更好，那么这个资源配置就是最优的。[1]另一种对效率的更简洁的定义则是，效率就是“多多益善”。[2]

在经济学的各流派中，古典经济学派、自由主义学派、货币主义学派、供给学派和理性预期学派更强调效率优先。这些学派认为，某种程度上，起点公平或者过程公平就已经足够了。[3]效率优先的观点强调市场对资源配置的重要作用，反对政府以结果公平为目标通过再分配的方式对资源配置进行干预。效率优先的观点以西方自由主义传统为基础，认为效率与市场竞争紧密相连，而市场竞争离不开经济自由。所以，缺乏自由的市场是缺乏竞争的，缺乏竞争自然导致效率低下。自由同时是效率优先的前提和结果。[4]在评价自由和平等的关系时弗里德曼说道，“一个社会把平等——即所谓结果均等——放在自由之上，其结果是既得不到平等，也得不到自由”。[5]对于自由主义者而言，失去自由也就同时失去了平等和效率。

---

〔1〕 参见［意］帕累托：《政治经济学教程》，巴黎古诺雷出版社 1906 年版，第 617、618 页。转引自何大昌：《西方经济学关于公平与效率关系理论研究》，载《现代管理科学》2002 年第 6 期。

〔2〕 参见［美］阿瑟·奥肯：《平等与效率：重大的抉择》，陈涛译，中国社会科学出版社 2013 年版，第 2 页。

〔3〕 参见李松龄、栾晓平：《公平与效率的理论综述》，载《山东社会科学》2003 年第 4 期。

〔4〕 参见何大昌：《西方经济学关于公平与效率关系理论研究》，载《现代管理科学》2002 年第 6 期。

〔5〕 参见［美］米尔顿·弗里德曼：《资本主义与自由》，张瑞玉译，商务印书馆 1986 年版，第 152 页。

2. 公平优先

在经济学领域，凯恩斯主义者是公平优先的最重要支持者。凯恩斯主义者认为资本收益边际递减、消费倾向边际递减以及流动性偏好三大规律导致市场在自由竞争中会造成低效率。由于资本的边际效益递减，所以通过税收和财政赤字的方式可以将社会中的一部分资本投入基础设施建设中，通过基础设施促进全民福利，这正属于实现公平的一种方式。此外，由于消费倾向边际递减，如果能通过国家干预向低收入者进行转移支付，则低收入者的消费需求扩大，消费倾向的平均水平增加。消费的提升可以促进最终产品以及中间产品的生产，从而带动社会整体经济效率的提高。[1]从这个意义上说，凯恩斯主义者促进公平的目的其实也在于提高效率。所以凯恩斯主义有时也被归入公平和效率兼顾的类型中。

旧福利经济学也强调公平的重要性。福利经济学是经济学界吸收功利主义思想的成果。福利经济学的创立者庇古提出了两个基本命题，一是国民收入总量越大，社会经济福利就越大；二是国民收入分配越均等，社会经济福利就越大。与凯恩斯一样，庇古认为，由于货币的边际效用是递减的，因此当穷人和富人增加等额的收入时，穷人身上产生的效用比富人更高。因此，通过税收等转移支付的方式将富人的部分收入转移到穷人手中，就可以提

〔1〕 参见李松龄、栾晓平：《公平与效率的理论综述》，载《山东社会科学》2003 年第 4 期。

高效用，从而促进经济福利的提升。而这种收入均等化就意味着公平。如果将经济学中的效用主要理解为经济效率，那么，从庇古的福利经济学之视角来看，收入均等化程度越高就越公平，效率也就越高，即有公平就有效率。[1]此外，勒纳、米里斯、英国新剑桥学派的罗宾逊夫人以及新制度经济学的加尔布雷斯也被认为是主张公平优先的经济学家。[2]

简单来说，经济学界对于公平和效率的概念并无太大争议，他们的讨论主要集中在公平和效率二者哪一个应当优先上。对于这个问题，经济学界也没有达成一致。

四、豁免制度的理论基础——公平与效率之争下的不完备法律

（一）不完备法律理论

19世纪的边沁曾指出，由法庭执行的法律对犯罪具有最优的阻吓作用。这一观点在20世纪60年代时被芝加哥学派经济学家加里·贝克进一步发展，贝克推导出，当法律被设计到最优时，由法庭执法是最适宜的。换句话说，监管机构的存在是不必要的。贝克的这个理论后来被斯蒂格勒进行了改进，因此现在被称为

---

〔1〕 参见李松龄：《公平与效率的准则——福利经济学公平、效率和分配观的比较》，载《广西经济管理干部学院学报》2002年第3期。

〔2〕 参见刘斌、刘鹏生：《西方经济学关于效率与公平关系问题的评述》，载《生产力研究》2004年第9期；陈江生、李珠峰、杨国斌：《西方经济学视域中的公平与效率》，载《科学社会主义》2005年第5期。

“贝克—斯蒂格勒模型”。波斯纳也支持执法只需要法庭的观点，他认为监管者的产生源于利益集团的游说，其实质是为利益集团服务。所以，当最优的法律起到最优的阻吓作用时，监管是有害无益的。[1]

为反驳上述观点，人们提出了市场失灵和起诉成本的问题，试图为监管者的存在正名。可是，市场失灵问题完全可以通过立法和法庭来解决。诉讼成本问题可以交给提供风险代理的律师解决，即这些律师会主动寻找当事人并组织发起诉讼，同时承诺败诉时无须律师费，而只在胜诉时从另一方的赔偿中提成。

正是在这种背景下，不完备法律理论产生了。根据该理论，“贝克—斯蒂格勒模型”的最优法律假设是不成立的，因此仅凭法院无法实现法律的最优阻吓效果，而监管者在一定条件下则可以起到提高法律阻吓效果的作用。所以，不完备法律理论实际上是为证明监管者存在的合理性提供了新的理论基础。

不完备法律理论受奥利弗·哈特的不完全合同理论的启发，于 2002 年由卡塔琳娜·皮斯托和许成钢共同提出。他们指出，法律是不完备的，而某些法律由于其适用的领域处在快速变革之中，所以会比那些不易受外界变化影响的领域所适用的法律更不完备。[2]法律的阻吓作用因为这种不完备性而受到了削弱。当法

---

〔1〕 参见许成钢：《法律、执法与金融监管——介绍“法律的不完备性”理论》，载《经济社会体制比较》2001 年第 5 期。

〔2〕 参见［德］卡塔琳娜·皮斯托、许成钢：《不完备法律（上）—— 一种概念性分析框架及其在金融市场监管发展中的应用》，汪辉敏译，载《比较》2002 年（第 3 辑）。

律不完备时，剩余立法权以及执法权[1]在法院和监管者之间的分配方式会影响执法的有效性。[2]有三个因素决定了剩余立法权和执法权的最优分配：法律不完备的程度和性质、对致损行为进行标准化的能力，以及该行为的预期损害和外部性的大小。他们论证了，在法律高度不完备时，如果损害行为可被标准化，且该行为能产生大量外部性，则剩余立法权和执法权更适合分配给监管者。[3]而金融市场符合这三项标准，属于应向监管者分配更多剩余立法权和执法权的情形。

要理解不完备法律理论，有两个概念有必要被进一步解释。对于“不完备法律”，皮斯托和许成钢没有直接给出定义，而是通过否定的方式对其进行了解释。他们认为，“如果法律能准确无误地规定出所有相关的适用情况，而且如果证据充分即能切实地加以适用”[4]，那么法律就是完备的。否则法律就是不完备的。

第二个需要解释的概念是“剩余立法权”。剩余立法权是指解释现有法律并加以适用的权力。这项权力既可以为立法者自身保留，也可以被授予其他主体。[5]换句话说，立法者授予法院和监

---

〔1〕 皮斯托和许成钢所说的“执法”包括司法和执法。

〔2〕 参见[德]卡塔琳娜·皮斯托、许成钢：《不完备法律（上）—— 一种概念性分析框架及其在金融市场监管发展中的应用》，汪辉敏译，载《比较》2002年（第3辑）。

〔3〕 参见[德]卡塔琳娜·皮斯托、许成钢：《不完备法律（上）—— 一种概念性分析框架及其在金融市场监管发展中的应用》，汪辉敏译，载《比较》2002年（第3辑）。

〔4〕 [德]卡塔琳娜·皮斯托、许成钢：《不完备法律（上）—— 一种概念性分析框架及其在金融市场监管发展中的应用》，汪辉敏译，载《比较》2002年（第3辑）。

〔5〕 参见[德]卡塔琳娜·皮斯托、许成钢：《不完备法律（上）—— 一种概念性分析框架及其在金融市场监管发展中的应用》，汪辉敏译，载《比较》2002年（第3辑）。

管者的立法权也属于剩余立法权的范畴。在中国语境下，司法解释、行政法规等都是剩余立法权的体现。由于执法主体在其执法过程中不可避免地会进行一定的解释，所以这种解释也可以被认为是对剩余立法权的行使。

（二）高度不完备的内幕交易法

目前，不完备法律理论最重要的适用领域是金融领域。一般而言，一种新型金融商品从产生到盈利的周期可以是非常短暂的。这主要是因为：一方面，金融商品的设计通常无须额外的固定资产投入，也不太需要较长的生产周期。另一方面，金融商品在营销上的边际成本也不高。根据投资者适当性制度，虽然具有不同风险的金融商品会对应不同的客户群，但大部分时候，不同金融商品的客户特异性不强，即一种金融商品的投资者也可以是另一种金融商品的投资者。因此，金融商品的营销成本相对较低。由此导致的结果就是，金融商品具有与传统商品相比更快的更新速度。此外，信息技术的进步也为近年来金融市场的快速扩张创造了条件。总体来说，与民商法等其他法律规范所适用的领域相比，金融法的调整对象变化的太快了。这也就造成了金融法的立法水平总是滞后于金融市场发展的水平。由此看来，金融法的不完备性在部门法中是比较突出的。

对于内幕交易而言，这种不完备性则更为突出。因为，内幕交易监管之争的实质是公平与效率之争，而公平与效率问题是哲学和经济学领域长期存在争议的，甚至可以说，这一争议可能永远无法停止。这种难以解决的争议加剧了法律的不确定性。因此，在内幕交易法领域，法律的不完备程度尤其高。

在这种高度不完备的法律下，向执法者分配一般程度的剩余立法权和执法权是不够的，必须从法的层面为执法者提供一个能协调公平与效率之争的富有弹性的执法空间，从而强化执法效果。

但是，如果直接在内幕交易构成要件中加入某种弹性，很可能会对法治原则构成威胁。相对而言，建立一套豁免制度，并在豁免制度中融入弹性，更不容易造成对法治原则的破坏，同时也更具有可操作性。

五、豁免的原则与意义

基于内幕交易领域的公平与效率之争，以及内幕交易受到普遍监管之现状，本书认为用正当原则和明显效率原则来统领不完备内幕交易法律制度中的豁免制度是最恰当的。

（一）豁免的原则

1. 正当原则

立法者主张普遍禁止内幕交易的最重要的价值判断基础就是“（违法的）内幕交易不公平”。换句话说，只有不公平的内幕交易才是应受禁止的，而如果一项内幕交易是公平的，那么也就没有了禁止的必要。因此，豁免制度的第一要务就是要将公平的内幕交易排除在外。

前面论述过，出于内幕交易法的高度不完备性以及维护法治原则的需要，应当在豁免制度中加入一定的弹性。那么，直接利用“公平”这一富有争议的概念来向豁免制度注入弹性莫过于最便捷的方法。由于“公平”一词不适合用于形容单个主体的单个行为，因此，我们用“正当”一词作为替代。[1]也就是说，当一项内幕交易是正当的，那么就应当被豁免。

在正当原则中融入弹性的实质是向执法者分配更多的剩余立法权和执法权。也就是说，执法者可以依据实际情况来把握一项内幕交易是否正当。这里的实际情况可以包括当地政治制度、经济发展阶段、监管文化、人民心态，乃至某一时期金融市场的状态。这个考量范围看似很大，但由于“正当”一词本身的限定性，所以并不容易造成豁免过度的情况。其最明显的效果将体现在使那些看上去就不应当被禁止的内幕交易行为得到豁免。因此我们在适用正当原则时未尝不可以诉诸直觉主义公平观。

2. 明显效率原则

除了最极端的平等主义者，相信持有各类公平效率观念的人都不会拒绝豁免具有明显效率的内幕交易行为。这里的效率不是行为人个人的效率，而是市场效率。要约收购中收购方的豁免就

〔1〕 虽然在哲学上“公平”和“正当”有更具体的区分，但鉴于内幕交易只是一个很小的领域，不像哲学需要照顾到问题的各个角度，因此混用二者并不会造成歧义。前面在进行哲学上的辨析时没有对“正义”与“公平”进行进一步的区分，也是这个原因。

是典型的具有明显效率的内幕交易。在要约收购中，收购方必然知道目标公司将要被收购这一信息，但如果因此禁止收购方的收购行动，则公司之间正常的并购将无从实现。而并购恰是优化资源配置、提高市场效率的重要方式。因此这种具有明显效率的内幕交易应当被豁免。

这里没有直接使用“效率原则”的原因在于很多时候内幕交易的效率难以判断、测量，而采用“明显效率原则”可以减少争议。这实际上是基于内幕交易被普遍监管之现状而采取的一种折中方案。如果各种形式的内幕交易的效率均可与将其禁止之后的效率进行比较，那么就能够更准确地判断什么样的内幕交易更应受到禁止了。这种测量涉及禁止内幕交易给予人的公平感能够在多大程度上提升市场信心并促进投资者投资的问题，所以测量难度非常之高。以市场流动性为例，一部分实证研究表明内幕交易会降低市场流动性，而另一些研究则得出完全相反的结论。内幕交易监管在不同国家中产生的效果也可能相左。例如，一项实证研究显示，很多实施了内幕交易监管的发展中国家在市场流动性上并没有显著变化，甚至，随着内幕交易监管能力的提高，这些国家的市场流动性会出现暂时降低的情况。[1]

此外，相较而言，由于效率概念在经济学上并无太大争议，所以豁免制度的弹性并不能放在这个原则之中。事实上将弹性放在

---

〔1〕 参见姜华东：《证券市场内幕交易监管的经济学分析》，南开大学2008年博士学位论文。

这个原则中本身也不具有可操作性。另需说明的是，从功利主义的角度看，明显效率原则也可以被纳入正当原则，不过单独列出可以起到强调的作用，同时还能减少可能的歧义。

在具体适用正当原则和明显效率原则时，某个内幕交易行为只需符合其中一个即可得到豁免。这两个原则既可以适用于具体豁免规则无法覆盖的不适合被禁止的内幕交易行为，也可以解释和指导那些有关豁免的具体规定。如果某个内幕交易行为符合有关豁免的具体规定，但并不符合这两大原则中的任何一个，那么也是不能得到豁免的。所以，豁免原则实际上也起到了防止豁免制度被滥用的作用。为行文方便，具体的豁免情形我们将在第四章进行阐述，第四章的结尾会指出上述两大原则与各类豁免情形的匹配关系。

（二）豁免的意义

内幕交易是不公平的，所以投资者在充斥内幕交易的市场中会丧失投资信心，并用脚投票离开市场，而投资者的减少会导致市场效率降低，最终威胁社会整体利益——这套支持对内幕交易进行普遍监管的推理逻辑，虽然尚未得到充分而确定的实证支持，又被法律经济学家讽刺为一种集体直觉，但也许至少会产生一种可能：当社会上的大部分人都具有这种直觉时，就会产生自证预言的现象——人们相信一件事，那件事就真的会发生。

无论投资者用脚投票这件事有没有真的发生，各国对内幕交易的监管确实已经陆续开展了。考虑到学者们不支持对内幕交易实施普遍监管的种种理由，与其说内幕交易应被禁止，不如说监管者愿意相信内幕交易应被禁止。一份调查显示，21 世纪初时，103 个具有股票市场的国家中，有 87 个已经颁布了法律对内幕交易实施监管，[1]美国、欧盟、中国、日本、澳大利亚等世界主要经济体更是无一例外。虽然这些国家或国际组织可能只是在单纯地模仿“先进”的美国，但在这种大趋势下，继续探讨内幕交易是否应当受到禁止似乎已经没有多大实际意义了。我国台湾地区“证券法”权威赖英照教授以前还会在其证券法著作中介绍这场旷日持久的内幕交易监管之争，现在那些内容却已被删除了。[2]

无论这场已持续半个世纪之久的内幕交易监管之争谁胜谁负，监管的支持者已经得到了监管者的支持。如果没人能阻止国家强制力对内幕交易的普遍监管，那就只能暂时接受这一事实了。因此，在制度框架内进行反抗，就成为一个具有可操作性的现实方案。而豁免制度，正是普遍监管的反对者最重要的反抗手段之一。虽然豁免制度不可能按照曼恩教授的想法把大多数内幕交易行为合法化，但至少可以把那些正当的内幕交易，以及明显有利于提升市场效率的内幕交易，从禁止性规范中解脱出来，从而避免国家强制力的打击面进一步扩大。

具体来说，豁免制度有助于弥补成文法缺陷、提高市场效率、

---

〔1〕 See Utpal Bhattacharya & Hazem Daouk, *The World Price of Insider Trading*, The Journal of Finance, Vol.57, No.1, 2002, p.78.

〔2〕 截至 2020 年赖英照教授的《股市游戏规则：最新证券交易法解析》(已有四版) 2014 年第三版开始就取消了这部分内容。

增加法律确定性、限制权力滥用，还可以节约社会成本。而在平等论法域中，建立、完善豁免制度则显得更为重要。下面将对这几点进行进一步阐述。

1. 弥补成文法的固有缺陷

如同人类的其他制度一样，即使我们默认大部分内幕交易是不公平的，其监管制度也难免有缺陷。作为充分体现人类逻辑理性的精美作品，成文法力图将法律关系中可能产生的所有情形都涵盖在简洁的构成要件之中。但这种努力显然只能达到有限的效果，社会现实的复杂性常常无法完全被纳入构成要件中考量。因此，在构成要件之外规定豁免就显得十分必要。豁免制度可以用来处理构成要件难以涵盖的情况，从而弥补成文法的固有缺陷。成文法的固有缺陷实际上也是大陆法系国家内幕交易法不完备性的一个体现。

2. 提升市场效率

如同前面讨论过的，内幕交易具有提升市场效率的作用。在被内幕交易狭义构成要件所涵盖的行为中，又有一部分行为对市场效率的提升作用特别明显，其中要约收购就是最突出的一例。公司兼并在大部分时候具有提高企业效益，优化资源配置，促进产业整合，乃至增加社会整体利益的效果。在公司收购中，收购方一定是掌握自身将从事或继续从事收购目标公司这一内幕信息的人。为了实现收购目标公司的目的，收购方必然会利用此内幕信息购买目标公司的股票。如果不为这类市场行为提供豁免，市场的效率将会受到很大影响。此外，对利用其他自身交易信息从事的交易行为进行豁免，有时也是出于效率的考虑。这类平等论进路下特有的豁免情形将在第四章进行具体介绍。

3. 增加法律的确定性

某些合法的符合内幕交易基本构成要件的行为，如果没有明确的豁免制度为市场参与者提供指引，即使投资者认为自己的行为没有违法，也可能会由于担心产生法律风险而不进行投资、经营活动。因此，豁免制度可以为正当的行为提供法律保障，以免投资者受到法律的不确定性的干扰。

4. 有助于限制行政权力滥用

在没有明确豁免规则的情况下，执法者在处理有争议的问题时享有很大的自由裁量权。能纳入豁免范围的行为往往是存在一定争议的，因此，制定较为完善的豁免制度可以有助于处理疑难案件，从而限制执法者滥用行政权力，提升法治水平。

5. 节约社会成本

理论上，判断一个行为是否违法或犯罪，要先考虑该行为是否符合法律上的构成要件，如果符合构成要件，再考察其是否符合豁免条件。但在实践中，人们往往会对行为是否属于某违法或犯罪行为有一个大概的判断，这样就会对是否可以适用豁免规定，可以适用何种豁免规定，做出基本判断。此时，如果发现该行为符合豁免条件时，就无须再一条一条地仔细分析它是否符合狭义构成要件了。这也是特殊法比一般法优先适用所自然而然产生的结果。因此，豁免制度可以减少或避免行为人因涉嫌内幕交易而被正式立案调查的情况，即使被立案调查，也可以降低进入听证乃至法院审理等程序的可能性，从而减少对投资人利益和程序资源的无谓损耗。所以，豁免制度既有利于降低执法成本，也有利于降低投资者的成本，进而从整体上节约社会成本。

小　结

早期，美国在面对面的证券交易中从信义义务角度对公司内部人进行非常有限的内幕交易规制。随着证券市场的发展和法律的进步，这种规制被扩大到了集中撮合领域，其监管的合理性基础便产生了动摇。

以曼恩教授为代表的学者，从经济学的视角向内幕交易的强制性监管发起了强烈的质疑，这些质疑不仅颇具启发性，更让人认识到对内幕交易进行普遍的监管既会导致市场缺乏效率，又会浪费执法成本。一方面，通过内幕交易的形式向具有创新技能的“企业家”提供报酬，是一种既能促进企业革新发展，又能节约人力资源的谈判和筛选成本的有效率的报酬方式。另一方面，内幕交易能够促进信息流动，帮助证券正确定价，并且有助于防止股票价格剧烈波动，从而有利于市场的高效和平稳发展。

当然，法律经济学家对内幕交易也并不是完全放任不管。科斯定理的追随者提出应该依靠私人约定来解决内幕交易的问题：

如果公司认为禁止内幕交易是合算的，那公司就会与内部人订立禁止内幕交易的契约；如果公司认为内部人的内幕交易并不会损害公司利益，甚至有助于公司发展，则无须约定禁止。不过，这一观点遭到了来自交易成本方面的质疑，因为在交易成本较高的情况下，上述假设就难以实现。

另一种革命性的理论则不像私人约定论那样充满自由派色彩。信息财产权理论的倡导者认为，信息是制造信息的公司的财产，法律应当保护这种产权。如果为了个人利益而非公司利益来使用这种财产，就应当受到法律的禁止。不过，这种应受保护的内幕信息主要是指具有社会价值的信息，因为保护这类信息有助于企业创新。而对不具有社会价值的信息，如果依然采取强制措施禁止人们利用，其成本可能远远超过收益。上述不支持对内幕交易进行普遍性强制监管的观点，不仅为人们看待内幕交易提供了极具启发性的新视角，同时也在某种程度上阻止了美国的内幕交易法律制度向更为激进的平等论方向发展。相比之下，支持对内幕交易进行普遍监管的理由要么虚无缥缈，要么难以证实。不公平感在存在内幕交易的市场中是否存在，以及即使存在，又是否会对市场造成切实的负面影响，目前仍不确定。

不过，监管者对内幕交易实施普遍监管的决心是确定的。也许是出于对美国神话的崇敬，也许是因为形成了法律移植的习惯，又或者是受到了美国内幕交易监管成果卓著的鼓励，其他国家也陆续追随美国开始对内幕交易实施普遍监管。在这种监管现实之下，所有针对内幕交易现实制度的讨论都只能在“内幕交易是不公平的”这一假设下进行。但即便如此，仍有一些内幕交易没那么不“公平”，又或者这种行为的效率很高，以至于无须考虑它是否公平。而这些行为正是需要被豁免的行为。

梳理内幕交易是否应被监管的争议之后可以发现，内幕交易之争的核心实际上是公平与效率之争。而这公平与效率在哲学和经济学上是长期以来争执不下的课题。哲学家对“公平”的界定分歧很大，典型的公平观包括直觉主义公平观、功利主义公平观、罗尔斯公平观、诺齐克持有的正义以及阿马蒂亚·森的可行能力公平观。经济学对“效率”的概念并无太大争议，一般以帕累托最优作为标准。但经济学对公平与效率何者应当优先则存在争议。

法律是不完备的，而且法律越不完备，越需要向监管者分配更多的剩余立法权和执法权。相较于其他法律，处在环境快速变动中的金融法具有高度不完备性，而公平与效率之争更加剧了内幕交易法律制度的不完备性。在这种情况下，我们应当建立豁免制度并在其中赋予一定的弹性，为执法者提供更充分的剩余立法权和执法权，提高执法的有效性。

“豁免”包含于广义的“抗辩”，但只占抗辩的一小部分。在金融法概念下的内幕交易监管制度中，豁免规则是指可以使符合狭义构成要件但不应当被认定为违法的行为免于法律追究的特殊事实规则。严格意义上讲，内幕交易既有违法的，也有不违法的，而被豁免的内幕交易行为，正是符合内幕交易狭义构成要件但又不违法的行为。在讨论豁免时需要注意区别金融法概念下内幕交易的“豁免”与刑法、民法、行政法、国际法、程序法上的类似概念，避免混淆。

豁免原则包括正当原则和明显效率原则，其中，正当原则是一个具有弹性的原则，这种弹性源于公平概念的多元化。在具体适用正当原则和明显效率原则时，某个内幕交易行为只需符合其中一个即可得到豁免。这两个原则既可以适用于具体豁免规则无法覆盖的不适合被禁止的内幕交易行为，也可以解释和指导那些豁免规则。

内幕交易的“豁免”具有例外性和非普遍性，而且被“豁免”的行为应是行为人善意而为的。我们之所以需要豁免规则，是因为它有助于弥补成文法的固有缺陷，能增加法律的确定性，从而为合理的行为提供法律保障。因此，豁免规则既能提升市场效率，又能在限制行政权力滥用的同时降低执法成本。此外，平等论进路需要更多的豁免规则。

因此，各国必须在豁免原则的指导下制定与本国监管进路相适应的完善的豁免规则，防止内幕交易监管范围进一步盲目扩大。关系论和平等获取信息理论作为当今世界主流的两大监管进路，其豁免规则既有共同点，又有区别，有必要分开讨论。

第二章 豁免制度依托的两种内幕交易监管进路

要设计内幕交易豁免制度，首先要了解内幕交易监管制度本身，否则豁免制度只能是一个空中楼阁。本章将以时间为序，从内幕交易监管两种进路的角度对欧美制度进行梳理，并从中总结出信义关系理论和平等获取信息理论的区别。本章主要有两个目的：一是促进对内幕交易基本制度的理解，厘清内幕交易的两种监管进路；二是为第三章判断中国监管进路打下基础。

一、美国——向关系论进路转型

（一）早期分歧：多数说、少数说和特殊事实说

在美国联邦层面的证券法产生乃至被适用于内幕交易之前，内幕交易类的案件主要靠普通法或各州的成文法来规制。[1]当时法院中并存着“多数说”（majority rule）和“少数说”（minority rule）。根据“多数说”，公司的董事和高管这些内部人只在与公司交易或者代表公司进行交易时才对公司和股东承担信义义务；

---

〔1〕 参见陈舜：《内幕交易理论的普通法基础》，载《证券市场导报》2005年第1期。

但与股东交易时，即使信息重大，只要没有虚假陈述或积极隐瞒，就没有进行积极披露的义务。[1]因此公司内部人可以随意利用他们拥有的信息优势。而"少数说"则认为董事和高管既是公司的受托人，也是股东的受托人，因此他们在与股东进行交易前负有对其掌握的重大信息进行披露的义务。[2]

上述两种观点的主要分歧在于公司内部人是否对股东个人负有披露义务。当时还有第三种观点，即"特殊事实说"（special fact doctrine）。根据该说，交易的一方当事人在拥有另一方不知道的重大事实时负有披露义务。[3]在 1909 年的 Strong v.Repide 案中，法院认为该案中内部人的地位以及信息之重大使得案件产生了一种特殊情境，这种特殊情境令内部人有义务将重大信息告知交易对方。[4]

虽然"少数说"和"特定事实说"都向内部人施加了披露义务，但当时在学界和法院中，披露义务的来源仍存在分歧：大多数人认为披露义务源于公司法中的信义义务，也有人认为这是普通法中欺诈的变形，还有人认为是二者兼而有之，各种观点不一而足。另需注意的是，即使适用"少数说"或"特定事实说"，向内

---

〔1〕 See Louis, Joel Seligman & Troy Paredes, *Fundamentals of Securities Regulation*, 6th ed.New York: Wolters Kluwer Law&Business, 2011, p.1279.

〔2〕 See Margaret V.Sachs, et al., *Securities Litigation and Enforcement in a Nutshell*, West Academic Publishing, 2016, p.253.

〔3〕 See Margaret V.Sachs, et al., *Securities Litigation and Enforcement in a Nutshell*, West Academic Publishing, 2016, p.253.

〔4〕 参见陈舜：《内幕交易理论的普通法基础》，载《证券市场导报》2005 年第 1 期。

部人施加披露义务也会受到重大限制。[1]一方面，内部人只在面对面交易时才负有披露义务。换句话说，匿名撮合的证券交易不受限制。另一方面，披露义务只保护既存股东，如果内部人向手中还没有公司股票的投资者出售可能下跌的股票，他也没有向其披露不利消息的义务。[2]

上述的三种观点并没有随着联邦证券法的产生而立刻失去管辖权。因为虽然联邦证券法在 20 世纪 30 年代大萧条之后就产生了，但其中并没有禁止内幕交易的直接规定。事实上，联邦成文法至今都没有对此进行明文禁止。联邦层面对内幕交易的禁止是 20 世纪 60 年代以后 SEC 和联邦法院依托证券法中的反欺诈条款逐步发展起来的。其中，《1933 年证券法》的第 17(a)条是美国证券法中反欺诈的“祖父条款”，而《1934 年证券交易法》第 10(b)条则与后来由 SEC 根据该条授权制定的 10b-5 规则一起成为日后规制内幕交易的重要基础。[3]

(二)平等获取信息理论的产生

20 世纪 60 年代初，作为行政主体的 SEC 在 Cady, Roberts&Co. 案中第一次适用 10b-5 规则裁定内幕交易案件，[4]并且采纳了早

---

〔1〕 See William K.S.Wang & Marc I.Steinberg, *Insider Trading* § II, 2nd ed., Practising Law Institute, 2008, p.15-16.

〔2〕 See Margaret V.Sachs, et al., *Securities Litigation and Enforcement in a Nutshell*, West Academic Publishing, 2016, p.254.

〔3〕 参见杨亮:《内幕交易论》，北京大学出版社 2001 年版，第 84~90 页。

〔4〕 参见彭冰:《内幕交易行政处罚案例初步研究》，载《证券法苑》(第三卷) 2010 年第 2 期。

年联邦法院在 Kardon v.National Gypsum Company 案中使用的“或披露或弃绝交易”规则[1]，认为当行为人负有特别义务的情况下，应当公开内幕信息，否则不能交易公司股票。[2]

到 20 世纪 60 年代末，联邦第二巡回法院在 SEC v.Texas Gulf Sulphur Co. 案（以下简称 Texas Gulf Sulphur 案）[3]中阐述“或披露或弃绝交易”这一义务时做出了根本性的突破，认为任何拥有重大内幕信息的人在该信息尚未公开时，必须要么向广大投资者披露该信息，要么弃绝交易或推荐有关证券。[4]投资者在证券市场上相对平等地获取重大信息是 10b-5 规则下的正当期待。[5]也就是说，法院认为“或披露或弃绝交易”义务的适用主体是任何知情人。[6]Texas Gulf Sulphur 案中的这一说法是比较激进的平等主义，后来通常被学界称为“信息均等理论”（Parity of Information）。有学者认为用“信息均等理论”这个名称进行描述在某种程度上是误用，因为法院主张的仅是取得信息机会的

---

〔1〕 参见［美］路易斯·罗思、［美］乔尔·赛里格曼：《美国证券监管法基础》，张路等译，法律出版社 2008 年版，第 685 页。

〔2〕 参见［美］路易斯·罗思、［美］乔尔·赛里格曼：《美国证券监管法基础》，张路等译，法律出版社 2008 年版，第 705 页。

〔3〕 SEC v.Texas Gulf Sulphur Co., 401 F.2d 833, 848 (2d Cir.1968).

〔4〕 See SEC v.Texas Gulf Sulphur Co., 401 F.2d 833, 848 (2d Cir.1968); See also Donna M.Nagy, Richard W.Painter & Margaret V.Sachs, *Securities Litigation and Enforcement: Cases and Materials*, West, 2012, p.478.

〔5〕 参见［美］詹姆斯·D. 考克斯、［美］罗伯特·W. 希尔曼、［美］唐纳德·C. 兰格沃特：《证券管理法：案例与资料》（第 3 版），中信出版社 2003 年版，第 946 页；See Donna M.Nagy, Richard W.Painter & Margaret V.Sachs, *Securities Litigation and Enforcement: Cases and Materials*, West, 2012, p.478.

〔6〕 See John C.Coffee, Hillary A.Sale&M.Todd Henderson, *Securities Regulation: Cases and Materials*, 13th ed., 2015, p.1173.

平等，而不是信息完全平等。[1]因此，使用“平等获取信息理论”(Equal Access Theory)一词作为该理论的名称更为适宜。

(三)关系论的逆袭——“经典理论”和“私用理论”

在1980年的Chiarella v.United States案(以下简称Chiarella案)[2]中，美国联邦最高法院认为对1934年《证券交易法》的理解不能超出其语义和法定的合理范围，单凭行为人持有未公开信息，并不会直接产生第10(b)条中规定的披露义务[3]，把拥有别人所不知道的信息等同于对市场中的投资人进行欺诈是对反欺诈条款的过度理解。联邦最高法院指出，披露义务产生的前提是公司内部人与公司股东之间有信任或信赖关系；Texas Gulf Sulphur案中的“或披露或弃绝”规则仅适用于那些不仅掌握非公开内部信息且受披露义务约束的人。[4]如果没有信义义务，也就没有披露义务，没有披露义务也就谈不上欺诈。[5]该案确立了“信义义务”在美国法内幕交易推理路径中的长期核心地位，否认了前述“平等获取信息理论”中关于任何持有重大内部信息之人都需披露的要

---

〔1〕 See Donna M.Nagy, Richard W.Painter & Margaret V.Sachs, *Securities Litigation and Enforcement: Cases and Materials*, West, 2012, p.486-487.

〔2〕 Chiarella v.United States 445 U.S.222(1980).

〔3〕 参见杨亮:《内幕交易论》，北京大学出版社2001年版，第102页。

〔4〕 参见[美]托马斯·李·哈森:《证券法》，张学安等译，中国政法大学出版社2003年版，第718页。

〔5〕 See Marc I.Steinberg, Insider Trading & Selective Disclosure, and Prompt Disclosure: A Comparative Analysis, 2001, *U.Pa.J.Int'l Econ.L.*p.640; 参见曾宛如:《构建我国台湾地区内线交易之规范——从禁止内线交易所欲保护之法意切入》，载刘俊海主编:《中国资本市场法治评论》第4卷，法律出版社2013年版，第132页。

求。[1]该案形成的理论被称为信义关系的“经典理论”。

至今为止，除了 SEC 在 1980 年 9 月为应对 Chiarella 案这种外部人从事内幕交易而迅速制定的、在要约收购领域适用平等获取信息理论的 14e-3 规则外，[2]其后近三十年美国的重要内幕交易判例始终没有完全跳出信义关系或其他信赖关系的约束。例如，在内幕信息传递领域确立了“泄密人—受密人责任”(tipper-tippee liability)的 Dirks v.SEC 案(以下简称 Dirks 案)[3]中，联邦最高法院认为，如果内部人违反信义义务不恰当地为个人利益而将内幕信息披露给他人，且信息受领者“知道”内部人的这种披露行为是不恰当的，则信息受领者也负有派生的信义义务。[4]也就是说，泄密人为获得个人利益而违反信义义务，是受密人违反信义义务、承担责任的基础。该案还指出，承销商、律师、会计师等中介因为在开展业务时已经参与到了特殊的信义关系当中，因而成为“准内部人”或“推定内部人”，与公司内部人负有同样的信义义务。[5]而后来 1997 年美国联邦最高法院在 United States v.O’ Hagan 案(以下简称 O’ Hagan 案)中确立的“私(盗)用理

---

〔1〕 See Alexander F.Loke, *From the Fiduciary Theory to Information Abuse: The Changing Fabric of Insider Trading Law in the U.K., Australia and Singapore*, *American Journal of Comparative Law*, Vol.54, No.1, 2006, p.130.

〔2〕 参见项剑:《美国规制要约收购的法律问题研究——兼论中国要约收购法律制度之完善》，厦门大学 2001 年博士学位论文，第 71~78 页。

〔3〕 Dirks v.SEC, 463 U.S.646(1983).

〔4〕 参见[美]托马斯·李·哈森:《证券法》，张学安等译，中国政法大学出版社 2003 年版，第 721 页。

〔5〕 See Alan R.Palmiter, *Securities Regulation: Examples and Explanations*, Aspen Law&Business, 1998; 又见杨亮:《内幕交易论》，北京大学出版社 2001 年版，第 108、207 页。

论”(Misappropriation Theory)[1]实际上是对 Chiarella 案经典理论的变形[2]。根据该理论，如果一个人违反其对信息来源方的义务，为交易之目的而私用秘密信息，则构成证券法上的欺诈。[3]行为人实施欺骗的对象是允许其接触保密信息的信息来源方[4]，而信息来源方与证券被交易的公司之间可以没有关联，但应与信息来源方具有信托或信任关系(a relation of trust or confidence)，这种关系通常是信义关系(fiduciary relationship)。[5]

(四)近年来冲破关系论的尝试

近年来美国个别下级联邦法院正在试图通过判例冲破原有规则中无法满足监管需要的约束条件。

---

〔1〕 我国大陆学者常译之为“盗用理论”，我国台湾地区学者则主要译之为“私取理论”。不过结合 Chiarella 案(该案判决中，美国最高法院首席大法官的反对意见中首次提出了私用理论的理念)和 O’ Hagan 案的实际情况，将 misappropriation 译为“私用”可能更为恰当。因为两案被告获取内幕信息的途径一个顺理成章，另一个颇为偶然，因此难谓“盗用”或“私取”，而“私用”则侧重擅自使用，更符合该理论产生时的具体语境。

〔2〕 参见曾宛如:《构建我国台湾地区内线交易之规范——从禁止内线交易所欲保护之法意切入》,《中国资本市场法治评论》第四卷，法律出版社 2013 年版，第 132 页。

〔3〕 See Donna M.Nagy, Richard W.Painter & Margaret V.Sachs, *Securities Litigation and Enforcement: Cases and Materials*, West, 2012, p.513.

〔4〕 参见朱伟一:《美国证券法判例解析》，中国法制出版社 2002 年版，第 107 页。

〔5〕 有学者认为私用理论中行为人与信息来源方之间的关系完全是信义义务，这种说法恐怕并不准确。因为在 O’ Hagan 案中法院只是将“fiduciary”作为名词“受托人”使用，而并未明确提出行为人与信息来源之间存在信义义务。对此可作为佐证的是，帕尔米特教授在其第一版《证券法》中使用了“保密的信义义务”(Fiduciary Duty of Confidentiality)一词来描述行为人对信息来源的义务，但在第二版中改为保密义务(Duty of confidentiality)，并增加了行为人与信息来源之间的信托或信任关系“通常”是信义关系的说法。See Alan R.Palmiter, Securities Regulation: Examples and Explanations, Aspen Law&Business, 1998, p.305；参见[美]帕尔米特:《证券法》(注译本)，中国方正出版社 2003 年版，第 341~342 页。此外，也有学者采用“类信义关系”(fiduciary-like relationship)的说法来形容私用理论中行为人与信息来源之间的关系。See Donna M.Nagy, Richard W.Painter & Margaret V.Sachs, *Securities Litigation and Enforcement: Cases and Materials*, West, 2012, p.523.

1.Dorozhko 案[1]

被告 Dorozhko 是一名乌克兰人，他于 2007 年 10 月初在一家经纪公司开立了在线交易账户并存入 4 万多美元。与此同时，IMS Health 公司（以下简称艾美仕）宣布将在 10 月 17 日 17 时通过汤姆森金融公司（以下简称汤姆森）发布其第三季度的盈利报告。从 10 月 17 日上午开始，汤姆森的一台加密服务器就屡次受到黑客袭击，下午 14 时 15 分——汤姆森刚刚收到艾美仕的数据几分钟之后，黑客就成功下载了艾美仕的数据。另外，被告在 14 时 52 分通过前述账户大量购入临近到期的艾美仕看跌期权。当天晚些时候，艾美仕公布的盈利信息比分析师的预期低了 28%。第二天开市艾美仕的股票立刻大跌，被告在开市 6 分钟之后就卖出了他持有的艾美仕期权，一夜之间获利近 300 万美元。

被告开立账户的经纪公司发现了这笔蹊跷的交易，于是将此事提交 SEC。SEC 根据事实主张被告正是攻击汤姆森服务器的黑客，并向地区法院提起了诉讼。2008 年年初，地区法院驳回了 SEC 的请求。除了 SEC 未能展示类似的成功判例以外，地区法院驳回诉请的主要理由在于，黑客行为并不具有最高法院对《证券交易法》第 10（b）条所定义的“欺骗性”（deceptive）。地区法院认为只有在违反信义义务的情况下才能构成第 10（b）条所规定的“欺骗性”手段，而该案被告对汤姆森和艾美仕均不负有信义义

---

〔1〕 SEC v.Dorozhko，574 F.3d 42，44（2d Cir.2009）.

务。因此，地区法院判决被告的行为因没有违反信义义务而不违反第10(b)条。

SEC将案件上诉到第二巡回法院，巡回法院认为SEC并没有主张被告违反信义义务，也没有基于经典理论或私用理论提出主张，而是基于"欺诈"(fraud)提出主张。因此，法院的关注点在于"欺诈"是否具有第10(b)条意义上的"欺骗性"。

第二巡回法院一方面查阅词典并分析"欺骗性"的含义，认为10b-5规则将"欺骗"(deceit)等同于"欺诈"；而被告通过黑客行为虚假陈述了自己的身份，使安全系统相信其具有获取信息的特权，这种盗窃信息的行为完全具有一般意义上"欺骗性"。另一方面，法院大胆否认了"信义义务"在内幕交易规制中的核心地位，认为黑客不需要违反信义义务即可具有第10(b)条中的"欺骗性"。[1]该法院认为，在"欺诈"不是"未披露"(nondisclosure)而是"积极虚假陈述"(affirmative misrepresentation)的情况下，最高法院未曾在"欺诈性"的一般含义中明确施加信义义务的要求。[2]据此，第二巡回法院撤销了地区法院的判决。[3]

第二巡回法院本身恐怕也意识到了其对权威理论的巨大颠覆，因此并没有将与证券买卖有关的黑客行为都认定为内幕交

---

〔1〕 See Anthony Michael Sabino&Michael A.Sabino, *From Chiarella to Cuban: The Continuing Evolution of the Law of Insider Trading*, Fordham J.Corp.&Fin.L., 2011, p.687.

〔2〕 SEC v.Dorozhko, 574 F.3d 42 (2d Cir.2009).

〔3〕 Id.at 51.

易。法院认为黑客行为大体分为两种：一种是像本案中这样，使用虚假身份伪装成另一用户；另一种则是利用程序中电子代码的弱点使之产生故障，从而令用户取得更大特权。法院认为前者完全是欺骗性的，但后者究竟是欺骗性的还是单纯的盗窃，则取决于黑客取得信息的方式。

因其对信义关系理论的公然挑战，这一案件引起了美国学术界的巨大争议。有学者认为第二巡回法院创造了无须信义义务的内幕交易新理论，[1]但更多的学者则对此持审慎态度。纳吉教授认为近年来 SEC 和不少下级联邦法院正在逐渐忽视信义原则，她从以该案为代表的一系列案件中提炼了“欺骗性取得”理论，[2]但对于最高法院是否会认可此种理论并未做出预测或倾向性的评论。[3]态度激烈的学者则认为这种“直截了当”的新理论毫无优点，应当从内幕交易法律体系中彻底清除，以免贻害无穷。[4]其理由在于，首先，其实并没有先例支持法院将信义义务从内幕交易监管理论中剔除，而且用词典解释代替最高法院的解释并不妥当；其次，从政策考量上看，这种理论是向“信息均等”标准的不

---

〔1〕 See Edward Greene&Olivia Schmid, *Duty-Free Insider Trading?* , COLUM. BUS.L.REV., 2013, p.418.

〔2〕 See Donna M.Nagy, *Insider Trading and the Gradual Demise of Fiduciary Principles*, IOWA L.REV., 2009, p.1319.

〔3〕 See Donna M.Nagy, Richard W.Painter & Margaret V.Sachs, *Securities Litigation and Enforcement: Cases and Materials*, West, 2012, p.529.

〔4〕 See Mark F.DiGiovanni, *Weeding Out a New Theory of Insider Trading Liability and Cultivating an Heirloom Variety: A Proposed Response to Sec V.Dorozhko*, Geo.Mason L.Rev., 2012, p.627.

当偏移；最后，实践中，第二巡回法院所做的区分会让法院负担过重，而且既增加了分析的不确定性又颇为形式化。[1]有趣的是，著名证券法学者兰格沃特教授对该案所隐含的理论似乎持放任态度。他犀利地指出，无论是经典理论还是私用理论，都只是为了解决证券欺诈问题而发明的折中解决方案，这两种以信义义务为基础的理论不大可能排他性地涵盖内幕交易需要监管的所有范围。兰格沃特支持实施强硬的内幕交易监管，认为该案中直接分析“欺骗”的字面意思的做法也不过是为了解决那些与违反信义义务的行为一样烦人的问题罢了。为了解决内幕交易的问题，美国进行了精细的分类。分类所带来的法律漏洞虽然是不可避免的，但这种精细的分类不应限制法律的表现形式。[2]

2.Cuban 案[3]

在该案中，被告 Cuban 是一个著名的企业家，拥有 Mamma 公司约 6% 的公开发行股份。根据 SEC 的陈述，Mamma 公司的 CEO 在被告同意保守秘密的情况下向其透露了公司即将实施冲减每股收益的融资计划。被告十分气愤，并随即在未告知 Mamma 公司的情况下卖出其持有的该公司股份，从而规避了 700 多万美元损失。SEC 根据私用理论起诉被告违反了对 CEO 和

〔1〕 See Mark F.DiGiovanni, *Weeding Out a New Theory of Insider Trading Liability and Cultivating an Heirloom Variety: A Proposed Response to Sec V.Dorozhko*, Geo.Mason L.Rev., 2012, p.606–615.

〔2〕 See Donald C.Langevoort, *Fine Distinctions in the Contemporary Law of Insider Trading*, COLUM.BUS.L.REV., 2013, p.459–461.

〔3〕 SEC v.Cuban, 620 F.3d 551, 552 (5th Cir.2010).

Mamma公司的义务。

地区法院认为，以违反合同义务为基础向欺骗性行为施加责任甚至比存在信义义务时施加责任有更坚实的基础。可惜当事人之间虽有保守秘密的协议，却没有“不交易协议”，从而不足以产生“或披露或戒绝交易”的义务，因此法院驳回了SEC的诉求。2010年案件进入上诉程序，第五巡回法院认为被告知道自己不能交易，所以他与公司之间不仅有单纯的保密协议，同时也具有不交易协议。第五巡回法院认为没有必要判断当事人之间是否具有“信托或信任”关系，合同义务的存在足以归责。据此，巡回法院撤销了地区法院的判决并发回重审。[1]

在2013年的重审中，地区法院像上诉法院一样对私用理论中的责任避而不谈，而将注意力集中在了SEC的主张是否充分上。法院认为，理性的陪审团会发现，在本案中，(1)存在保守秘密协议和不能交易的协议(即使是默示的)；(2)秘密的信息就是非公开信息；(3)信息具有重大性。因此，法院允许SEC审理该案。如此一来，法院避开了“信托或信任”关系的问题。[2]

如果从私用理论的角度进行分析，本案则可能面临兰格沃特教授所指出的问题：本案中可以明显看出被告在得知信息时十分

---

〔1〕 See Steven J.Cleveland, *Resurrecting Deference to The Securities and Exchange Commission: Mark Cuban and Trading on Inside Information*, Fla.L.Rev., 2013, p.74–75.

〔2〕 See Edward Greene&Olivia Schmid, *Duty–Free Insider Trading?* , *COLUM.BUS.L.REV.*, 2013, p.389.

气愤，CEO 不应仅根据一个保密承诺而期待被告"忠诚"。[1]还有些学者指出，根据最高法院的先例，不存在信义义务的情况下"沉默"不能构成欺诈；而仅仅根据一个保密协议无法充分建立起股东对公司的信义关系或其他类似关系，因此本案被告并没有从事非法的内幕交易；SEC 通过其制定的 10b5-2(b)(1)规则基于违反保密协议来施加内幕交易责任已经超过了它的权限。[2]但另有学者认为，即使根据简单的合同关系无法推出法律所要求的义务，第 10(b)条和法院的先例也从未将违反合同义务排除在可以构成违反第 10(b)条的基础之外；[3]而且上述观点忽视了最高法院对行政法规的关注，人们应当恢复对 SEC 规则的服从。[4]

3. 关系论还是平等论——当代美国的两难选择

虽然美国的学者对上述颠覆传统的案例争论激烈，但若跳出美国的法律框架，就会意识到此类案件的处理在以平等获取信息理论为监管进路的其他国家完全不是问题。[5]为了使这些看上去有违公平理念的行为得以追究，美国法院不得不在先例的限制下

---

〔1〕 See Donald C.Langevoort, *Fine Distinctions in the Contemporary Law of Insider Trading*, *COLUM.BUS.L.REV.*, 2013, p.44.

〔2〕 See Steven J.Cleveland, *Resurrecting Deference to The Securities and Exchange Commission: Mark Cuban and Trading on Inside Information*, *Fla.L.Rev.*, 2013, p.75.

〔3〕 See Steven J.Cleveland, *Resurrecting Deference to The Securities and Exchange Commission: Mark Cuban and Trading on Inside Information*, *Fla.L.Rev.*, 2013, p.73.

〔4〕 See Steven J.Cleveland, *Resurrecting Deference to The Securities and Exchange Commission: Mark Cuban and Trading on Inside Information*, *Fla.L.Rev.*, 2013, p.92.

〔5〕 See Edward Greene&Olivia Schmid, *Duty-Free Insider Trading?* , *COLUM.BUS.L.REV.*, 2013, p.369.

做各种法律体操，以便得到其他国家轻易可以做出的判决结果。[1]

为了解决美国在内幕交易监管上的力不从心，学者们纷纷献计献策。科菲教授认为不应以信息均等（平等获取信息）作为改革方向，因为如果把内幕交易的边界移动到所有非故意（inadvertent）的情况，潜在成本太高。[2]短期来看，SEC 可以通过制定规则对“欺骗”进行界定，[3]从而缓解当前的监管困境。与 Coffee 教授的观点恰好相反，有的学者认为应在评估美国和英国（欧盟）法律优缺点的前提下，制定以欧盟平等获取信息理论为基础的美国成文法，使美国适应世界的立法趋势。[4]而通过 SEC 立法则容易受到当事人和法院的质疑，由此产生的不确定性会造成更多的诉讼和分歧。[5]还有的学者提出了延续传统的“推定违反理论”（Constructive Breach Theory），即在行为人和不良行为的受害者之间建立某种责任，从而解决信义原则无法解决的难题。[6]

面对这些两难境地中的争论，美国的内幕交易监管之路究竟会何去何从呢？2016 年联邦最高法院判决的 Salman v.United

---

〔1〕 See Edward Greene & Olivia Schmid, *Duty-Free Insider Trading?* , *COLUM. BUS.L.REV.*, 2013, p.419.

〔2〕 See John C.Coffee, Jr., *Mapping the Future of Insider Trading Law: Of Boundaries, Gaps, And Strategies*, COLUM.BUS.L.REV., 2013, p.281.

〔3〕 See John C.Coffee, Jr., *Mapping the Future of Insider Trading Law: Of Boundaries, Gaps, And Strategies*, COLUM.BUS.L.REV., 2013, p.317.

〔4〕 See Edward Greene & Olivia Schmid, *Duty-Free Insider Trading?* , COLUM. BUS.L.REV., 2013, p.370.

〔5〕 See Edward Greene & Olivia Schmid, *Duty-Free Insider Trading?* , COLUM. BUS.L.REV., 2013, p.424.

〔6〕 See Mark F.DiGiovanni, *Weeding Out a New Theory of Insider Trading Liability and Cultivating an Heirloom Variety: A Proposed Response to Sec V.Dorozhko*, Geo.Mason L.Rev., 2012, p.616.

States 案（以下简称 Salman 案）在很大程度给出了答案。

4.Salman 案——联邦最高法院对两难选择的回应

2016 年 10 月，Salman 案在美国联邦最高法院公开审理，这是 O' Hagan 案之后 20 年来最高法院首次审理内幕交易案件。这次重审的目的在于解决下级法院之间有关“个人利益”是否必须具有金钱或类似性质的分歧。“个人利益”是美国法院在审理信息传递类内幕交易案件中使用的一个概念。根据 1983 年的 Dirks 案，内部人只在为不恰当之目的而泄露信息的情况下才违反信义义务，而确定目的是否恰当的标准是看他是否想要获得“个人利益”。〔1〕在 2014 年判决的 United States v.Newman 案（以下简称新纽曼案）中，联邦第二巡回上诉法院推翻了初审法院纽约南区法院的有罪判决，认为泄密人因泄露内幕信息而获取的“个人利益”中应具有潜在的金钱属性或类似的有价值的属性。而该案检察官未能提出充分证据证明内部人获得的“个人利益”足以构成泄密人责任；并且即使内部人获得了这样的“个人利益”，检察官也没能举证证明作为三四层信息链条末端的被告 Newman 等人知道泄密人违反了信义义务。〔2〕但是，在后来的 Salman 案〔3〕中，第九巡回法院则认为“个人利益”不仅包括金钱利益和可以转换为未来利益的声誉，也包括内部人将内幕信息作为礼物送给

〔1〕 Dirks v.SEC, 463 U.S.646（1983）.

〔2〕 United States v.Newman, 773 F.3d 438（2d Cir.2014）.

〔3〕 Salman v.United States, 792 F.3d 1087（9th Cir.2015）.

亲朋好友的情况。联邦最高法院面对这两个巡回上诉法院的争议，对 Salman 案进行了调卷重审。最终，最高法院认可了第九巡回法院在 Salmon 案中的观点，否定了第二巡回法院所说的“个人利益”必须是带有金钱属性或其他类似性质的利益。在 Salman 案中，最高法院总结出了另一种检验“个人利益”的方式，即“赠礼原则”(gift-giving principle)。最高法院认为，泄密人泄露信息之后再由信息受领人进行交易，和泄密人自己直接交易再把收益送给信息受领人，这两种情况是一样的。因此，当内部人将秘密信息作为礼物送给从事交易的亲戚或朋友时，也属于为了“个人利益”而泄密，构成对信义义务的违反。[1]这就是该案提出的用于检验个人利益存否的“赠礼原则”。

尽管最高法院提出了新的方式来验证泄密人是否获得了个人利益，但信息传递中的信义义务问题并非就能被如此简单地完全解决。因为在 Salman 案中，泄密人和两名受密人之间的关系非常亲密，他们三人既是亲戚又是密友，所以最高法院得以认为泄密人交易之后把收益给受密人和把信息给受密人让其交易是没多大区别的。阿利托大法官在该案判决意见中引用前人论述表示，“确定一个内部人是否从某个特定的信息披露中获利对法院来说并不容易，但是今天我们没有必要去处理那些困难的案例。”也就是说，如何通过“个人利益”来确定信息传递中行为人是否存在

〔1〕 See Salman v.United States, 137 S.Ct.420(2016).

违反信义义务的情况，在未来相当长的时间里仍将是美国法上被持续争议的问题。但至少从该案中我们可以看出，最高法院始终坚持将内幕交易案件的审理建立在信义义务或其他信托、信赖义务之上，即美国仍在坚持关系论的监管进路。这表明，即使在欧盟等地区和国家向平等获取信息理论高歌猛进的现在，美国法院仍在努力捍卫内幕交易监管中"信义义务"的核心地位。这其中的原因，恐怕就是科菲教授所说的"潜在成本太高"。

总体来看，目前对于美国而言最为便利的内幕交易监管方案仍是保持信义义务的传统，同时通过判例和 SEC 的规则进行适应性的调整。与其说美国不能轻易改变传统法律框架是沉没成本使然，倒不如说这种保守的态度恰恰体现了美国人对市场效率的恋恋不舍。虽然不排除华尔街作为利益集团可能对法律施加影响，但 20 世纪 60 年代以来法律经济学家反对对内幕交易进行普遍监管的那些经典论述[1]如同"达摩克利斯之剑"，始终稳稳悬在内幕交易监管的上方——已经习惯了对内幕交易进行规制的人们虽想视而不见，但永远无法真正将其摆脱。

（五）美国法院监管趋势总结

总体来说，美国法院内幕交易监管立法的严厉程度随着时间的推移呈现如图 2.1 所示的上下起伏的形态：首先是早期基本不加禁止的状态；之后不同的法院对是否需要披露信息态度不一；20

〔1〕 参见本书第一章。

世纪 60 年代之后则进入最为严厉的时期，联邦上诉法院采纳了向任何持有重大未公开信息的人施加披露义务的平等获取信息理论，这一时期是美国联邦法院整体上禁止内幕交易的范围最广的时期；1980 年 Chiarella 案确立的信义义务经典理论使打击范围急剧缩小；而 90 年代末私用理论确立后禁止范围重新扩大，但仍未扩大到“平等获取信息理论”时期。截至 2022 年，除了在要约收购领域适用平等论之外，在美国占绝对主导地位的仍然是信义关系经典理论和私用理论。私用理论是信义关系经典理论的变形和补充，二者都在反欺诈的框架下以信义义务或其他信赖义务为推理基础。[1]可以说，美国当前的这两个主流理论均属于关系论。[2]

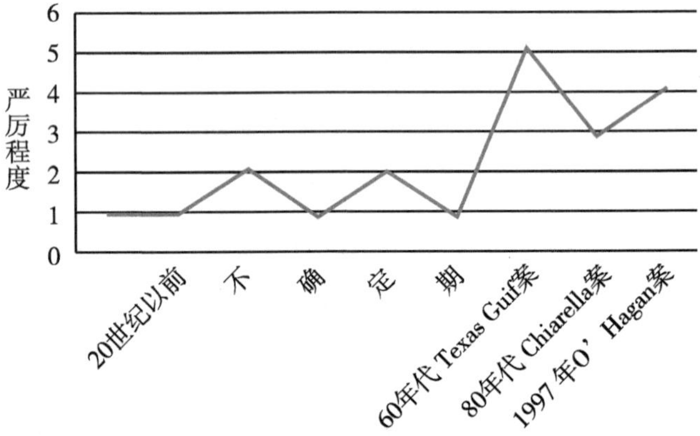

图 2.1 美国内幕交易监管理论严厉程度变化趋势

---

〔1〕 参见赖英照：《证券诈欺与资讯平等的拔河——评美国内线交易法制的发展》，载《法令月刊》2013 年第 12 期。

〔2〕 参见赖英照：《股市游戏规则：最新证券交易法解析》，台北，2014 年自版发行，第 446 页。

二、欧盟——不断进化的平等获取信息理论（市场论）

美国通过 Chiarella 案进入信义义务的路径之后，欧盟仍然沿着平等获取信息理论的道路继续前行。在之后的几十年里，欧盟陆续出台了《1989 年反内幕交易指令》《2003 年反市场滥用指令》《2014 年反市场滥用条例》等三部重要法律规范，将平等获取信息理论彻底欧盟化，逐步形成了以市场为基础〔1〕的新型内幕交易监管制度。与注重微观之信义义务的关系论相比，这种以市场为基础的逻辑更为宏观，更关注广泛的证券市场，更强调信息的传播应当公平、有效。〔2〕这种以市场为基础的逻辑，认为禁止内幕交易的目的在于保护投资者信心，并且借此维护市场的流动性以及资源配置的有效性。而投资者信心，则与投资者在市场上平等获取信息的信心密切相关。〔3〕我国台湾地区以及大陆的部分学者将欧盟这种以市场为基础的监管逻辑称为“市场诚信”〔4〕、“健全市场理论”抑或“市场论”〔5〕，但这只是中文称呼上的总结，并不改

---

〔1〕 即 Niamh Moloney 提出的“Market-based”监管逻辑。See Niamh Moloney, *EC securities regulation*.Oxford: Oxford University Press, 2002, p.739-740.

〔2〕 See Niamh Moloney, *EC securities regulation*.Oxford: Oxford University Press, 2002, p.739-740.

〔3〕 See Niamh Moloney, *EC Securities Regulation*, Oxford: Oxford University Press, 2002, p.740-741.

〔4〕 有学者将 market integrity 翻译为市场的完整与诚信，或者直接称之为“市场诚信”，参见曾宛如：《建构我国台湾地区内线交易之规范——从禁止内线交易所欲保护之法切入》，载《台大法学论丛》2009 年第 1 期；傅穹、曹理：《禁止内幕交易立法理念转换及其体系效应——从反欺诈到市场诚信》，载《法律科学（西北政法大学学报）》2013 年第 6 期。

〔5〕 赖英照教授将这种逻辑称为“健全市场（market integrity）理论”，并简称之为“市场论”。参见赖英照：《股市游戏规则：最新证券交易法解析》，台北，2014 年自版发行，第 445 页。

变其平等获取信息理论的内核。此外，将此类监管逻辑称为“市场诚信”恐怕是有待商榷的——欧盟在宣扬其立法宗旨时，时常强调要保持“market integrity”。这个英文短语是两岸学者翻译的来源，不过在欧盟法语境中，“integrity”的含义更倾向于完整性，含有机制或系统健全、完整的意思，有类似市场秩序之感。因此，欧盟法中的“market integrity”还是翻译为“市场完整性”或“市场健全”更为妥当。

(一) 欧共体的早期行动——市场论的萌芽

虽然20世纪60年代后期西欧对证券市场中的内幕交易是否应受规制这一问题仍存在很大争论，[1]但在颁布第一部系统规制内幕交易的指令《1989年反内幕交易指令》之前，欧共体在这方面并非毫无动作。1966年，由欧共体委员会所委任的专家组出具的报告《欧洲资本市场发展》(Segré Report)就带有较为明显的市场论的倾向。[2]关于内幕交易问题，该报告建议，针对公司董事和高管交易他们所在公司之证券的行为，应当制定相应规则进行规范。而制定这些规则的目的在于确保所有从事证券交易的人能够处于平等地位。[3]

成员方方面，法国和瑞典等于20世纪70年代初相继在本

〔1〕 参见盛学军主编:《欧盟证券法研究》，法律出版社2005年版，第164页。

〔2〕 See Niamh Moloney, *EC Securities Regulation*, Oxford: Oxford University Press, 2002, p.744.

〔3〕 See Claudio Segre, *The Development of a European Capital Market*, Report of a Group of Experts appointed by the EEC Commission, November 1966, p.249.

国证券法中确立了反内幕交易制度。[1]到1976年,欧共体对成员方相关国内法进行了检视,并且成立了整合内幕交易监管制度的工作小组,工作小组在其报告中对与内幕信息相关的三种行为样态、内幕信息的性质以及信息公开的时间和方式等提出了建议,这些建议后来被《1989年反内幕交易指令》所采纳。[2]

1977年在欧共体委员会关于可转让证券之交易的欧洲行为守则的建议[3]中,平等获取信息理论已成为重要主题。[4]该建议虽然属于软法,没有拘束力,但仍有不少成员方将建议中有关信息公开义务和不当使用保密信息的原则纳入到了国内法当中。加上成员方在相关会议中的参与和内幕交易调查上的合作,该建议实际上为欧共体在内幕交易监管方面的合作奠定了基础。[5]

1980年,英国在其《公司法》中首次将违法的内幕交易行为规定为刑事犯罪。20世纪80年代中期,挪威、瑞典、丹麦等北欧国家也相继制定或修改了内幕交易法律制度。[6]

---

〔1〕 参见盛学军主编:《欧盟证券法研究》,法律出版社2005年版,第165页。

〔2〕 See Clark Cruickshank, *Insider Trading in the EEC*, International Business Lawyer, Vol.10, 1982, p.345.

〔3〕 COMMISSION RECOMMENDATION of 25 July 1977 concerning a European code of conduct relating to transactions in transferable securities(77/534/EEC)(*OJ* L 212/37, 20 August 1977).

〔4〕 See Niamh Moloney, *EC Securities Regulation*, Oxford: Oxford University Press, 2002, p.745.

〔5〕 See John Suter, *The Regulation of Insider Dealing in Britain*, London: Sweet & Maxwell, 1989, p.287. 转引自王永立:《欧洲共同体部长理事会一九八九年第五九二号禁止内线交易指令之研究》,淡江大学2002年硕士学位论文,第21页。

〔6〕 参见盛学军主编:《欧盟证券法研究》,法律出版社2005年版,第165页。

(二)《1989年反内幕交易指令》——市场论在立法层面的确立

1987年,也就是北欧等国制定或修改内幕交易法律规范之后,欧共体委员会提出了禁止内幕交易指令的草案。两年后,该法案经批准生效。这只有短短三页纸的文件,就是证券监管领域,尤其是跨国监管领域中,具有开创性意义的《1989年反内幕交易指令》。

《1989年反内幕交易指令》由序言和正文组成。该指令的正文仅有15条。而序言部分则占据了整个指令1/3以上的篇幅。指令的序言介绍了该法制定的法律依据、原因、背景以及简单的豁免情形。在描述制定原因时,欧共体对平等获取信息理论的钟爱鲜明地体现了出来:“这个市场的顺畅运行很大程度上取决于它带给投资者的信心;这种信心所依赖的因素包括,确保投资者处于平等地位(equal footing),以及保护他们免受内幕信息不当使用的侵害。”欧共体的这种态度与美国20世纪60年代末SEC v.Texas Gulf Sulphur Co.案中法院的观点十分类似,该法院认为,在证券市场中,所有在公共交易所里交易的投资者都有权相对公平地获取信息。不同的是欧共体提出了一套更加直截了当的推理:打击内幕交易可以促进投资者享有平等机会;机会平等能提升投资者信心;而投资者对市场的信心决定了金融市场能否持续发展。(见图2.2)

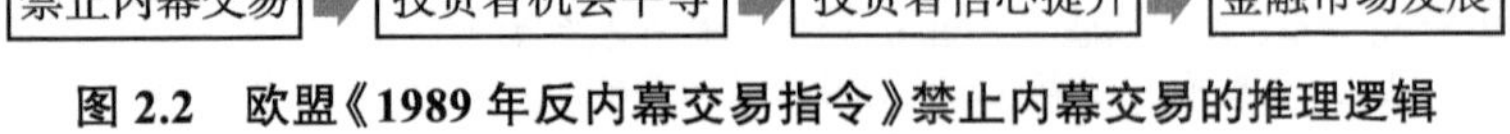

图2.2　欧盟《1989年反内幕交易指令》禁止内幕交易的推理逻辑

不同的逻辑依据对于如何界定、禁止内幕交易有明显的影响。[1]欧共体这种平等获取信息理论的态度，也直接影响了指令中的法条规定。

一方面，原始内幕人的范围不局限于负有信义义务的人。在美国证券法中，对公司负有信义义务的内部人通常是公司的董事、高管和持有10%以上股份的股东，[2]其他公司雇员、股东不一定属于内幕交易行为主体。而《1989年反内幕交易指令》第2条列举的三类原始内幕人——因担任发行人行政、管理或监督部门职务而持有内幕信息的人，因持有发行人股份而获取内幕信息的人，因雇佣、职业或职责而有途径获取内幕信息的人——则抛开了信义关系的限制，将内幕交易行为主体扩大到了小股东[3]、董监高之外的公司雇员以及其他因特定工作关系能获取内幕信息的人。原始内幕人中的第三类“因雇佣、职业或职责而有途径获取内幕信息的人”的立法过程证实了欧共体脱离信义关系理论是有意而为之的——指令的建议稿参考法国法，仅规制在职业（profession）和职责（duties）中取得内幕信息的人，起草该建议稿的欧洲委员会将其解释为对证券发行公司有信义义务和保密义务

〔1〕 Niamh Moloney, *EC Securities Regulation*, Oxford: Oxford University Press, 2002, p.742.

〔2〕 美国《1934年证券交易法》第16条(b)规定，短线交易归入权时列出的是三类主体，但对发行人负有信义义务的人并不完全局限于此，法院会结合具体情况分析。

〔3〕 有观点认为该指令规定的股东在实践中并不包括小股东，因为小股东难以因持有股份而“获得内幕信息”。参见王永立：《欧洲共同体部长理事会一九八九年第五九二号禁止内线交易指令之研究》，淡江大学2002年硕士学位论文，第42页。

的人;[1]但欧洲经济和社会委员会提出应参考德国法律,[2]将任何为公司提供偶然性或经常性劳务而获得内幕信息的人都作为内幕交易行为主体。[3]这一建议因涵盖范围过广而没有得到采纳,但仍产生了不小影响。[4]最后经过欧洲委员会、欧洲议会和欧洲理事会的几轮商讨和修改,形成了"因雇佣、职业或职责而有途径获取内幕信息的人"的规定,从而排除了偶然获得内幕信息的人。尽管如此,这一规定因字面意思比较宽泛还是在实践中产生了不少争议。对此,欧盟法院在判例中明确,内幕人和获取内幕信息的途径之间应当具有因果关联性和非偶然性,因果关联性是指行为人在客观上能接触到内幕信息,而无论其是在职责范围之内还是越权接触到的信息;非偶然性是指行为人获取内幕信息并非出于偶然。[5]例如,出租车司机听到乘客透露的内幕信息时,通常不被认定为内幕人[6];而如果是公司为自有车辆雇佣的专门司机获得了该公司的内幕信息,则不应当被认为具有非偶然性,即他可以被认定为内幕人。

另一方面,次级内幕人可以是原始内幕人之外的任何人,而

---

〔1〕 Proposal for a Council Directive Coordinating Regulations on Insider Trading, *OJ C* 153, 11.6.1987, p.8.

〔2〕 参见王永立:《欧洲共同体部长理事会一九八九年第五九二号禁止内线交易指令之研究》,淡江大学 2002 年硕士学位论文,第 43 页。

〔3〕 Opinion of The Economic and Social Committee on the Proposal for a Council Directive Coordinating Regulations on Insider Trading, *OJ C* 35, 8.2.1988, p.22.

〔4〕 参见王永立:《欧洲共同体部长理事会一九八九年第五九二号禁止内线交易指令之研究》,淡江大学 2002 年硕士学位论文,第 43 页。

〔5〕 参见主力军:《欧盟禁止内幕交易制度的立法实践及启示》,载《政治与法律》2009 年第 5 期。

〔6〕 除非他充分了解该信息是内幕信息。

不问信义义务存否。[1]不过，次级内幕人也要符合前述非偶然性之特征。[2]《1989年反内幕交易指令》将内幕人分为原始内幕人和次级内幕人，这种区分很容易让人联想到美国的泄密人和受密人（tipper&tippee）。但美国法院对受密人承担责任列出了多种限制。根据美国法院的判例，只有当下列要件全部满足时受密人方可能承担内幕交易的责任：泄密人泄密违反了对公司、股东或信息来源的信义义务或其他信赖义务；受密人知道或应当知道泄密人负有此种义务并且知道他违反了这种义务；泄密人为了获取个人利益而泄密。要证明这三个要件对于美国检察官而言难度极大，前文美国部分提到的2014年新纽曼案[3]就是例证。而欧共体《1989年反内幕交易指令》只要求次级内幕人对自己持有的信息是内幕信息这一事实有充分了解（with full knowledge）[4]即可。虽然指令也规定了该信息需要直接或间接来自原始内幕人，但并没有要求次级内幕人知晓这一情况。而且，其实内幕信息在绝大多数情况下都是源于原始内幕人的，只不过可能不是二手信息，而是三四手甚至更多手的信息，因此欧共体的这一规定并没有太

---

〔1〕 Council Directive 89/592/EEC of 13 November 1989 coordinating regulations on insider dealing, *O.J.* 1989, L 334/30, Article 4.

〔2〕 参见主力军：《欧盟禁止内幕交易制度的立法实践及启示》，载《政治与法律》2009年第5期。

〔3〕 United States v.Newman, 773 F.3d 438 (2d Cir.2014).

〔4〕 对自己持有的内幕信息有"充分了解"也是很难证明的，因此《2003年反市场滥用指令》换了一种说法，改为次级内幕人"知道或应当已经知道"自己持有的消息是内幕信息。

大实际意义[1],《2003年反市场滥用指令》就将这个限定条件删除了。当然,这个“信息来自原始内幕人的规定”也有一些美国“泄密人—受密人理论”的痕迹,但鉴于指令中的原始内幕人已经不再局限于负有信义义务的人,且指令不要求次级内幕人必须知道该信息是源于原始内幕人的,因此,指令中有关次级内幕人的规定也已经抛开了关系论的束缚。

虽然《1989年反内幕交易指令》的内容在某种程度上受到了美国法的影响,但由于其没有采用Chiarella案提出的信义关系古典理论,因此该指令的颁布标志着欧共体与美国的内幕交易立法出现了明显且根本性的区别,世界两大发达经济体的内幕交易监管制度终于在此处分道扬镳。欧美在信义关系问题上的小小取舍,实则反映了各自依据的理论根基的不同:欧共体更注重维护投资者信心和市场健全,而美国法院的思路仍是考察行为人是否违反那源自普通法的、历史悠久的信义义务。

(三)《2003年反市场滥用指令》——市场论在欧盟的发展

1. 修订背景

《1989年反内幕交易指令》虽然在跨区域监管方面具有划时代的意义,但其规定的内容较少,语言具有很强的概括性,这导致了不同成员方之间法律差异较大,而且指令在具体执行和落实方

---

〔1〕 可能会排除原始内幕人之外的人偶然取得公司机密文件而获取内幕信息的情况。不过有观点认为这属于间接源于原始内幕人的信息,因为文件都是原始内幕人制作的。参见王永立:《欧洲共同体部长理事会一九八九年第五九二号禁止内线交易指令之研究》,淡江大学2002年硕士学位论文,第46页。

面也缺少有效措施。这些问题使市场上的参与者对不同国家之间法律的差异无所适从[1]，而且成员方之间甚至存在为吸引投资者而产生的监管上的恶性竞争。因此，该指令的实施效果并不尽如人意。另外，在科技进步、互联网发展、产品升级和区域一体化的催化下[2]，欧洲金融市场的监管环境显得愈加复杂，加之 20 世纪 80 年代末和 90 年代在德国等地发生的一系列惊人的内幕交易事件[3]，在欧洲实施更为有力的监管制度的愿望显得非常迫切。

2000 年，为了解决欧盟金融法律制度立法迟缓与实施不力等问题，欧盟专门成立了智者委员会（the committee of Wise Men）[4]，以期能提出一套高效率的证券立法程序。以拉姆法路西教授为主席的智者委员会不负众望，半年多之后便在其发布的《智者委员会欧洲证券市场监管最终报告》（也称《拉姆法路西报告》）中提出在欧盟采用一种包含四个层次的立法程序，并且于 2002 年获得了欧洲议会的批准。该报告设计的四级程序环环相扣、层次分明：第一级程序是框架性原则的立法程序，表现为通过意见咨询、表决、磋商等程序制定"条例"或"指令"等；第二级是制定第一级框架之具体实施措施的程序，即制定实施细则指令；

---

〔1〕 DIRECTIVE 2003/6/EC on insider dealing and market manipulation（market abuse），*OJ L 96*，12.4.2003，Recital（11）.

〔2〕 DIRECTIVE 2003/6/EC on insider dealing and market manipulation（market abuse），*OJ L 96*，12.4.2003，Recital（10）.

〔3〕 参见盛学军主编：《欧盟证券法研究》，法律出版社 2005 年版，第 164、166 页。

〔4〕 See DIRECTIVE 2003/6/EC on insider dealing and market manipulation（market abuse），*OJ L 96*，12.4.2003，Recital（4）.

第三级是成员方的合作与落实，其中包括成员方将前两级规范转化为国内法的程序；第四级是监督检查以促进强制执行，即欧盟对各成员方的立法国内化和实施情况进行督促。《2003 年反市场滥用指令》便是按照其中的第一级程序制定的。[1]

2. 变化

相比短短三页的《1989 年反内幕交易指令》,《2003 年反市场滥用指令》的内容扩展到十页。其中，占到近一半篇幅的序言，对指令的立法目的、立法背景和政策考量等做出了比较具体的叙述。正文法条数量从原来的 15 条增加到 22 条，虽然仍不太多，但内容更详尽，同时也改进了原《1989 年反内幕交易指令》中某些不合理的地方。

首先，指令的适用范围从原指令定义的“可转让证券”扩展到覆盖面更广的“金融工具”，[2]以适应金融产品的创新发展。[3]其次，为解决旧指令存在的实施不力之问题，新指令的后半部分花费了很大力气来规定如何促进指令落实，尤其是如何执法以及

---

〔1〕 See Alexandre Lamfalussy, Council of Europe.Committee of Three, *Final Report of the Committee of Wise Men on the Regulation of European Securities Markets*: Committee of Wise Men, 2001; European Shadow Financial Regulatory Committee, The regulation of European securities markets: The Lamfalussy Report—Statement No.10, Madrid, 26th March, 2001.Journal of International Banking Regulations, Vol.3, No.2, 2001, p.193; See DIRECTIVE 2003/6/EC on insider dealing and market manipulation (market abuse), *OJ L 96*, 12.4.2003, Recital 4; 参见盛学军主编:《欧盟证券法研究》, 法律出版社 2005 年版, 第 167、168 页。

〔2〕 DIRECTIVE 2003/6/EC on insider dealing and market manipulation (market abuse), *OJ L 96*, 12.4.2003, Article 1.

〔3〕 DIRECTIVE 2003/6/EC on insider dealing and market manipulation (market abuse), *OJ L 96*, 12.4.2003, Recital (34).

成员方之间如何配合的问题。最后，新指令的另一个重大变化是增加了禁止操纵市场的内容。新指令将操纵市场和内幕交易统一纳入市场滥用进行规制，主要是因为欧盟认为对这两者实施禁止的目的一致，即均是为了保证金融市场的完整性（市场健全），以及增强投资者对市场的信心。[1]而且，欧盟认为市场透明度是健全的金融市场中参与者进行交易的前提，而内幕交易和市场操纵会降低市场透明度。[2]由此可以看出，市场论的内涵在新指令颁布后得到了进一步丰富，投资者信心、市场的完整和高效，以及市场透明度，成为市场论强调的重要组成部分，市场论与其最初在美国诞生时相比显得更为成熟。

在内幕交易方面上，新指令较大的变化主要有五个。一是将次级内幕人的禁止性行为样态与原始内幕人统一，从原来的只禁止次级内幕人利用内幕信息从事内幕交易，[3]变为与原始内幕人一样不得泄露内幕信息，不得基于内幕信息推荐、劝诱他人从事内幕交易。二是在对原始内幕人的列举中增加了一项“因犯罪活动获取内幕信息的人”。这条规定主要是为了回应“9·11 事件”

〔1〕 DIRECTIVE 2003/6/EC on insider dealing and market manipulation (market abuse), *OJ L 96*, 12.4.2003, Recital (12).

〔2〕 DIRECTIVE 2003/6/EC on insider dealing and market manipulation (market abuse), *OJ L 96*, 12.4.2003, Recital (15).

〔3〕《1989 年反内幕交易指令》规定，成员方可以禁止次级内幕人从事泄露内幕信息等与内幕信息相关的行为，但当时并不是强制要求。See Council Directive 89/592/EEC of 13 November 1989 coordinating regulations on insider dealing, *O.J.* 1989, L 334/30, Article 6.

以来欧盟成员方对金融恐怖主义的担心，[1]因为内幕信息也可能来自犯罪行为。[2]这一规定再次体现了欧盟对关系论的舍弃：根据关系论，通过盗窃等犯罪行为获取内幕信息的人对公司通常不负有信义义务，因此也就不受内幕交易法律制度监管。[3]三是在客观要件方面增加了对试图从事内幕交易的行为的禁止规定。“试图”从事内幕交易其实并不会对投资者直接造成任何实质性的损害，新指令的这一变化突出反映了在市场论的指导下，只要是对市场健全和投资者信心造成威胁的行为，即使没有侵害到公司或股东的实际利益，也可能受到禁止。与之相反的是，以关系论为指导的美国证券法则规定只有欺诈行为与证券买卖相关时，才构成内幕交易，“试图欺诈”这种没有直接危害到他人利益的行为不受内幕交易监管制度规制。四是删除了次级内幕人的信息必须源于原始内幕人的规定。这一改变使次级内幕人不再限于信息受领人，信息的第一手获得者也可能属于次级内幕人。如前所述，这一做法一方面是为了使法条更加切合实际，另一方面也体现出美国法对欧盟的影响越来越小。五是对原始内幕人进行归责时不再要求

〔1〕 DIRECTIVE 2003/6/EC on insider dealing and market manipulation (market abuse), *OJ L 96*, 12.4.2003, Recital (14).

〔2〕 DIRECTIVE 2003/6/EC on insider dealing and market manipulation (market abuse), *OJ L 96*, 12.4.2003, Recital (17).

〔3〕 可通过其他法律规范惩治犯罪行为人。不过，有美国学者认为因犯罪行为而获取内幕信息的行为，可以纳入美国最高法院大法官伯格（Berger）在 Chiarella 案的反对意见中倡导的广义的私用理论中来规制。[See Franklin A.Gevurtz, *The Road Not Taken: A Comparison of the E.U.And U.S.Insider Trading Prohibitions* (September 12, 2017).Available at SSRN: https://ssrn.com/abstract=3062793.]不过，这种广义的界定并未在确立私用理论的 O' Hagan 案中得到确认。

监管部门证明原始内幕人“完全知悉”（with full knowledge）其利用了自己持有的内幕信息，这也意味着监管部门不是必须证明原始内幕人知道其持有的信息是内幕信息。这里的变化主要是监管部门举证责任的变化，因为对内幕交易进行归责仍需证明行为人“利用”了内幕信息，而“利用”可以通过推定的方式证明。[1]

另外，还有两个用语上的调整。一是将“利用”（内幕信息）从“take advantage of”改为“use”，从而终止了减少损失型内幕交易是否应被禁止所可能引发的争议。二是删除了原始内幕人和次级内幕人应对相关事实有“充分了解”（with full knowledge of the facts）的要求——新指令仅要求次级内幕人“知道或应当知道”自己持有的信息是内幕信息。这一调整被不少学者认为是取消了对原始内幕人主观方面的规定，不过，由于条文中仍然保留了“利用”这一内幕交易主观方面的经典用词，因此不宜认为新指令已经不再考虑原始内幕人的心理状态。而且，其实原本《1989年反内幕交易指令》的立法草案就没有规定原始内幕人需要“充分了解事实”方可归责，当时只是对次级内幕人才有此规定，不过后来为了统一口径、便于监管部门适用，立法者才在原始内幕人的部分也增加了“充分了解事实”的限定，[2]因此很难说立法者当时是不是为了将其作为主观要件而加入的。但无论如何，这一改变确实使监管部门的举证难度下降了不少。

---

〔1〕 具体证明方式可参见本章第三部分有关关系论与平等论之区别的章节。

〔2〕 参见盛学军主编：《欧盟证券法研究》，法律出版社2005年版，第187页。

总体来说，欧盟通过一系列安排使《2003年反市场滥用指令》较之《1989年反内幕交易指令》的监管范围大为增加，监管力度空前提升。一方面，欧盟在立法理念上丰富了市场论的内涵，强调维护市场健全和投资者信心的重要性；另一方面，新指令的具体条文进一步落实了市场论的理念：在原始内幕人中增加了因犯罪活动而获取内幕信息的人，并且将试图从事内幕交易的行为也纳入了禁止范围。

（四）《2014年反市场滥用条例》——市场论的完善

1. 修订背景

尽管《2003年反市场滥用指令》已经在协调各国的反市场滥用法律上下了不少功夫，但指令终归是指令，需要国内法的转化。而在一来二去的转化过程中，各国的法律仍然有很大差异。这些差异不仅体现为具体概念、法律结构上的不同，也体现为规制力度上的不同。以操纵市场的刑事处罚为例，拉脱维亚的最高监禁年限是十五年，而卢森堡仅为一年。[1]各国行政处罚和措施方面的差异更是不胜枚举。这种欧盟内部不同成员方之间的法律差异，一方面增加了法律的不确定性，使跨国境经营的企业合规成本高企；另一方面也为监管套利提供了空间，导致竞争扭曲。[2]

而且，信息时代带来的变化发生得太快了。交易平台多元

---

〔1〕 参见李明良、李虹：《欧盟市场滥用规制框架修订草案述评——兼论金融犯罪罪责认定的客观化与社会化趋势》，载《证券市场导报》2012年第11期。

〔2〕 See Regulation (EU) No. 596/2014 on market abuse (market abuse regulation), Recital (5).

化、金融商品及其交易方式[1]多样化、经济全球化使金融市场监管环境愈加复杂。《2003 年反市场滥用指令》出台之后不到十年，欧盟再次发现法律制度无法满足新时代的监管需求。于是，为了进一步统一各成员方的反市场滥用法律制度，建立更为严格的法律体系，提升法律的确定性，降低监管复杂性，减少企业合规成本，避免监管套利，欧洲委员会于 2011 年 10 月提交了《反市场滥用条例》以及《反市场滥用刑事处罚指令》的建议稿。

在欧盟提交建议稿之前的几年，还发生了一件不得不提的大事——伦敦银行间同业拆借利率（LIBOR）操纵丑闻。作为一种基准利率，人们通常不会想到 LIBOR 也会被操纵，因此长期以来这类基准数据并未被纳入欧盟市场滥用监管体系，但这次丑闻中银行业利用虚假报价致使 LIBOR 发生扭曲。这场 LIBOR 操纵丑闻最初在 2007 年由巴克莱银行爆出，并在金融危机期间逐渐发酵。美英等国调查发现，该事件中涉嫌操纵的银行数量众多，甚至不乏在业界享有良好声誉的老牌银行。此案波及范围之广、影响之恶劣，令世界错愕。这一丑闻对反市场滥用条例的制定者产生了巨大影响，以至于在后来对条例建议稿的修订中，带有基准性质的利率、指数、数字等都被纳入了禁止操纵市场的监管范围。[2]

---

〔1〕 如高频交易、暗池交易。

〔2〕 Regulation（EU）No. 596/2014 on market abuse（market abuse regulation），Article 2&12.

在上述背景下，经过一系列的立法程序，《2014 年反市场滥用条例》于 2014 年 4 月 16 日正式被签署通过。

2. 变化

整体上，《2014 年反市场滥用条例》与《2003 年反市场滥用指令》相比有四大变化。

首先，形式从“指令”升级为“条例”。根据欧盟法律框架，“指令”需要各成员方转化为国内法才能具体适用，而“条例”则具有直接适用于各成员方的效力。《2014 年反市场滥用条例》正式实施后，欧盟各成员方统一直接适用该条例，从而减少了不同成员方之间法律制度不同导致的企业合规成本上升和监管套利问题。为实现直接适用的效果，该条例的内容大幅增加，篇幅是《2003 年反市场滥用指令》的 6 倍。

其次，适用范围进一步扩展，开始注重打击跨市场的市场滥用。《2014 年反市场滥用条例》将监管范围从原来的以规范市场（regulated market）为主，全面拓展至多边贸易设施（MTF）、组织化的交易设施（OTF），甚至在场外市场（OTC）发生的交易或行为，如信用违约互换（CDS）和差价合约（contracts for difference）等，如果会影响金融工具的价格或价值，也被纳入了监管。[1]从具体产品的角度，由于 2014 年修订的新《金融工具市场指令》梳理了金融工具的外延，而《2014 年反市场滥用条例》对“金融工具”

〔1〕 Regulation（EU）No. 596/2014 on market abuse（market abuse regulation），Recital（8），（9），&Article 2.

的定义又与该指令接轨，因此受该条例监管的金融工具范围也有所变化。新条例通过明确禁止跨商品和相关衍生品市场的市场滥用[1]，以及加强金融监管部门和商品监管部门之间合作的方式，[2]试图填补在新市场、新平台和场外市场上进行交易的金融工具方面的监管漏洞。[3]

再次，增加了监管部门的调查权和处罚权。《2003 年反市场滥用指令》仍然存在《1989 年反内幕交易指令》实施时就存在的执行效率较低的问题，因此《2014 年反市场滥用条例》赋予了监管部门更多的调查取证权限，例如，强化可疑交易报告制度，增加取得通讯数据以及进入相关场所取得证据文件的权限等。[4]新条例还规定了成员方应确保相关监管部门有权实施的一系列行政处罚措施的最低水平。[5]此外，与《2014 年反市场滥用条例》同时颁布的《2014 年反市场滥用刑事处罚指令》[6]要求成员方至少确保

〔1〕 Regulation (EU) No. 596/2014 on market abuse (market abuse regulation), Recital (10) &Article 2.

〔2〕 European Commission, *Getting Tough on Insider Dealing and Market Manipulation*, European Commission Press releases database, http://europa.eu/rapid/press-release_IP-11-1217_en.htm? locale=en, 2017-11-25.

〔3〕 European Commission, *Proposals for a Regulation on Market Abuse and for a Directive on Criminal Sanctions for Market Abuse*: Frequently Asked Questions, European Commission Press releases database, http://europa.eu/rapid/press-release_MEMO-11-715_en.htm? locale=en, 2017-11-25.

〔4〕 Regulation (EU) No. 596/2014 on market abuse (market abuse regulation), Recital (62), (64), & (65).

〔5〕 Regulation (EU) No. 596/2014 on market abuse (market abuse regulation), Article 30.

〔6〕 Directive 2014/57/EU of the European Parliament and of the Council of 16 April 2014 on criminal sanctions for market abuse (market abuse directive), *OJ* L 173, 12.6.2014, p.179-189.

可以对重大案件和故意实施的市场滥用行为进行刑事处罚。[1]而当次级内幕人的主观状态为“应当知道”其持有的信息是内幕信息（而非“知道”其持有的信息是内幕信息）时，其内幕交易行为不在《2014年反市场滥用刑事处罚指令》[2]界定的“内幕交易”概念中。在这一点上该指令和新条例是不同的，体现出了刑法的谦抑性。

最后，新条例在某些方面降低了企业的行政负担。2008年，欧洲委员会在其发布的一则关于《欧洲小企业法》的通讯中呼吁欧盟及其成员方设计相关规则以降低行政成本，为中小企业提供与其相适应的立法，并便利其融资。[3]新条例响应了这一号召，减少了《2003年反市场滥用指令》中对发行人，尤其是对中小企业施加的行政负担。例如该条例降低了对中小企业在内部人名单[4]、内幕信息公示[5]等方面的要求。

另外，仅与内幕交易关系较大的变化包括：

第一，澄清了影响现货合约价格的信息也属于相关商品衍生品的内幕信息。在相关商品衍生品市场或现货市场中，如果根据

---

〔1〕 Directive 2014/57/EU of the European Parliament and of the Council of 16 April 2014 on criminal sanctions for market abuse（market abuse directive），*OJ* L 173，12.6.2014，Article 3.

〔2〕《2014年反市场滥用刑事处罚指令》的主要目的在于协调刑事犯罪领域市场滥用的相关概念，并对刑事处罚作出最低限度规定。

〔3〕 Regulation（EU）No. 596/2014 on market abuse（market abuse regulation），Recital（6）.

〔4〕 Regulation（EU）No. 596/2014 on market abuse（market abuse regulation），Article 18.

〔5〕 中小企业可通过在交易场所相关设施上公示来代替在发行人网站上公示。See Regulation（EU）No. 596/2014 on market abuse（market abuse regulation），Article 17（9）.

欧盟或成员方层面的法律或监管规定、市场规则、合同、实践或惯例，人们合理期待该信息被披露或该信息被要求披露，那么对与商品衍生品相关的现货合约的价值或价格有影响的信息也属于内幕信息。[1]《2003年反市场滥用指令》其实也规定了对商品衍生品有直接或间接影响的信息属于内幕信息[2]，但由于没有在条文中明确列示现货合约字样，因此存在一定争议。新条例澄清了这一点，从而进一步明确了跨市场内幕交易监管范围。在美国，虽然《商品交易法》也有类似于《1934年证券交易法》的反欺诈条款，[3]但由于同样受制于信义关系或其他信赖关系，因此一般只能起到禁止相关从业人员[4]和公职人员[5]从事商品期货内幕交易的作用。而欧盟不仅将内幕交易监管范围完全覆盖到商品衍生品领域，此次修订还将现货市场信息也纳入商品衍生品的内幕信息范畴，再次体现出了市场论在欧盟立法中的指导作用。

第二，禁止通过“取消、修改订单”的方式利用内幕信息从事内幕交易。如果行为人在获取内幕信息之前已经发出交易指令，又在持有内幕信息之后利用该信息取消或修改该指令，那么也构

---

〔1〕 Regulation (EU) No 596/2014 on market abuse (market abuse regulation), Article 7.

〔2〕 DIRECTIVE 2003/6/EC on insider dealing and market manipulation (market abuse), *OJ L 96*, 12.4.2003, Article 1.

〔3〕 7 U.S.Code § 6b&6c.

〔4〕 按照私用理论，雇员一般与作为信息来源的雇主之间有信托和信任关系。

〔5〕 例如，按《禁止利用国会情报交易法》的说法，国会议员与国会、联邦政府、美国公民之间有信任和信赖关系。

成内幕交易。[1]"试图"通过此种方式从事内幕交易的行为同样被禁止。[2]

此外，新条例还将交易标的为排放配额及其拍卖品的内幕交易也纳入了禁止范围[3]；并且将"不法披露内幕信息"作为与内幕交易、操纵市场并列的一项市场滥用行为进行规制。

整体来看，新条例重申了市场健全（完整性）、投资者保护，乃至投资者信心的重要意义，同时加强了对市场透明度的关注。《2014年反市场滥用条例》的序言在开篇即指出，"市场健全"是保证金融市场完整、高效、透明的条件。[4]这一说法比《2003年反市场滥用指令》的版本多了"透明"二字。虽然《2003年反市场滥用指令》中也提到市场滥用会降低市场透明度，但新条例对透明度的关注明显提升了不少。欧盟认为，内幕交易、操纵市场以及不法泄露内幕信息的行为，阻碍了市场透明的完整性和适当性，而这两种属性是所有经济参与者在统一的金融市场中从事交易的前提条件。欧盟对条例立法宗旨的理顺和丰富，反映出市场论已经根植于欧盟内幕交易监管的理念之中。而在具体制度上，新条例对跨市场、跨平台，乃至排放配额交易中市场滥用的规制，

---

〔1〕 Regulation (EU) No. 596/2014 on market abuse (market abuse regulation), Article 8.

〔2〕 Regulation (EU) No. 596/2014 on market abuse (market abuse regulation), Article 14.

〔3〕 Regulation (EU) No. 596/2014 on market abuse (market abuse regulation), Article 8.

〔4〕 Regulation (EU) No. 596/2014 on market abuse (market abuse regulation), Recital (2).

充分体现了其保护市场健全和投资者信心的决心。总之,《2014年反市场滥用条例》的出台标志着欧盟在践行市场论的道路上又向前迈出了一大步,而市场论则在欧盟的立法实践中得到了进一步完善。[1]

三、信义关系理论与平等获取信息理论

(一)定义归纳

根据前面对美欧两大法域内幕交易监管制度的梳理,本书对内幕交易监管领域的信义关系理论和平等获取信息理论总结出以下定义:

信义关系理论,是指在内幕交易监管中,只有当行为人或泄密人,与公司、股东、政府、议会、人民或信息来源方等之间,具有信义关系或其他信赖、信任关系等,且行为人或泄密人违反了其在上述关系中负有的信义义务或其他信赖义务时,行为人或泄密人方被禁止利用内幕信息从事内幕交易或其他与内幕信息相关的行为;受密人知道或应当知道泄密人违反上述义务的情况下,方被禁止从事内幕交易或其他与内幕信息相关的行为。简单来说,关系论规制内幕交易的前提,是存在某种信义关系或其他信赖关系。

---

〔1〕 See Marc I.Steinberg, Insider Trading, Selective Disclosure, and Prompt Disclosure: A Comparative Analysis, 22 U.Pa.J.Int'l Econ.L.635, 636, 666(2001); John C.Coffee, Jr., *Mapping the Future of Insider Trading Law: of Boundaries, Gaps, and Strategies*, COLUM.BUS.L.REV., 2013, p.285.

平等获取信息理论或市场论(market-based),是指在内幕交易监管中,不考虑信义关系或其他信赖关系存在与否,即可根据法律规定禁止内幕交易行为主体从事内幕交易或其他与内幕信息相关的行为。投资者是否有平等获取信息的机会,是市场论和平等论最看重的要素。这里要再次强调的是,平等论和市场论并不主张信息平等,而是主张获取信息的机会平等。

可以看出,虽然内幕交易监管的出发点都是认为内幕交易不公平,但平等论看重更大范围上的公平,所以也可以说平等论比关系论更看重公平。

根据本章对美国和欧盟内幕交易监管历史的梳理,我们可以大致总结出,美国目前主要采用关系论的监管进路,辅之以平等获取信息理论(要约收购领域);而欧盟等则采用了平等获取信息论(市场论)的监管进路。

(二)两大进路的区别

1. 信义关系或其他信赖关系

从前文对历史的梳理中可以看出,关系论和平等获取信息理论之间最重要的差别即在于是否以信义关系或其他信赖关系的存在为前提。根据关系论,内幕交易行为人只在与公司、股东或信息来源方之间具有信义关系或其他信赖关系时才可能成为内幕交易制度监管的对象。如果没有信义义务,则行为人不会被禁止从事内幕交易。相反,在平等获取信息理论的世界里,信义关系存在与否并不影响法律对内幕交易的禁止。这部分内容在两大进路的历史梳理中已有较为详细的论述，此处不赘。仍需关注的是，两种理论在信义关系方面的根本区别，直接导致了二者规制的主体范围不同。

2. 主体范围

关系论指导下的内幕交易监管制度，其行为主体比较有限。这与该理论对信义义务的要求密不可分。对于关系论来说，在具体案件中具有信义义务或其他信赖义务的人才能成为被禁止的对象。换句话说，在关系论之下确定主体范围和确定行为人是否负有特定义务是一回事。

在平等获取信息理论的指导下，受监管的内幕交易行为主体则大为扩张。例如，欧盟《2014 年反市场滥用条例》在规定内幕交易的行为主体时，首先列举了四类原始内幕人——发行人（或排放配额交易市场参与方）的行政、管理或监督人员；持有发行人（或排放配额交易市场参与方）资本份额的人；因雇佣、职业或职责而接触信息的人；参与犯罪活动的人——如果这些人因上述身份而持有内幕信息，则适用该法中有关内幕交易的禁止规定。[1]观察法条对这几类人的描述，可以发现，前两类人中都专门提到了“发行人”，而第三类“因雇佣、职业或职责的原因而接触信息的人”则没有使用发行人一词进行限定，可见，欧盟没有将内幕交易的主体限定在与发行人之间存在某种关系的人的范围内。更值得

〔1〕 See 2014 Market Abuse Regulation: Regulation（EU）No. 596/2014［2014］*OJ* L173/1, Article 8.

注意的是，除了这四类主体，《2014年反市场滥用条例》还规定了次级内幕人——其他知道或应当知道其所持有的信息是内幕信息的人。这样的人也被禁止从事内幕交易。如此一来，欧盟法下被禁止从事内幕交易的主体实际上被扩展到了所有人。

对比来看，平等论中涵盖的相当一部分主体，其内幕交易行为在关系论中是不被视为内部人的，例如欧盟反市场滥用规范中涵盖的对公司没有信义义务的小股东和参与犯罪活动的人[1]一般就不属于关系论之下的主体。

在公职人员的问题上，2012年以前美国还没有在立法层面明确将公职人员纳入内幕交易行为主体。虽然SEC一贯认为公务员对政府有信义义务，并将其纳入内幕交易监管范围，但法院对此则没有明确立场。[2]至于国会议员是否负有信义义务，学者间也存在不小分歧。其中，大部分学者认为国会议员没有信义义务，所以不受内幕交易监管制度规范。少部分观点认为国会议员对国会、人民和政府均负有信义义务，因此应被禁止从事内幕交易。[3]这种充满分歧的情况在2012年美国颁布《禁止利用国会情报交易法》（STOCK法案）之后才得以改变。2012年，美国通过《禁

---

〔1〕 在美国，通过犯罪活动获得内幕信息的人一般与公司之间不存在信义关系，因此不受内幕交易制度规范。但他们仍可通过其他法律得到处理，盗窃内幕信息的人从事内幕交易就属于这种情况。

〔2〕 参见赖英照：《股市游戏规则：最新证券交易法解析》，台北，2014年自版发行，第445页。

〔3〕 参见赖英照：《股市游戏规则：最新证券交易法解析》，台北，2014年自版发行，第445页。

止利用国会情报交易法》解释并修订了《1934年证券交易法》和《商品期货法》，将国会议员、国会雇员直接纳入内幕交易的行为主体，确认他们与美国国会、政府和美国公民之间有信任和信赖关系，并由此产生相应义务，[1]同时也确认联邦雇员、司法人员等与政府和美国公民之间具有信义和信赖关系，负有相应义务[2]。因此公职人员目前已属于关系论的管辖范围。

总结来说，关系论下违法内幕交易的行为主体身份是受信义关系或其他信赖、信任关系限制的，而在平等获取信息理论的概念下，内幕交易的行为主体不受信义关系存否的影响。

3. 行为样态（客观方面）

欧盟——这一平等论之代表——禁止从事的内幕交易行为样态经历了一个不断扩充的过程。最初，《1989年反内幕交易指令》将内幕交易行为主体分成了两类进行规制。理论上，这两类人被称为原始内幕人（primary insider）和次级内幕人（secondary insider）。当时划分这两类人的主要用意在于对这两类人的行为样态之禁止种类进行区别。根据该指令，原始内幕人被禁止从事三大类行为：（1）禁止利用内幕信息为自己或他人利益，直接或间接取得（acquiring）或处分（disposing）与该信息有关的发行人的可转让证券；[3]（2）禁止向他人泄露（disclosing）内幕信息，除非

[1] 参见《禁止利用国会情报交易法》第4条。
[2] 参见《禁止利用国会情报交易法》第9条。
[3] Council Directive 89/592/EEC of 13 November 1989 coordinating regulations on insider dealing, *O.J.* 1989, L 334/30, Article 2.

是按履行职责之正常程序披露；（3）禁止推荐（recommending）、导致（procuring）他人基于内幕信息取得或处分可转让证券。[1]另外，该指令对次级内部人则宽容得多，仅禁止次级内幕人为第一类行为。[2]不过，这种行为样态上的区分在《2003年反市场滥用指令》中被取消了，这使次级内幕人也被禁止泄露内幕信息和推荐或诱导他人从事交易。至此，欧盟对两类人在行为样态上的区分消弭了。这次两类主体的行为样态之统一在《2014年反市场滥用条例》中也延续了下来，即原始内幕人和次级内幕人均被禁止从事三大类内幕交易行为，因此这两种主体的区别被大为弱化。此外，《2003年反市场滥用指令》和《2014年反市场滥用条例》还对这三大类行为样态进行了补充、修改。在第一类行为样态中，《2003年反市场滥用指令》增加了"试图"取得或处分金融商品[3]，不再要求证券交易实际发生；《2014年反市场滥用条例》进一步增加了利用内幕信息"取消"或"修改"行为人在持有内幕信息之前下达的订单的行为。[4]第二类有关信息泄露的行为样态基本没有本质改动，但2014年时将其单独列出，并更名为"非法披露内幕信息"

---

〔1〕 Council Directive 89/592/EEC of 13 November 1989 coordinating regulations on insider dealing, *O.J.* 1989, L 334/30, Article 3.

〔2〕 Council Directive 89/592/EEC of 13 November 1989 coordinating regulations on insider dealing, *O.J.* 1989, L 334/30, Article 4. 不过指令第6条也规定成员方"可以"禁止次级内幕人进行第二、三类行为样态。

〔3〕 See DIRECTIVE 2003/6/EC on insider dealing and market manipulation (market abuse), *OJ L 96*, 12.4.2003, Article 2.

〔4〕 See 2014 Market Abuse Regulation: Regulation (EU) No. 596/2014 [2014] *OJ* L173/1, Article 8.

(unlawful disclosure of inside information),也就是比原来增加了“非法”二字,使之更为严谨。此外,条例还强调从事推荐或诱导他人交易金融商品的第三类行为样态的行为人,如果知道或应当知道其所依据的信息是内幕信息,则其行为也属于“非法披露内幕信息”。[1]这种修改使欧盟行为样态之体系更显严密、自洽。对于第三类行为样态,《2003年反市场滥用指令》将1989年使用的“导致”(procuring)一词改为“诱导”(inducing)[2],明确了行为人主动引诱他人从事内幕交易的含义;《2014年反市场滥用条例》则根据前述第一类行为样态的扩充,相应增加了推荐或诱导他人取消或修改与内幕信息相关的金融商品之订单的行为。[3]

因此,目前欧盟禁止的内幕交易行为样态包括:(1)持有内幕信息的人利用该信息为自己或他人利益,直接或间接取得或处分、试图取得或处分与该信息相关的金融商品;利用内幕信息取消或修改行为人在持有内幕信息之前下达的有关金融商品之订单的行为。[4](2)持有内幕信息的人向他人非法披露该信息,除非是按履行职责之正常程序披露。[5](3)持有内幕信息的人,基于该信

---

〔1〕 See 2014 Market Abuse Regulation: Regulation (EU) No. 596/2014 [2014] *OJ* L173/1, Article 9.

〔2〕 See DIRECTIVE 2003/6/EC on insider dealing and market manipulation (market abuse), *OJ L 96*, 12.4.2003, Article 3.

〔3〕 See 2014 Market Abuse Regulation: Regulation (EU) No. 596/2014 [2014] *OJ* L173/1, Article 8.

〔4〕 See 2014 Market Abuse Regulation: Regulation (EU) No. 596/2014 [2014] *OJ* L173/1, Article 8&Article 14.

〔5〕 See 2014 Market Abuse Regulation: Regulation (EU) No. 596/2014 [2014] *OJ* L173/1, Article 10.

息，推荐或诱导他人取得或处分与该信息相关的金融商品或者取消或修改与该信息相关的金融商品订单。[1]可以看出，欧盟对内幕交易行为样态的规定在修改过程中越来越严密，更重要的是，其在整体上呈现不断扩张的态势。

但在关系论进路下，被禁止的行为样态之范围则狭窄了许多。

首先，某些没有实际损害具体的个人利益的行为，例如欧盟所禁止的“试图”从事内幕交易、利用内幕信息“取消”交易订单、信息受领人未从事交易情况下的内幕信息泄露等行为，在关系论注重保护个人法益的思维下是不会被纳入禁止范围的。其法律上的依据是，根据美国的反欺诈条款，如果证券交易未实际发生，则行为人不承担内幕交易责任，因之难谓美国 1934 年《证券交易法》的规定中强调的“与证券交易有关的”欺诈。

其次，不涉及内幕信息之泄露的单纯“推荐或诱导”他人从事内幕交易行为，也不在关系论的规制范围之内。例如，如果有内部人推荐某甲购买某支股票，但没有透露任何内幕信息，而且某甲对该内部人不太熟悉，不知道也不应当知道他的推荐是基于内幕信息，但某甲仍然购买了该股票。这种行为在关系论中无法构成内幕交易中的泄密人责任，因为行为人并没有泄露内幕信息。但在平等获取信息理论下。这却属于推荐或诱导他人从事内

---

〔1〕 See 2014 Market Abuse Regulation: Regulation (EU) No. 596/2014 [2014] *OJ* L173/1, Article 8.

幕交易的行为样态，从而受到禁止。当然，在这个例子中，实际买卖股票的某甲在欧盟法下并不构成内幕交易，因为他没有满足内幕交易的主观要件，即没有"利用"内幕信息。

4. 民事救济与损害赔偿请求权人

民事救济方面，倾向保护个人利益的美国将民事赔偿作为内幕交易对手方的重要救济手段，而相比之下，欧盟的私力救济手段则相当有限。[1]从域外立法来看，以保护市场利益为主要内幕交易监管之关注点的前欧盟成员英国，向来不承认公司经营者对"个别"股东或潜在股东（买受人）负有信义义务，因此，英国《金融服务市场法》(FSMA2000）以及《市场行为守则》规定的各种行政或民事制裁的给付对象均为英国原金融服务局（FSA）。受到损失的投资者仅可通过"恢复原状命令"机制辗转从 FSA 处获得民事救济，而 FSA 在实践中又绝少使用这一机制。

损害赔偿请求权人方面，关系论一般以公司及其股东为限，在个案上甚至将请求权人的范围仅限制在与内部人做交易的相对人身上，具有明显的反欺诈特点；而平等获取信息理论之下损害赔偿请求权人的范围则不这么局限，同时期进行反向交易的人均可请求赔偿，体现出平等论对交易公平的追求。[2]

---

〔1〕 德国等国是例外。See Marco Ventoruzzo, *Comparing Insider Trading in the United States and in the European Union: History and Recent Developments*, European Company and Financial Law Review, Vol.11, No.4, 2015, p.591.

〔2〕 参见赖英照：《股市游戏规则：最新证券交易法解析》，台北，2014 年自版发行，第 447 页。

5. 法益保护

内幕交易监管所欲保护的法益无外乎两大类：一是市场公平、诚信；二是个体利益。欧盟在内幕交易相关规定中反复强调金融市场之健全、诚信、透明的重要性，由此可以感受到，平等获取信息理论更关心前者，认为市场整体的健全发展是反对内幕交易的主要出发点。同时，平等获取信息理论也对个人法益做出一定程度的保护，例如，前欧盟成员英国对因内幕交易而受不法侵害的个人规定有相应的救济程序。然而，关系论更侧重保护公司和股东的个人法益，这与关系论依靠当事人之间的信义关系或其他信赖关系作为推理的逻辑基础密不可分。不过，也应注意关系论并非完全不保护公众利益。明显的证据即是，《1934 年证券交易法》第 10(b)条授权 SEC 制定禁止欺诈之规则，其目的就在于“维护公共利益或保护投资者”。〔1〕

简言之，平等获取信息理论更注重保护市场法益，而关系论更注重保护个人法益。〔2〕

6. 非区别的方面——主观要件之辨

有学者认为关系论和平等获取信息理论在主观故意方面存在重大区别〔3〕，本书不同意这种观点。在关系论进路下，由于美国联

---

〔1〕 该条原文为“...as necessary or appropriate in the public interest or for the protection of investors.”

〔2〕 参见赖英照：《股市游戏规则：最新证券交易法解析》，台北，2014 年自版发行，第 446 页。

〔3〕 参见曹理：《证券内幕交易构成要件比较研究》，吉林大学 2013 年博士学位论文，第 245 页。

邦证券法的“反欺诈”条款是规制内幕交易的基础，因此其对行为人的主观状态是有要求的，即持有内幕信息的人只在具有“欺诈故意”（scienter）时方可被归责。这种“欺诈故意”落实到内幕交易监管时，就涉及了美国旷日持久的“持有”与“利用”之争。在这场争论中，美国联邦最高法院仅表示在基于 10b-5 规则提起的诉讼中，原告应当举证证明被告行为人有欺诈的意图，但对于应当采取持有说还是利用说，最高法院并没有表态。因此，美国实务界和学术界的观点仍有很大分歧。这些观点可以大概分为四类——持有说、利用说、推定利用说，以及知悉说。持有说认为，只要行为主体持有内幕信息并从事了交易，便可以认为满足了内幕交易的主观要件，而无须考察该主体是否利用了内幕信息。而利用说则认为，必须证明行为主体利用内幕信息从事证券交易，否则无法满足主观要件，不能构成内幕交易。但证明“利用”非常困难，因为持有内幕信息的人是否曾基于该信息而从事交易是难以证明的心理活动。此种观点使司法和执法部门证明成本升高。因此另一种观点推定利用说主张，如果能够证明行为人交易时持有内幕信息，则可通过间接推论的方式认定行为人利用了内幕信息从事交易，除非行为人提出相反证据证明自己没有利用内幕信息，即行为人能证明其持有内幕信息和进行交易之间没有因果关系。此种方式可以减轻公权力机关的举证责任，但在刑事案件中，考虑到“疑罪从无”的原则，采用推定利用说来推定行为人在交易时利用了内幕信息，则令人容易产生错怪好人的担忧。同样，根据这种理论使行为人承担行政责任和民事责任也不甚合理。最后一种有关主观要件的观点是知悉说，即如果行为人买卖证券时知悉该证券或其发行人的重大未公开信息，则其行为符合内幕交易的主观要件，除非该行为能够被相关规定豁免。知悉说来自 SEC 制定的 10b5－1 规则，该规则的制定是为了应对美国法院日益拒绝使用持有说并转而采用利用说或推定利用说来确定行为人欺诈意图的做法。SEC 试图采用知悉说来代替越来越不被法院接受的持有说，但 SEC 的这种努力备受争议，且尚未被法院所肯定。总结来说，美国对内幕交易的主观方面应当如何判定存在分歧，持有说、知悉说、利用说和推定利用说这四种观点均有支持者。

再来看欧盟有关主观方面的规定。表面上，采取平等获取信息理论进路的欧盟在认定内幕交易时并不要求原始内幕人主观上必须知悉自己所持有的信息是内幕信息：《反市场滥用条例》在列举四类原始内幕人时没有提及主观故意，[1]仅在对次级内幕人进行归责时要求其必须知道或应当知道其所持有的信息为内幕信息。[2]但是，该条例在同一条规定中对违法内幕交易进行界定

---

〔1〕《1989 年反内幕交易指令》中规定了行为人对自己利用内幕信息的行为需“充分了解”(with full knowledge)，由于监管部门很难证明这种主观故意，因此《2003 年反市场滥用指令》删去了这一主观要求。

〔2〕 See 2014 Market Abuse Regulation: Regulation (EU) No. 596/2014 [2014] *OJ* L173/1, Article 8.

时，明确要求只有行为人“利用”了内幕信息，方受规制。[1]因此，欧盟实际上并未完全取消对“利用”要件的要求，只不过将其伪装成客观要件，试图帮助监管机关降低举证难度。由于在实践中证明行为人“利用”了内幕信息难度较大，该条例对如何确定“利用”做出了大致的解释。首先，如果持有内幕信息的行为人取得或处置，或试图取得或处置与该信息有关的金融商品，那么可以结合其行为是否破坏市场健全和危害投资者信心进行分析，从而决定他是否“利用”了内幕信息。在这种情况下，行为人仍可以行使其抗辩权利。[2]这相当于“推定利用说”。其次，在行为人持有内幕信息之前已经下了订单的情况下，如果他在持有内幕信息之后对该信息所涉订单做出了变更，那么应推定这种变更构成内幕交易。这种变更包括取消或修改订单以及试图取消或修改订单。但是，如果行为人能证明他在交易时没利用内幕信息，则该推定可被推翻。[3]简言之，“持有”内幕信息加上“变更订单”，应推定“利用”了内幕信息。再次，如果行为人知道或应当知道他持有的信息是内幕信息，且从事了与交易有关的行为[4]，也可以认

---

〔1〕 See 2014 Market Abuse Regulation: Regulation (EU) No. 596/2014 [2014] *OJ* L173/1, Article 8.

〔2〕 See 2014 Market Abuse Regulation: Regulation (EU) No. 596/2014 [2014] *OJ* L173/1, Recital (24).

〔3〕 See 2014 Market Abuse Regulation: Regulation (EU) No. 596/2014 [2014] *OJ* L173/1, Recital (25).

〔4〕 本书中“与交易有关的行为”指欧盟《2014年反市场滥用条例》中规定的取得或处置金融工具或被拍卖的排放配额商品，以及取消或修改订单；试图取得或处置金融工具，以及试图取消或修改订单的行为。

为该行为人"利用"了内幕信息。行为人是否知道或应当知道其持有的信息是内幕信息，应按照正常之理性人的标准来判断。[1]也就是说，"利用"内幕信息，可以通过"知悉"加上"与交易有关的行为"来判断。这正是"知悉说"。最后，该条例也强调，不能仅仅因为行为人从事了与交易有关的行为，就直接推定其利用了内幕信息。[2]

总体来说，欧盟列举的四类人，即常被称为原始内幕人的人，其实本质上与次级内幕人一样，也需要满足"利用"甚至"知悉"要件，其认定方式包括知悉说、利用说和推定利用说。由此看来，欧盟与美国在认定内幕交易的主观故意时，采取的方式大体类似。只不过美国目前仍处于百家争鸣的状态，而欧盟有比较明确的成文法规定。

另外，在泄露内幕信息之行为样态的主观方面上，欧美虽有所不同，但同样不能作为关系论与平等获取信息理论之间的差别。美国的泄密责任建立在泄密人积极追求或放任受密人可能进行证券交易的心理状态之上，而欧盟没有对非法披露内幕信息的

---

〔1〕 See 2014 Market Abuse Regulation：Regulation（EU）No. 596/2014［2014］*OJ* L173/1, Recital（26）.

〔2〕 See 2014 Market Abuse Regulation：Regulation（EU）No. 596/2014［2014］*OJ* L173/1, Recital（31）. 该条规定，由于金融工具的取得或处置必然涉及从事操作的人作出的取得或处置之事先决定，所以仅有取得或处置的事实，不应被视为构成对内幕信息的利用。根据自己的交易计划和策略行事不应被视为利用内幕信息。但是，这些法人或自然人不应因其专业职责而受到保护；他们只有以符合其职业标准且符合本条例所规定的市场健全以及投资者保护的恰当、合适的方式行事时，才能得到保护。如果主管当局证实这些交易、订单或行为背后存在非法原因，或证实行为人利用了内幕信息，则仍可认为违法行为已经发生。

行为在主观故意方面做出要求，但同采平等论的澳大利亚、新西兰、新加坡等国在这个问题上却与美国有着类似的态度，即只有当内幕人知道或应当知道信息受领人可能根据其披露的内幕信息从事交易时，方被禁止泄露信息。[1]所以在泄露内幕信息这种行为样态中，关系论和平等论的主观要件也没有各自独有的特点。

综上，关系论和平等论在主观方面上不存在显著差异。

（三）平等论比关系论更需豁免制度

通过对比可以发现，由于平等论以保护市场法益为宗旨，不受信义关系的限制，因此其所覆盖的内幕交易行为主体范围通常更广，规制的行为样态也更多。这些特点决定了采纳平等论的法域比采纳关系论的法域更需要豁免制度，而且需要类型更多的豁免情况。如果缺乏完善的豁免制度，采纳平等论的法域可能会禁止一些正当的或者有明显效率的内幕交易行为，例如，要约收购中收购方的交易、投资者根据自己的想法或已发生的交易进行的交易、政府为履行管理职责进行的交易、根据偶然获得的信息进行的交易等。

因此，在设计具体的豁免制度时，首先确定内幕交易监管制度所采纳的整体进路是必要的。

---

〔1〕 参见曹理：《证券内幕交易构成要件比较研究》，吉林大学2013年博士学位论文，第189、190页。

小 结

内幕交易并不是从证券产生之初就受到禁止的，美国在这方面开创了先河。早期美国各地的法院对内幕交易的态度分为“多数说”、“少数说”及“特殊事实说”，这些观点对内幕交易的禁止程度各有不同，但总体是比较宽松的。进入 20 世纪下半叶，SEC 第一次适用其根据《1934 年证券交易法》反欺诈条款的授权制定的 10b-5 规则裁定了一起内幕交易案件——Cady，Roberts&Co. 案——从此逐渐开启了联邦规则对内幕交易的监管。此后法院层面第一个具有开创意义的案件是 Texas Gulf Sulfphur 案，该案确立的平等论主张任何拥有内幕信息的人在信息公开前，都不能交易信息所涉证券。不过，这一主张后来被最高法院在 1980 年的 Chiarella 案中否决了，取而代之的是信义关系论。该理论认为，只有在行为人与公司之间存在信义关系的情况下，他才会被禁止从事内幕交易。但由于这个限制太窄了，以至于很多内幕交易行为无法受到监管。因此，O’ Hagan 案将信义义务拓展到了内幕信息的来源方，即如果行为人与信息来源方之间有信义关系，则也应当被禁止从事内幕交易，这一主张也就是“私用理论”。总体来说，美国法院自 1980 年以来所依据的理论都是围绕信义关系或其他信赖关系展开的，因此，本书将美国内幕交易的主要监管进路简称为关系论进路。虽然近年来联邦下级法院层面出现了个别试图冲破关系论的尝试，并且引起了学术界关于美国是否应转向平等论的争论，但 2016 年联邦最高法院通过在 Salman 案中提出“个人利益”检验标准之“赠礼原则”，再次强调了信义义务的根本地位。可以看出，美国法院内幕交易监管立法的严厉程度随着时间的推移呈现上下起伏的情况，目前的关系论比中期曾流行过的平等论的打击范围小了许多。

美国通过 Chiarella 案进入以信义义务为核心的关系论进路之后，欧盟却延着平等论的道路继续前行。在之后的几十年里，欧盟陆续出台《1989 年反内幕交易指令》《2003 年反市场滥用指令》《2014 年反市场滥用条例》三大重要法律规范，将平等论彻底欧盟化，甚至逐步形成了以追求市场健全和透明度、维护投资者信心为宗旨的市场论。

与关系论相比，平等论更注重保护社会法益，对于个人法益则不那么强调。由于对是否要求信义关系的存在具有根本分歧，因此两种理论在主体范围、行为样态、民事责任等方面均有很大不同。虽然欧盟经常被误认为其对主观方面的要求大为降低，但事实上关系论和平等论进路在这一构成要件上并没有显现出本质差异。

第三章　我国豁免制度依托的内幕交易监管进路

目前，我们已经厘清了内幕交易豁免制度所依托的两大监管进路。接下来要讨论的是我国所选择的监管进路和法律制度。

一、2007年以前：从平等论到关系论

（一）初期较为激进的平等论（1990~1992年）

我国的内幕交易立法肇端于20世纪90年代初。中国人民银行于1990年10月发布的《证券公司管理暂行办法》中首次出现了“内部交易”一词，该办法规定“证券公司不得从事操纵市场价格、内部交易、欺诈和其他以影响市场行情从中渔利的行为和交易”。这一规定禁止的内幕交易行为主体仅限于证券公司，且翻译方式也与西方的insider trading（内幕交易）更为接近。

之后，随着上海证券交易所和深圳证券交易所的建立，上海市和深圳市政府先后在1990年11月、1991年5月出台了相应的管理办法明令禁止内幕交易。其中，《上海市证券交易管理办法》规定，禁止任何单位和个人利用内幕信息，从事证券买卖。[1]这一

〔1〕《上海市证券交易管理办法》（已失效）第39条。

规定用词十分简洁，但在主体方面将任何人都纳入了被禁止从事内幕交易的行列，远超过现行《证券法》对内幕交易主体的列举范围。此外，该规定还明确了内幕交易的主观要件为"利用"，客观方面为"证券买卖"。除了对"任何单位和个人"的禁止规定之外，该办法第64条还对特殊主体——证券交易所的工作人员做出了禁止规定，禁止他们向他人泄露内幕信息，以及为自己的利益使用其因职务而取得的证券交易内幕信息。也就是说，在客观方面，交易所工作人员被禁止的行为样态除了内幕交易之外，还包括泄露内幕信息和为自己的利益使用内幕信息。相比之下，《深圳市股票发行与交易管理暂行办法》没有对特殊主体做出更多的禁止，只是对一般主体做出了类似的禁止利用内幕信息从事证券买卖的规定；而且在禁止主体上使用的是"任何人"一词，没有明确将"任何单位"列为行为主体。另一个不同之处是，深圳的规定强调被禁止的交易活动范围不仅有集中交易，也涵盖柜台交易。

这两个管理办法虽然颁布时间较早，内容也十分粗简，但仍不乏看点。

一是二者均明显采用了平等获取信息理论的路径，即对主要行为样态"证券买卖"的主体未做限制，所有人均可成为从事非法内幕交易的主体。[1]彼时，欧洲刚刚颁布《1989年反内幕交易

---

〔1〕深圳的规定使用的是"任何人"一词，虽然能涵盖法人和自然人，但无法涵盖法人之外的其他组织。

指令》，在立法上确立了市场论，而大西洋彼岸的美国已经在20世纪80年代进入了Chiarella案开启的关系论时代。从上海、深圳发布的这两个办法的规定来看，当时两市将所有人均作为内幕交易主体的做法与欧洲《1989年反内幕交易指令》的规定比较相似，但由于我国的规定比较简单，且没有该指令“对事实有充分了解”的主观要求，而只有“利用”要件，因此实际上我国的规定背后是更为激进的平等获取信息理论。

二是上海市的规定对不同主体的行为样态做出了一定的区分。这种区分与欧盟对原始内幕人和次级内幕人的区分并不相同。欧共体当时的做法是一方面禁止原始内幕人从事交易、泄露、推荐、诱使等各类与内幕信息相关的违法行为样态；另一方面对次级内幕人的禁止则仅限于第一类，即禁止利用内幕信息从事证券交易。上海市虽然也禁止所有人从事内幕交易，但禁止泄露内幕信息的行为主体仅为证券交易所工作人员，范围很窄。

三是明确将“利用”要件列为内幕交易行为的主观要件。可能是由于我国证券法在法律演化过程中针对内幕交易的条款不断增加，在某种程度上导致了现行《证券法》的法条之间无法严密衔接——内幕交易的基本禁止条款第50条中提到了“利用”，而禁止三种相关行为样态的第53条，以及规定行政责任的第191条中没有再次提及“利用”一词，因此人们对“利用”是否属于内幕交易的主观要件产生了争议。但从20世纪90年代的这两个管理办法来看，我国规制内幕交易初期，对“利用”这一主观要件的要求是相当明确的。至于我国现行法是否仍然要求"利用"要件，笔者将在梳理完所有内幕交易规定之后给出明确解答。总之，这两个早期管理办法对于我们理解当前的证券法律制度仍有十分重要的意义。

(二)平等论与关系论的初次碰撞(1993~1999年)

我国自20世纪80年代中期开始发展证券市场以来，全国各地数十个城市相继开办了二级证券市场。虽然发展势头不错，但由于缺乏全国性的监管制度，市场上出现了黑市交易、内幕交易、市场操纵等不法行为，1992年深圳市新股认购抽签表销售中的大范围舞弊所引发的严重公共事件，更是对稚嫩的股市造成了不小冲击。[1]另外，党的十四大提出要建立社会主义市场经济体制的目标、加快股份制试点，这对中国证券市场的发展提出了更高要求，[2]立法规范证券市场势在必行。在这样的背景下，当时负责证券监管的国务院证券委员会(以下简称证券委)起草了《股票发行与交易管理暂行条例(草案)》提请国务院批准。1993年4月22日，国务院正式发布了《股票发行与交易管理暂行条例》(以下简称《股票条例》)。该条例对我国股票的发行与交易进行了较为系统的规定。在内幕交易方面，明确了行为主体、行为样态以及行政责任，并且解释了"内幕人员"和"内幕信息"两个概念，指出内幕信息应具有未公开性和重大性。同年9月，证券委又发布了

---

〔1〕 参见国务院法制局:《股票发行与交易管理暂行条例的制定》，载《中国法律年鉴》1994年第1期。

〔2〕 参见国务院法制局:《股票发行与交易管理暂行条例的制定》，载《中国法律年鉴》1994年第1期。

《禁止证券欺诈行为暂行办法》(以下简称《禁止欺诈办法》),该办法对内幕交易、市场操纵、虚假陈述等行为提出了更细致的监管要求,并且从内涵和外延两方面进一步界定了内幕交易的行为样态、内幕信息以及内幕人员。

单从《禁止欺诈办法》的标题就可以看出,我国已经开始受到美国法的影响。美国《1934年证券交易法》第10b条对证券欺诈行为做出了禁止性规定,市场操纵、内幕交易和虚假陈述都属于受该条管辖的证券欺诈行为。1993年我国出台的这两个行政法规,直接借鉴了美国的这种划分方式。

而从有关内幕交易的具体条款来看,这两个法规一方面处处流露出美国法的痕迹,另一方面也受到来自欧共体《1989年反内幕交易指令》的影响。这两部行政法规对行为样态的分类整体上类似于《1989年反内幕交易指令》,规定了禁止内幕人员买卖证券、泄露内幕信息以及建议他人买卖证券三种行为样态。但在规定泄露样态时,《禁止欺诈办法》又指出需以造成受密人从事内幕交易的结果为要件,[1]这一点是美国内幕交易监管制度中泄密人理论的要求。另外,这两个法规界定的"内幕人员"范围整体上覆盖了《1989年反内幕交易指令》的原始内幕人,但在细节规

---

〔1〕《禁止证券欺诈行为暂行办法》(已失效)第4条规定:"本办法所称内幕交易包括下列行为:(一)内幕人员利用内幕信息买卖证券或者根据内幕信息建议他人买卖证券;(二)内幕人员向他人泄露内幕信息,使他人利用该信息进行内幕交易;(三)非内幕人员通过不正当的手段或者其他途径获得内幕信息,并根据该信息买卖证券或者建议他人买卖证券;(四)其他内幕交易行为。"

定上《禁止欺诈办法》又明显与美国的内部人、准内部人，以及私用理论中的内幕交易主体相对应，多处以美国判例中出现的主体作为例子。例如，在解释因职业地位或合同关系而能接触到内幕信息的人时，《禁止欺诈办法》使用了美国经典判例中出现过的新闻记者和印刷人员作为例子。此外，通过“不正当手段获得内幕信息”的说法非常类似美国 Dirks 案中受密人责任的要件，因为该案中美国最高法院强调：“受密人承担内部人责任是因为他获得信息的方式不恰当，而不是仅因为受密人取得了信息。”[1]虽然“通过不正当手段获得”和“获得信息的方式不恰当”有不少差异，但仍可看出我国受美国法的影响。

造成上述杂糅现象的原因，首先是我国在法律移植时喜欢博采众长，其次是当时欧洲和美国内幕交易监管制度的分离才初步开始，两者本身也存在不少相似之处。不过，因为我国兼采两大法域的经验，起决定性作用的当然是禁止主体规定范围更广的那一个，即欧洲的法律，且由于中国法没有使用“信义义务”或类似概念，因此此时我国的内幕交易主体规定更贴近欧洲法市场论的理念。

另外，《禁止欺诈办法》在兜底条款上还体现出了一些中国特色。该办法对内幕交易行为样态的列举以“其他内幕交易行为”为结尾，对重大信息的列举以“其他重大信息”为结尾，对内幕人

〔1〕 Dirks v.SEC, 463 U.S.646（1983）.

员的列举以“其他可能通过合法途径接触到内幕信息的人员”为结尾。这些兜底条款超过了《股票条例》的规定，不过，《股票条例》规定证券委是该条例的解释机关，[1]因此也不能直接认为《禁止欺诈办法》违反了《股票条例》。在主体方面，《禁止欺诈办法》更是禁止“任何单位或者个人”利用内幕信息从事证券交易。在行为样态上，除了禁止利用内幕信息从事证券买卖和泄露内幕信息之外，我国也像欧共体一样禁止建议他人买卖证券。不过，我国比欧洲的《1989年反内幕交易指令》更为激进，不仅禁止内幕人员从事泄露内幕信息或建议他人买卖证券，也禁止“以不正当手段获取内幕信息的其他人员”从事这两种行为。由此来看，中国在这一阶段的理论仍然是不考虑信义关系且较为激进的平等获取信息理论。

值得注意的是，《股票条例》没有使用前文介绍的上海市和深圳市出台的管理办法中已经使用的“利用内幕信息”的说法，取而代之的是“根据内幕信息”。[2]结合《禁止欺诈办法》的规定进行法条分析，这应该是立法者为了在增加行为样态的情况下使行文更通畅而做出的用词调整，而并不是取消“利用”这一主观要

---

〔1〕 参见《股票条例》第83条。

〔2〕 《股票条例》第72条规定：“内幕人员和以不正当手段获取内幕信息的其他人员违反本条例规定，泄露内幕信息、根据内幕信息买卖股票或者向他人提出买卖股票的建议的，根据不同情况，没收非法获取的股票和其他非法所得，并处以五万元以上五十万元以下的罚款。证券业从业人员、证券业管理人员和国家规定禁止买卖股票的其他人员违反本条例规定，直接或者间接持有、买卖股票的，除责令限期出售其持有的股票外，根据不同情况，单处或者并处警告、没收非法所得、五千元以上五万元以下的罚款。”

件。该条例在早期沪深规定的基础上增加了“建议”这一行为样态，一方面，“建议”样态同样需要行为人根据内幕信息来做出；另一方面，可能是为了使行文简洁，立法者打算将“利用内幕信息买卖股票”和“根据内幕信息向他人提供买卖建议”连在一起描述。但从语言逻辑的角度上说，“利用内幕信息向他人提出建议”是有语病的，因此立法者采用了“根据”一词作为替代——即使语句更加简洁通顺，又能体现内幕交易监管中“利用”内幕信息的内涵，最终才形成了“根据内幕信息买卖股票或者向他人提出买卖股票的建议”的禁止性行为样态之规定，在文本上省略了“利用”字样。而规定更细致的《禁止欺诈办法》就没有在文本上进行省略，直接写明“内幕人员利用内幕信息买卖证券或者根据内幕信息建议他人买卖证券”的行为属于内幕交易。因此，在这一时期，我国内幕交易制度中仍延续了对“利用”要件的要求。

（三）带有关系论色彩的平等论（1999~2005 年）

1998 年年底，我国终于推出《证券法》，该法于 1999 年 7 月正式实施。首先，该法第 5 条规定，禁止在证券发行、交易中从事“欺诈、内幕交易和操纵证券交易市场的行为”。这种安排与 1993 年《禁止欺诈办法》的做法不同，内幕交易和操纵市场在《禁止欺诈办法》中与“欺诈”是种属关系，而 1999 年《证券法》将这三者变为并列关系。这一规定在后来的修法中一直没有变化，结合前文的讨论可以看出，我国的内幕交易立法在基本理念上没有受美国法以欺诈为基础的立法思路束缚。其次，1999 年《证券法》在

“禁止的交易行为”一节中对内幕交易做出了集中规定：第 67 条规定“禁止证券内幕信息的知情人员利用内幕信息进行证券交易活动”；第 68 条通过列举方式界定了“知悉证券交易内幕信息的知情人员”；第 69 条给出了“内幕信息”的定义，并举出了一些例子；第 70 条禁止了内幕交易的三种经典行为样态（买卖证券、泄露信息、建议他人买卖证券），并规定“知悉证券交易内幕信息的知情人员”和“非法获取内幕信息的其他人员”这两类主体均被禁止从事这三种行为。最后，第 183 条规定了三种行为样态的法律责任。

行为主体方面，1999 年《证券法》与 1997 年修订的《刑法》进行了统一。1997 年我国《刑法》修订时加入了内幕交易、泄露内幕信息罪，规定的内幕交易行为主体包括“证券交易内幕信息的知情人员”和“非法获取证券交易内幕信息的人员”。与《禁止欺诈办法》相比，1999 年《证券法》关于内幕交易行为主体的范围大为缩小。第一，1999 年《证券法》没有延续《禁止欺诈办法》中的定义和列举相结合的方式，[1]而是仅通过列举方式来界定“内幕信息的知情人员”。《禁止欺诈办法》的“内幕人员”定义有一句“由于其会员地位、管理地位、监督地位和职业地位……能够接触或者获得内幕信息的人员”。这个定义包含甚广，尤其

---

〔1〕《禁止欺诈办法》第 6 条规定：“本办法所称内幕人员是指由于持有发行人的证券，或者在发行人或者与发行人有密切联系的公司中担任董事、监事、高级管理人员，或者由于其会员地位、管理地位、监督地位和职业地位，或者作为雇员、专业顾问履行职务，能够接触或者获得内幕信息的人员，包括：……”

是由于"职业地位"能获取内幕信息的人，这种规定可以通过解释涵盖很多人。第二，1999年《证券法》在列举时删除了《禁止欺诈办法》第6条第4项由于职业地位或与发行人有合同关系、工作联系的人，如记者、印刷排版人员。第三，删除了《禁止欺诈办法》第6条第5项兜底条款可能通过其他合法途径获得内幕信息的人员。第四，"以不正当手段获取内幕信息的人员"改为"非法获取内幕信息的人员"。这一改动使1999年《证券法》和1997年《刑法》上的术语保持了一致，但与之前的用词相比范围明显缩小了。因为刑法上的"非法获取内幕信息的人员"是指"利用骗取、套取、偷听、监听或者私下交易等手段获取证券、期货交易内幕信息的人员"，而我国证券法也采纳了这种解释。这点可以从2007年证监会对内发布的《证券市场内幕交易行为认定指引（试行）》（以下简称《指引》）中得到印证，因为该指引在解释内幕交易行为主体时完全使用了"利用骗取、套取、偷听、监听或者私下交易等非法手段获取内幕信息的人"这一说法。从后期引发的相关争议来看，证券法效仿刑法而做出的这一改动是比较失败的。因为《刑法》在1997年初次规定内幕交易罪时没有采用《股票条例》和《禁止欺诈办法》所使用的"以不正当手段获取内幕信息的人员"这一概念，很可能是立法者考虑到刑法本身具有严厉性，会限制犯罪行为人的人身自由，所以才没有使用"不正当手段"这一涵盖较广的词。但对于证券法来说，使用"非法获取内幕信息的人员"这一刑法概念，反而使内幕交易监管制度产生了巨大漏洞。这一看似细小的改动使证券法失去了直接规制内幕信息受领人的效果，导致除非法获取内幕信息的人之外的内幕信息受领人无法受到法律规制，令后来的内幕交易监管变得十分艰难。[1]

1999年《证券法》中直接列举的“内幕信息的知情人员”，如发行人的董监高、大股东、中介人员、监管人员等，均可以对应美国法中的各类内幕交易主体：内部人、准内部人、对信息来源有信义义务或其他义务的人，以及对政府或人民有信义义务的公职人员。因此可以说，1999年的《证券法》带有鲜明的关系论色彩。

尽管如此，这一阶段我国的内幕交易监管制度的设置仍是以平等论为基础。因为1999年《证券法》在列举“内幕信息的知情人员”也留了一条兜底条款，即“国务院证券监督管理机构规定的其他人员”。而当时《禁止欺诈办法》尚未废止，因此该办法中列举的人员依然是内幕交易的行为主体。

另外，我国1999年《证券法》没有延续《股票条例》和《禁止欺诈办法》中的“以不正当手段获取内幕信息的其他人员”之概念，而是也使用了《刑法》提出的“非法获取内幕信息的人员”一词。这一概念明显包含了通过盗窃等方式获取内幕信息的非内幕人员，而这类人，在美国法中与发行人或信息来源之间通常不存在信义关系或其他信任关系，因此理论上也不受内幕交易

---

〔1〕 这一问题，一直到2012年最高人民法院、最高人民检察院（以下简称“两高”）出台司法解释才得以在证券法上曲折地解决。

法律制度约束。这从另一个角度说明我国并没有采用关系论的思路。

在行为样态上，1999 年《证券法》沿用了 1993 年以来的模式，除了禁止利用内幕信息从事证券买卖和泄露内幕信息之外，也像欧共体一样禁止行为主体建议他人买卖证券，而不像美国一样考虑被建议者是否实际从事了内幕交易。

1999 年，我国还实施了《期货交易管理暂行条例》[1]，其中的内幕交易相关规定与 1999 年《证券法》有些类似，例如，该条例将期货内幕交易的行为主体分为内幕信息的知情人员[2]和非法获取期货内幕信息的人。不过，行为样态上该条例并没有禁止根据内幕信息建议他人交易期货，而且对泄露内幕信息的行为样态增加了结果上的限定，即单纯地泄露内幕信息而他人没有利用该信息交易期货的，并不在禁止之列。如前所述，行为样态规定中出现的这两种情况属于美国法的特征。此外，《期货交易管理暂行条例》也定义了“内幕信息”和“内幕信息的知情人员”，其中，“内幕信息的知情人员”仅限于监管人员和期货从业人员，范围比 1999 年《证券法》窄了许多。因此《期货交易管理暂行条例》整体上也呈现关系论色彩。但是，一方面，该条例规定的“非法获取期货内幕信息的人”和《证券法》一样涵盖了通过盗窃等方式获取内幕信息的不负有信义义务的人；另一方面也没有明文提到

〔1〕 该条例于 2007 年被《期货交易管理条例》取代，涉及内幕交易的内容变化不大。
〔2〕 2012 年修订为“内幕信息的知情人”。

“信义关系”或与之类似的表达，且有“中国证监会规定的其他人员”之兜底条款，因此在实践中留下了超出关系论的余地。

通过上文按照关系论和平等论之间的区别进行的分析可以得出，我国1999年《证券法》从立法思想上没有受关系论束缚，在行为主体上延续平等论的较广范围，在行为样态上符合平等论的特征。《期货交易管理暂行条例》也有冲破关系论的内容和余地。因此，虽然这一阶段我国的内幕交易制度在某些方面上呈现关系论色彩，但归根结底仍然是平等论思路。

（四）关系论短暂占据上风（2006~2007年）

2005年我国修订了《证券法》，并于2006年正式实施。承担修改工作的《证券法》修改起草组于2003年成立，该工作组对国际经验的吸收和借鉴十分重视，不仅邀请美国、德国、英国、韩国等地的专家参与专题研讨，还启动了由世界组织资助的“证券法修改”技术援助项目。虽然2005年修订的《证券法》参照了不少“国际通行做法”和“国际通行经验”，但这里所谓的“国际”实际上主要指的是美国。[1]这一点在该版《证券法》对内幕交易监管制度进行的修订中也反映了出来，该法实施后美国式的信义关系理论在我国迅速占据上风。在某种程度上可以间接支持这一观点的情况是，差不多同时修改的《公司法》也在法条中进一步引入了信义义务，与修订前的《公司法》只借鉴了信义义务相关规则的

〔1〕 参见李安安：《资本市场法律移植的制度反思与变革》，载《证券法苑》2015年第1期。

情况相比，2005年的《公司法》明文规定了公司的董监高对公司负有信义义务中囊括的“忠实义务和勤勉义务”。[1]

2005年《证券法》主要调整了1999年《证券法》第68条和第70条，新法中与之对应的条款分别是第74条和第76条。其中，新法第74条将“知悉证券交易内幕信息的知情人员”改为“证券交易内幕信息的知情人”，这一方面删除了对这种主体的“知悉”要件，另一方面解决了“人员”只能涵盖自然人的问题。此外，对该条列举的主体进行了补充和优化。对列举内容的修改主要包括“将发行股票或公司债券的公司”的董监高扩大为“发行人”的董监高，从而涵盖了其他证券发行主体的董监高；增加了大股东的董监高，公司实际控制人及其董监高，发行人控股公司及其董事、监事[2]，保荐人、负责承销的券商、[3]交易所，以及对证券发行有监督管理职责的人[4]；将兜底条款“国务院证券监督管理机构规定的其他人员”的结尾改为“其他人”，与前面的修改类似，这使监管部门也可以将自然人之外的法人等单位主体规定为内幕信息的知情人；等等。可以看出，2005年《证券法》对内幕信息知情人范围的修订延续了之前的风格，仍以关系论为导向，新增加的各类主体一般要么对发行人负有信义义务或其他信赖义

〔1〕 参见楼建波、闫辉、赵杨：《公司法中董事、监事、高管人员信义义务的法律适用研究——以北京市法院2005～2007年间的相关案例为样本的实证研究》，载《商事法论集》2012年第1期。

〔2〕 1999年《证券法》只列举了控股公司的高管。

〔3〕 1999年《证券法》只规定了由于法定职责而参与证券“交易”的中介机构。

〔4〕 1999年《证券法》只规定了对证券“交易”有监管职责的人。

务，要么对信息来源方负有信义义务或其他信赖义务。为加强对投资者的保护，2005 年《证券法》第 76 条新增加了内幕交易的民事责任，规定行为人因内幕交易造成投资者损失的，应当承担赔偿责任。前文在讨论关系论和市场论之区别时曾提到，关系论更倾向于为个人投资者提供民事救济，因为关系论比市场论更注重保护个人法益。2005 年《证券法》的这一规定，再次体现出了关系论倾向。

我国证券法上长期存在的“利用”（内幕信息）要件存否之争，也可以结合我国修法历史予以解答。1999 年《证券法》第 67 条、第 70 条以及第 183 条虽然各有侧重点，但在内容上既有重复又有不同，其间的逻辑并不清晰。从结构来看，该法似乎是在效仿欧洲将原始内幕人和次级内幕人区别对待，不过，这种做法只造成了一个结果，即在对“非法获取内幕信息的人”进行规定时没有明确要求“利用”要件。但当时，对内幕交易两种主体均有“利用”要件要求的《股票条例》和《禁止欺诈办法》在《证券法》颁布后仍然有效，因此就形成了法条之间有所冲突的局面。2005 年《证券法》修法时，立法者将“禁止证券交易内幕信息的知情人员利用内幕信息进行证券交易活动”改为“禁止证券交易内幕信息的知情人和非法获取内幕信息的人利用内幕信息从事证券交易活动”。由此，两种主体均有“利用”要件之限定。结合我国内幕交易制度史中始终坚持规定利用要件这一点可以推出，2005 年的修法目的之一就是为非法获取内幕信息的人这一行为主体增加

"利用"内幕信息之主观要件，因此，仅依据2005年《证券法》部分法条中没有规定"利用要件"而认为现行证券法不要求"利用"要件的观点，并不符合立法者本意。

我国《刑法》虽然没有明文规定内幕交易的"利用"要件，但在实践中行为人是否利用了内幕信息也会成为刑事案件中的论述要点，例如在最高人民法院发布的内幕交易、泄露内幕信息犯罪典型案例"杜某库等内幕交易、内幕交易、泄露内幕信息案"中，法官明确指出被告人"主观上具有利用该内幕信息非法获利的明确故意……应当认定构成内幕交易的共同犯罪"。早期学术界对内幕交易罪是否以"利用内幕信息"为必要条件尚有争议[1]，但后来利用要件的存在渐渐成为共识。[2]

因此可以说，我国证券法乃至刑法在规制内幕交易行为时，始终要求执法机关应证明行为人"利用"了内幕信息从事内幕交易。只有行为人"利用"了内幕信息，方可被认定为违法的内幕交易行为。"利用"要件的存否，在很多方面决定了如何区分内幕交易制度中的豁免与抗辩。我国法律要求"利用"要件这一结论，将成为后文讨论我国具体豁免规则时的前提。

表面上看，2005年《证券法》整体上并没有对内幕交易制度

---

〔1〕 参见刘宪权：《内幕交易、泄露内幕信息罪若干疑难问题探析》，载《犯罪研究》2003年第2期。

〔2〕 参见程皓：《内幕交易、泄露内幕信息罪若干问题研究》，载《法学评论》2006年第4期；冯殿美、杜娟：《内幕交易、泄露内幕信息罪若干问题研究》，载《法学论坛》2006年第2期。

作出根本改变，但该法实施后证券委制定的《禁止欺诈办法》即被取代，[1]这使《证券法》内幕信息知情人的兜底条款“国务院证券监督管理机构规定的其他人”失去了《禁止欺诈办法》这一与之连接的重要行政法规，也就意味着该办法中涵盖甚广的内幕交易行为主体范围之规定不再有效。而2005年《证券法》中所列举的相关主体都是以关系论为核心的。所以，一夜之间，我国的内幕交易监管制度就从平等论变成了以关系论为主导。

不过，这也不是关系论在我国的全面胜利。因为内幕交易的另一类主体“非法获取内幕信息的人”中始终包含有诸如信息盗窃者这样不对发行人或信息来源方负有信义义务或其他信赖义务的人。更重要的是，由于我国不再以美国法的欺诈概念统辖内幕交易，也没有使用信义关系相关理论或概念界定知情人员的内涵，因此我国的理论倾向在此时仍存在不确定性。尤其是当年《证券法》和《期货交易管理条例》列举“内幕信息的知情人（员）”时设置的兜底条款，为后续监管部门通过制定行政法规来拓展主体范围留下了巨大空间，从而也就为内幕交易制度未来向平等获取信息理论发展埋下了伏笔。

以上关于“行为主体”和“行为样态”的变化总结为如表3.1所示。

---

〔1〕 2008年1月15日的《国务院关于废止部分行政法规的决定》宣布了《禁止欺诈办法》的废止，理由是该法规已被2005年《证券法》代替。

表 3.1　1990—2005 年我国证券法内幕交易“行为主体”和“行为样态”的变化

出台时间	原文出处	行为主体	行为样态
1990 年	《上海市证券交易管理办法》第 39 条	任何单位和个人	利用内幕消息，从事证券买卖
1991 年	《深圳市股票发行与交易管理暂行办法》第 43 条	任何人	利用内幕消息，从事证券买卖
1993 年	《股票条例》第 72 条第 1 句、第 81 条	（1）内幕人员（任何由于持有发行人的股票，或者在发行人或者与发行人有密切联系的企业中担任董事、监事、高级管理人员，或者由于其会员地位、管理地位、监督地位和职业地位，或者作为雇员、专业顾问履行职务，能够接触或者获取内幕信息的人员） （2）以不正当手段获取内幕信息的其他人员	（1）泄露内幕信息（有关发行人、证券经营机构、有收购意图的法人、证券监督管理机构、证券业自律性管理组织以及与其有密切联系的人员所知悉的尚未公开的可能影响股票市场价格的重大信息） （2）根据内幕信息买卖股票 （3）（根据内幕信息）向他人提出买卖股票的建议
1999 年	《证券法》第 70 条第 1 款、第 67 条	（1）知悉证券交易内幕信息的知情人员 （2）非法获取内幕信息的其他人员	（1）买入或者卖出所持有的该公司的证券 （2）泄露该信息 （3）建议他人买卖该证券

续表

出台时间	原文出处	行为主体	行为样态
2005 年	《证券法》第 76 条第 1 款、第 73 条	(1)证券交易内幕信息的知情人 (2)非法获取内幕信息的人	(1)买卖该公司的证券 (2)泄露该信息 (3)建议他人买卖该证券

二、2007 年至 2021 年:从关系论到平等论

《禁止欺诈办法》的废止使 2005 年《证券法》在内幕交易行为主体方面的规定产生了不少漏洞,虽然《证券法》从法条上主要呈现关系论的形态,但该法甚至连以关系论为主要指导思想的美国法能禁止的一些主体都无法囊括。2005 年《证券法》明显遗漏的主体包括:并购重组中的收购方或目标公司及其相关人员,证券监管单位以外的相关审批、管理、监督人员,传统意义上的非法获取内幕信息的人之外的内幕信息受领人,以及间接信息受领人。[1] 为弥补《证券法》留下的法律漏洞,我国相关行政、司法部门均作出了不少努力。本部分将梳理 2005 年《证券法》实施后我国颁行的、对内幕交易行为主体规定产生较大影响的各类文件,并结合行政处罚案例,考察我国内幕交易监管制度的理论进路走向。

---

〔1〕 参见夏中宝:《从"身份中心主义"到"信息中心主义"——内幕交易主体法律规制之变迁》,载《金融服务法评论》2014 年第 1 期;[美]郝山:《中国过于宽泛的内幕交易执法制度——法定授权和机构实践》,载《交大法学》2014 年第 2 期。

(一)《信披通知》和《重组办法》——回归平等论的开始

2007年证监会发布《信披通知》,规定内幕信息知情人对尚在筹划中的公司重大事项依法公开之前有保密义务,不得泄露该信息,不得利用该信息从事内幕交易。该文件列举的内幕信息知情人包括:上市公司,交易对手方及其关联方,上述单位的董监高,参与该重大事项之制定、论证、审批等环节的机构和人员,各类中介机构及其相关人员,乃至因业务往来而知悉或可能知悉该事项的机构和人员。[1]该文件的性质属于部门规范性文件,符合《证券法》内幕交易行为主体兜底条款对证监会的授权,因此,在涉及上市公司筹划可能影响公司股价的重大事项时,该文件中规定的主体属于《证券法》下内幕信息的知情人。可以说,《信披通知》在一定程度上填补了《证券法》在内幕交易行为主体方面留下的部分监管漏洞。

表面上看,该文件的第三段只是拓展了内幕交易的主体范围,但实际上,该文件是通过对这些主体施加了一种一般性的保密义务,从而使这些主体被禁止从事内幕交易。这种保密义务并非来自这些主体与上市公司或内幕信息来源方之间的信义关系,而是来自该规范性文件本身。原因在于,首先,文件开篇即表明

---

〔1〕《信批通知》第3段规定:"对于正在筹划中的可能影响公司股价的重大事项,上市公司及其董事、监事、高级管理人员,交易对手方及其关联方和其董事、监事、高级管理人员(或主要负责人),聘请的专业机构和经办人员,参与制订、论证、审批等相关环节的有关机构和人员,以及提供咨询服务、由于业务往来知悉或可能知悉该事项的相关机构和人员等(以下简称内幕信息知情人)在相关事项依法披露前负有保密义务。在上市公司股价敏感重大信息依法披露前,任何内幕信息知情人不得公开或者泄露该信息,不得利用该信息进行内幕交易。"

立场，明示该文件之目的在于“维护证券市场的秩序，打击内幕交易和市场操纵行为，保护投资者合法权益”，这是比较典型的市场论立法宗旨。其次，该文件的抬头是“各上市公司”，即主送对象是上市公司，且通篇均是对上市公司有关信息披露方面的要求，因此该文件的直接目的在于监管上市公司的行为，而不是敦促内幕信息的知情人履行其对上市公司的任何义务。最后，虽然该文件列举的内幕信息知情人前半部分通常可以通过关系论中的经典理论和私用理论来解释，但后半部分“参与制订、论证、审批等相关环节的有关机构和人员，以及提供咨询服务、由于业务往来知悉或可能知悉该事项的相关机构和人员等”常常会超越信义关系的范畴。例如，在证监会处罚的况某、张某、徐某等内幕交易案[1]中，当事人况某是格力集团的前任高管，受邀参与格力地产某重大项目，属于“由于业务往来知悉该项目的人员”。他作为已经离职的人员，与格力集团或被借壳的海星科技之间均不存在信义关系或其他信赖关系。综合上面的分析，可以说，该文件整体上是以平等论为指导思想的。而其与《证券法》之间的连接关系，导致我国内幕交易行为主体的范畴在具体规定上进一步冲破了关系论的束缚，再次回归了平等论主导的路线。遗憾的是，该文件仅针对与上市公司有关的内幕信息，对于利用非上市公司的内幕信息从事内幕交易的主体，该文件并没有提及，而且受密人责任的

---

〔1〕 参见《中国证监会行政处罚决定书》(〔2010〕32号)，发文时间：2010年8月9日。

问题也没有解决，因此依然留下了大片监管真空。

2008年证监会发布《上市公司重大资产重组管理办法》（以下简称《重组办法》）[1]，规定任何单位和个人在上市公司重大资产重组信息公布前，均对该信息负有保密义务。该办法还列举了包含重大资产重组交易双方及其关联方以及各相关阶段参与人员在内的一系列较为广泛的主体，禁止他们利用相关敏感信息进行内幕交易。[2]该办法列举的内幕交易主体与《信披通知》比较类似，但在细节上有几处改动。例如，将“交易对手方及其关联方和其董事、监事、高级管理人员（或主要负责人）”改为“交易对方及其关联方，交易对方及其关联方的董事、监事、高级管理人员或者主要负责人”，从而避免了交易对手方的董监高不被包含在内的歧义；将“聘请的专业机构和经办人员”调整为交易各方“聘请的证券服务机构及其从业人员”，从而将证券服务机构的从业人员均纳入内幕信息的知情人，而不是仅以“经办人员”为限；将参与“制订、论证、审批等”环节的人，补充为参与重大资产重组“筹划、论证、决策、审批等”环节的人，从而增加了参与事前筹划和事中决策的人；增加了因直系亲属关系知悉或可能知悉股价敏

〔1〕《重组办法》（中国证券监督管理委员会令第53号），该办法于2008年4月16日发布，2008年5月18日实施，现已失效。

〔2〕2008年《重组办法》第39条规定：“上市公司及其董事、监事、高级管理人员，重大资产重组的交易对方及其关联方，交易对方及其关联方的董事、监事、高级管理人员或者主要负责人，交易各方聘请的证券服务机构及其从业人员，参与重大资产重组筹划、论证、决策、审批等环节的相关机构和人员，以及因直系亲属关系、提供服务和业务往来等知悉或者可能知悉股价敏感信息的其他相关机构和人员，在重大资产重组的股价敏感信息依法披露前负有保密义务，禁止利用该信息进行内幕交易。”

感信息的人。较之前面讨论的《信披通知》，该办法所列内幕交易主体范围更广，但仅适用于上市公司重大资产重组领域。另外，该办法没有明确是否对内幕交易的另两种行为样态（泄露内幕信息、根据内幕信息建议他人买卖证券）做出禁止，因此该办法规定的“禁止利用该信息进行内幕交易”究竟是广义的、包含三种行为样态的内幕交易行为，还是狭义的、不包含泄密、建议型的内幕交易，存在一定争议。按照一般法理，在行政处罚中应当适用对行为人更有利的条款，因此此处采狭义解释为妥。

（二）“非法获取内幕信息的人”内涵之嬗变

2010年11月国务院办公厅转发证监会等部门《关于依法打击和防控资本市场内幕交易意见的通知》（国办发〔2010〕55号）要求相关部门充分认识内幕交易的危害性，高度重视内幕交易防治工作，并且针对新时期资本市场内幕交易主体复杂、方式多样、手段隐蔽的特点，建立或完善上市公司内幕信息保密制度、内幕信息知情人登记制度、上市公司信息披露制度、停复牌制度、内幕交易举报奖励制度等，还要求将内幕交易防控工作纳入企业业绩考核评价制度中。此外，通知还指出证监会将会同公安部等部门开展一轮依法打击、防控内幕交易的专项检查，查处并曝光一批典型案件，从而形成监管威慑。这一文件虽然是政策性的，但它拉开了后期我国内幕交易领域密集立法、严格执法，并扩大监管范围的序幕。

2011年7月，最高人民法院发布《〈关于审理证券行政处罚案件证据若干问题的座谈会纪要〉的通知》，要求各地法院结合实际参照执行。该通知减轻了监管机构在司法程序中的举证责任，认为应当考虑内幕交易等违法行为的特殊性，通过推定的方式将部分特定事实的举证责任转移到原告或第三人身上。该通知第五部分专门总结了“关于审理证券行政处罚案件证据若干问题的座谈会”上最高人民法院及有关部门对内幕交易行为认定方面的共识，列举了五种情况〔1〕，在这些情况下，法院可以认定行政处罚决定中所认定的内幕交易行为成立。整体上，在内幕交易的“利用”要件的问题上采用推定的证明方式是合理的，国际上也有类似的做法〔2〕，只是监管部门除了需要举证行为人从事了与内幕信息有关的交易活动之外，仍然需要证明行为人知道或者应当知道其持有的信息是内幕信息。因为可以推定的“利用要件”部分仅是连接知悉和交易之间的因果关系，不能仅仅根据行为人从事了与内幕信息相关的交易行为就认为内幕交易行为成立。考虑到该文件仅是一份通知，这种不严密的说法是可以理解的，但实践中仍

---

〔1〕 最高人民法院《〈关于审理证券行政处罚案件证据若干问题的座谈会纪要〉的通知》（法〔2011〕225号）第五部分“关于内幕交易行为的认定问题”的原文：“会议认为，监管机构提供的证据能够证明以下情形之一，且被处罚人不能作出合理说明或者提供证据排除其存在利用内幕信息从事相关证券交易活动的，人民法院可以确认被诉处罚决定认定的内幕交易行为成立：（一）证券法第七十四条规定的证券交易内幕信息知情人，进行了与该内幕信息有关的证券交易活动；（二）证券法第七十四条规定的内幕信息知情人的配偶、父母、子女以及其他有密切关系的人，其证券交易活动与该内幕信息基本吻合；（三）因履行工作职责知悉上述内幕信息并进行了与该信息有关的证券交易活动；（四）非法获取内幕信息，并进行了与该内幕信息有关的证券交易活动；（五）内幕信息公开前与内幕信息知情人或知晓该内幕信息的人联络、接触，其证券交易活动与内幕信息高度吻合。”

〔2〕 例如欧盟。See Regulation（EU）No. 596/2014 on market abuse（market abuse regulation），Recital（26），（31）.

需按照我国证券法的规定进行审理。比较麻烦的是，该通知不是证监会出台的规定，不属于《证券法》"内幕信息的知情人"兜底条款授权的情形，因此这一部分内容列举的情况中有三类主体超越了《证券法》的规定——第5条第2项提出的内幕信息知情人的近亲属和其他关系密切的人、第3项因履行工作职责而知悉内幕信息的人，以及第5项与知悉内幕信息的人有联络、接触的人。这三类人既不是2005年《证券法》列举的"内幕信息的知情人"，也不是传统意义上的"非法获取内幕信息的人"，并不属于法律规定的内幕交易的行为主体。

对于该通知超越《证券法》的问题，"两高"在2012年6月实施的《关于办理内幕交易、泄露内幕信息刑事案件具体应用法律若干问题的解释》（以下简称《内幕交易刑事解释》）〔1〕中采用了另一种解决方案，即把上述三种人纳入"非法获取内幕信息的人"之列。〔2〕1997年《刑法》首次将内幕交易行为主体分为"内幕信息的知情人员"和"非法获取内幕信息的人员"，虽然也是分

〔1〕"两高"《内幕交易刑事解释》（〔2012〕6号）于2011年10月31日由最高人民法院、2012年2月27日由最高人民检察院通过，2012年3月29日公布，自2012年6月1日起施行。可以看出，最高人民法院通过该解释的时间与其印发《关于审理证券行政处罚案件证据若干问题的座谈会纪要》的时间仅相隔三个多月。

〔2〕《内幕交易刑事解释》第2条规定："具有下列行为的人员应当认定为刑法第一百八十条第一款规定的'非法获取证券、期货交易内幕信息的人员'：（一）利用窃取、骗取、套取、窃听、利诱、刺探或者私下交易等手段获取内幕信息的；（二）内幕信息知情人员的近亲属或者其他与内幕信息知情人员关系密切的人员，在内幕信息敏感期内，从事或者明示、暗示他人从事，或者泄露内幕信息导致他人从事与该内幕信息有关的证券、期货交易，相关交易行为明显异常，且无正当理由或者正当信息来源的；（三）在内幕信息敏感期内，与内幕信息知情人员联络、接触，从事或者明示、暗示他人从事，或者泄露内幕信息导致他人从事与该内幕信息有关的证券、期货交易，相关交易行为明显异常，且无正当理由或者正当信息来源的。"

成两种主体，但这种分法与1993年的《股票条例》和《禁止欺诈办法》规定的“内幕人员”和“以不正当手段获取内幕信息的其他人员”已经非常不同。尽管两年后出台的《证券法》在主体分类上与《刑法》保持了一致，并且界定了“知情人员”的内涵和外延，但“非法获取内幕信息的人员”这一概念在相当长的时间内没能得到证券法层面的厘清。如前所述，在传统的理解中，“非法获取内幕信息的人员”仅包括通过盗取、窃听、刺探等方式获取内幕信息的人，“两高”通过司法解释将这三类人获取内幕信息的方式界定为“非法”，无论怎么理解都有些超出常规思路。但考虑到这一概念原来的局限性、内幕交易泛滥的形势，以及我国意图大力打击内幕交易行为的政策导向，“两高”出此下策也是无奈之举，且该司法解释针对的是刑事案件，解释的是1997年《刑法》第180条，所以“两高”的做法仍在其自身的权限范围之内。

不过，这样一来，该文件作为《刑法》的司法解释似乎仍然无法解决证监会行政执法中的法律难题。但鉴于我国《证券法》并没有定义过“非法获取内幕信息的人”，证监会在做出行政处罚时参考刑法的概念，似乎也无可厚非。这就导致了，证监会虽然从来没有在其做出的行政处罚决定书中直接援引“两高”《内幕交易刑事解释》，但事实上仍在适用该司法解释中的内容。早在《内幕交易刑事解释》刚在最高人民法院会议上通过但尚未正式实施时，证监会就在岳某斌内幕交易案[1]中应用了该解释规定的认定方式。该案当事人岳某斌的代理人认为岳某斌不属于内幕交易的知情人，因此不构成违法。对此，证监会回应称，岳某斌虽然不是内幕信息的知情人，但属于非法获取内幕信息的人。证券法上的“非法获取内幕信息的人”不仅包括使用盗窃、窃听等非法手段获取内幕信息的人，也包括并未采取违法手段、只是因内幕信息知情人的泄露行为而获悉内幕信息，但本身又不具有获取信息的合法资格、合法理由的人。这类人从事内幕交易行为，同样违反《证券法》，而岳某斌就属于这种非法获取内幕信息的人。证监会把“非法获取内幕信息的人”解释为“不具有合法资格或理由而获取内幕信息的人”，虽然比较牵强，但从论述的角度看也堪称经典。借助这样的论述，再加上《内幕交易刑事解释》的呼应、支持，证监会得以解决了行政执法中长期面临的受密人责任问题。而稍早发布的最高人民法院《〈关于审理证券行政处罚案件证据若干问题的座谈会纪要〉的通知》更是解除了证监会在法院层面可能面临的后顾之忧。尽管这种牵强的方式受到了颇多质疑，但《证券法》的立法漏洞，终究在“两高”和证监会的合力之下从实践层面被解决了。例如，在米某、冯某内幕交易案[2]中，米某是上市公司蓝色光标为其重大资产购买事项而聘用的律师，属于内幕

---

〔1〕 参见《中国证监会行政处罚决定书（岳某斌）》（〔2011〕57号），发文时间：2011年12月15日。

〔2〕 参见《中国证监会行政处罚决定书》（〔2013〕79号），发文时间：2013年12月31日。

信息知情人，证监会根据各项证据认定，米某将有关该重大资产购买事项的内幕信息泄露给了自己的堂姐夫冯某，冯某利用该内幕信息进行了证券交易。在该案中，冯某的身份非常值得讨论。一方面，即使该案所涉事项属于《重组办法》界定的重大资产重组范围，冯某作为内幕信息知情人的堂姐夫，并不属于该办法所规定的“直系亲属”，因此无法被该办法纳入内幕信息的知情人范围中。另一方面，冯某虽然是内幕信息受领人，但并没有通过盗窃、窃听等非法方式获取内幕信息，单凭证券法也不能将其认定为“非法获取内幕信息的人”。因而严格来讲冯某并不属于证券法意义上的内幕交易的行为主体。所以，虽然证监会丝毫没有在该案的行政处罚决定书中提到“非法获取内幕信息的人”一词，但除了按照“两高”《内幕交易刑事解释》对“非法获取内幕信息的人”的定义将冯某纳入其中之外，实在并无其他法律法规能将其认定为内幕交易的行为主体。除了这样的具体案例之外，根据一项对内幕交易案件全样本进行的实证研究，证监会的行政处罚决定中多次使用了《内幕交易刑事解释》中的“近亲属”“关系密切”“联络、接触”等诸多概念，这说明证监会确实在多方面受到了该解释的重大影响。[1]在有的案件中，证监会甚至直接援引了该

〔1〕 参见金灵：《内幕交易行为规制的行、刑关系矫正：一个实证研究》，载《证券法苑》2017 年第 2 期；张翕：《中国证监会内幕交易行政处罚案例综述》，载《法律与新金融》2017 年第 22 期。

司法解释。[1]因此可以说，虽然《内幕交易刑事解释》的适用领域是刑事案件，但中国证监会依然在实践中适用了该解释的规定，使之基本上成为我国证券法的一部分。

《内幕交易刑事解释》对“非法获取内幕信息的人”的补充解释，比如与内幕信息知情人关系密切的、有接触、联络的人，类似理论上常说的信息受领人或受密人。但在美国法中，受密人责任还要具备其他条件方能构成：要求泄密人违反信义义务，受密人知道泄密人违反信义义务，并且泄密人泄密能够使受密人获得个人利益。而《内幕交易刑事解释》为“非法获取证券、期货交易内幕信息的人员”划定的这个范围，并没有对这些获取内幕信息的人是否知道内幕信息知情人违背了信义义务或其他义务做出规定。因此实际上，《内幕交易刑事解释》中规定的与内幕信息知情人“关系密切”的人、“联络、接触”的人，已经远远超出了关系论的思路。另外，《内幕交易刑事解释》划定的范围甚至也超过了欧盟法上次级内幕人的范围。因为欧盟法规定次级内幕人只在“知道或应当知道”其所持有的信息是内幕信息时才被禁止从事内幕交易，但我国内幕交易制度中并没有这一主观要件的限定。而且，欧盟法要求获取内幕信息具有非偶然性，例如，出租车司机偶然听到乘客谈论内幕信息并利用该信息买卖证券的情况是不具有

---

〔1〕 参见《中国证券监督管理委员会行政复议决定书》(〔2014〕66号)，发文时间：2014年11月14日。

非偶然性的，因此一般不受禁止。[1]相比之下，《内幕交易刑事解释》第 2 条第 3 项规定的“在内幕信息敏感期内与内幕信息知情人员联络、接触”的人，从字面上可以涵盖这类偶然获得内幕信息的人，而我国又没有类似于欧盟的“非偶然性”的具体规定，因此不排除未来这类人的内幕交易行为也会受到监管的可能性。

由此可以看出，《内幕交易刑事解释》对“非法获取内幕信息的人员”的界定是相当具有平等论精神的。不过，尽管《内幕交易刑事解释》将“非法获取内幕信息的人员”的范围划定得相当大，但还是遗漏了间接受密人（二手以上信息受领人，美国法上称为“遥远受密人”）这种一般被域外法律作为内幕交易制度规制对象的主体。不过这个遗漏只是刑法上的问题，并不是证券法执法上的问题。因为按照证监会在岳某斌内幕交易案中的经典论述，间接受密人同样可以属于“不具有合法资格或理由而获取内幕信息的人”，因此也能被划入“非法获取内幕信息的人”之列。

在王某某内幕交易佐力药业案中，内幕信息知情人是佐力药业董事长俞某强，而在有关佐力药业再融资的内幕信息敏感期内与王某某有电话、短信联系的是俞某强的儿子俞某。根据证监会的行政处罚决定书，王某某与内幕信息的知情人俞某强之间仅是“认识”，而没有两人“关系密切”或“联络、接触”过的证据。但处罚决定书中写道，王某某买入佐力药业股票的时点和他与俞某

〔1〕 详见前文欧盟部分论述。

的通话时点非常接近，“相关交易明显异常，且没有合理解释”这里的用词与《内幕交易刑事解释》基本吻合，似乎在暗示王某某属于“非法获取内幕信息的人”。但是，《内幕交易刑事解释》规定的是与“内幕信息知情人”联络、接触的人属于“非法获取内幕信息的人”，王某某这种借由中间人知悉内幕信息的，并不在该解释规定的范围内。因此，只有使用证监会在岳某斌内幕交易案中的解释方式，将王某某理解为“不具有合法资格或理由而获取内幕信息的人”，才能将其纳入“非法获取内幕信息的人”。此案反映出证监会借助岳某斌案的解释方式弥补了法律对间接信息受领人责任的遗漏。另外，如果按照美国法关系论的思路，该案应当适用泄密人—受密人责任的相关规则，但本案中俞某强与其子俞某之间的信息传递链条其实是断裂的，证监会并没有提供证据证明内幕信息知情人俞某强违反信义义务泄露内幕信息，因此根据关系论该案当事人并不构成违法的内幕交易行为。证监会对王某某做出处罚决定，很大程度上是平等论的思想在背后起作用。这一案例既暴露出我国在受密人责任方面没有明确法律规定的漏洞，又体现出了平等论和关系论之间的矛盾与张力。

其实，2005 年立法者修改《证券法》时曾试图将“非法获取内幕信息的其他人员”改为“获取内幕信息的其他人员”，从而扩大内幕交易行为主体，同时解决原词概念不明且与《股票条例》和《禁止欺诈办法》中规定的“以不正当手段获取内幕信息的其他人员”不一致的问题。不过，一方面这种修改会造成与《刑法》

之间的差异，另一方面又会把在域外被排除的行为主体也纳入监管范围中，[1]而我国当时并无内幕交易监管的豁免制度。对于争议较大或修订时机还不成熟的地方，2005 年《证券法》的立法者态度比较谨慎，倾向于保持条文的原状，[2]以免引起新争议。因此最终并没有把"非法获取内幕信息的人"改成"获取内幕信息的人"。如前所述，1999 年《证券法》使用"非法获取内幕信息的人"代替 1993 年时的"以不正当手段获取内幕信息的人"是为了与刑法保持一致而进行的错误改动。现在来看，是该纠正这一错误的时候了。[3]

（三）有关内幕交易主体范围的文件

不难发现，前面提到的《信披通知》和《重组办法》所扩充的内幕信息知情人范围仅限于上市公司领域。随着新三板的运行，非上市公众公司的内幕交易问题也受到了监管者的关注。不过，在扩充内幕信息的知情人方面，新三板方面监管部门的规定还比较保守。2012 年 9 月《非上市公众公司监督管理办法》规定禁止公众公司的内幕信息知情人和非法获取内幕信息的人从事内幕交易，但这本来也在《证券法》的禁止范围内，实际上并没有使用《证券法》的授权。2014 年《非上市公众公司重大资产重组管理

---

〔1〕 参见郭雳：《〈证券法〉修订草案中的若干问题及完善》，载《法学》2005 年第 8 期。

〔2〕 参见 2005 年 4 月 24 日时任全国人大财政经济委员会副主任委员的周正庆在第十届全国人民代表大会常务委员会第十五次会议上所做的《关于〈中华人民共和国证券法（修订草案）〉的说明》。

〔3〕 具体修改建议详见本书第五章第二部分（二）。

办法》规定任何单位和个人都不能利用有关公众公司重大资产重组的内幕信息从事内幕交易。按照特殊法优于一般法的原则，也许该办法可以优于2012年《非上市公众公司监督管理办法》适用，在小范围内将知悉非上市公众公司重大资产重组内幕信息的任何单位和个人作为该领域的内幕交易知情人。不过考虑到我国对上市公司重大资产重组的相关内幕交易行为主体范围尚且没有如此宽泛，此时还是将非上市公众公司重大资产重组中的内幕交易行为主体继续限制在《证券法》列举的范围内更为合法、合理。在新三板监管制度层面，唯一起到扩充内幕信息知情人作用的行政法规是2014年颁行的《非上市公众公司收购管理办法》。该办法规定，股票在全国中小企业股份转让系统公开转让的公众公司有收购或股份权益变动事宜时，其“信息披露义务人”及“知悉相关信息的人员”在信息公开前负有保密义务，禁止他们利用内幕信息进行内幕交易。这里的“信息披露义务人”是指在收购公众公司或所持有的公众公司权益变动的情形下需要编制并披露权益变动报告书的投资者及其一致行动人，[1]依法属于《证券法》兜底条款授权证监会规定的内幕信息知情人。而与信息披露义务人并列的“知悉相关信息的人员”的含义比较模糊，做宽泛理解则又有超越《证券法》之虞，因此此处仍将其理解为《证券法》具体列举的几项内幕信息知情人为宜。

近年来，随着金融市场的高速发展，我国证券期货领域出台

---

〔1〕 参见2020年《非上市公众公司收购管理办法》第13、16条。

各类规范性文件的频率越来越高。2012 年 11 月《基金管理公司开展投资、研究活动防控内幕交易指导意见》禁止基金管理公司的投研人员从事内幕交易。[1]2015 年 1 月《股票期权交易试点管理办法》禁止包含股票期权做市商在内的任何单位和个人利用《期货交易管理条例》规定的内幕信息、相关标的证券市场的内幕信息以及其他未公开信息从事股票期权内幕交易活动。[2]期权的问题在我国适用《期货交易管理条例》，由于《期货交易管理条例》规定的内幕交易行为主体也分为内幕信息的知情人和非法获取内幕信息的人，因此《股票期权交易试点管理办法》使用“任何单位和个人”仍不恰当，恐怕超出了《期货交易管理条例》的本意。所以该办法依据内幕交易兜底条款对《期货交易管理条例》规定的期货交易内幕信息的知情人的扩展仅限于股票期权做市商。此外，2016 年 7 月《证券期货经营机构私募资产管理业务运作管理暂行规定》规定“证券期货经营机构”在开展私募资产管理业务时不得从事内幕交易。

表 3.2 将影响我国证券、期货法律制度中内幕交易行为主体的法律规范进行了整理。可以看出，我国内幕交易法律制度中的主体要件范围在不断扩大。

---

〔1〕 该指导意见第 9 条规定：“基金管理公司应当加强对投资、研究活动的规范，保证信息来源合法合规，研究方法专业严谨，分析结论客观合理，投资决策独立审慎。禁止投研人员主动打探内幕信息，利用内幕信息从事证券交易，或者泄露该信息，或者明示、暗示他人从事内幕交易活动。”

〔2〕 参见《股票期权交易试点管理办法》第 8 条、第 25 条。

表 3.2 内幕交易行为主体速查表（截至 2021 年 6 月）

	实施时间	名称	内幕交易的行为主体	备注
1	2020 年 3 月 1 日	《证券法》	（1）证券交易内幕信息的知情人： ①发行人**及其**董事、监事、高级管理人员； ②持有公司 5% 以上股份的股东及其董事、监事、高级管理人员，公司的实际控制人及其董事、监事、高级管理人员； ③发行人控股**或者实际控制**的公司及其董事、监事、高级管理人员； ④由于所任公司职务**或者因与公司业务往来**可以获取公司有关内幕信息的人员； ⑤**上市公司收购人或者重大资产交易方及其控股股东、实际控制人、董事、监事和高级管理人员；** ⑥**因职务、工作可以获取内幕信息的**证券交易场所、证券公司、证券登记结算机构、证券服务机构的有关人员； ⑦**因职责、工作可以获取内幕信息的证券监督管理机构工作人员；** ⑧**因法定职责对证券的发行、交易或者对上市公司及其收购、重大资产交易进行管理可以获取内幕信息的有关主管部门、监管机构的工作人员；** ⑨国务院证券监督管理机构规定的**可以获取内幕信息的**其他人员 （2）非法获取内幕信息的人	加粗部分为与 2005 年《证券法》相比新增或修改的内容 《证券法》未对“非法获取内幕信息的人”进行任何解释

续表

	实施时间	名称	内幕交易的行为主体	备注
2	2007年4月15日	《期货交易管理条例》	(1)期货交易内幕信息的知情人: 是指由于其管理地位、监督地位或者职业地位,或者作为雇员、专业顾问履行职务,能够接触或者获得内幕信息的人员。 包括:期货交易所的管理人员以及其他由于任职可获取内幕信息的从业人员,国务院期货监督管理机构和其他有关部门的工作人员以及国务院期货监督管理机构规定的其他人员。 (2)非法获取期货交易内幕信息的人	其前身《期货交易管理暂行条例》于1999年9月1日施行,二者在内幕交易部分变化不大
3	2004年10月24日	《保险机构投资者股票投资管理暂行办法》	保险机构投资者的股票投资决策、研究、交易、清算管理人员及其他相关人员	该办法由原保监会和证监会联合发布,因此符合《证券法》的授权规定

续表

	实施时间	名称	内幕交易的行为主体	备注
4	2007年8月15日	《信披通知》	上市公司及其董事、监事、高级管理人员，交易对手方及其关联方和其董事、监事、高级管理人员（或主要负责人），聘请的专业机构和经办人员，参与制订、论证、审批等相关环节的有关机构和人员，以及提供咨询服务、由于业务往来知悉或可能知悉该事项的相关机构和人员等	这些主体只在内幕信息属于“正在筹划中的可能影响公司股价的重大事项”时，方属于内幕交易的行为主体，且只包括泄露内幕信息和利用该信息进行内幕交易两种行为样态
5	2008年5月18日	《重组办法》	上市公司及其董事、监事、高级管理人员，重大资产重组的交易对方及其关联方，交易对方及其关联方的董事、监事、高级管理人员或者主要负责人，交易各方聘请的证券服务机构及其从业人员，参与重大资产重组筹划、论证、决策、审批等环节的相关机构和人员，以及因直系亲属关系、提供服务和业务往来等知悉或者可能知悉股价敏感信息的其他相关机构和人员	仅适用于上市公司重大资产重组领域

续表

	实施时间	名称	内幕交易的行为主体	备注
6	2012年 6月1日	“两高”《内幕交易刑事解释》	具有下列行为的人员应当认定为刑法上的“非法获取证券、期货交易内幕信息的人员”： （1）利用窃取、骗取、套取、窃听、利诱、刺探或者私下交易等手段获取内幕信息的； （2）内幕信息知情人员的近亲属或者其他与内幕信息知情人员关系密切的人员，在内幕信息敏感期内，从事或者明示、暗示他人从事，或者泄露内幕信息导致他人从事与该内幕信息有关的证券、期货交易，相关交易行为明显异常，且无正当理由或者正当信息来源的； （3）在内幕信息敏感期内，与内幕信息知情人员联络、接触，从事或者明示、暗示他人从事，或者泄露内幕信息导致他人从事与该内幕信息有关的证券、期货交易，相关交易行为明显异常，且无正当理由或者正当信息来源的	虽是刑法的司法解释，但被证监会实质性适用，因此起到了扩展“非法获取内幕信息的人员”的外延的作用，从而使《证券法》上的“非法获取内幕信息的人”的内涵在某种程度上回归到了《股票条例》和《禁止欺诈办法》时期的“以不正当手段获取内幕信息的人”的内涵
7	2012年 12月15日	《基金管理公司开展投资、研究活动防控内幕交易指导意见》	基金管理公司的投研人员	除了禁止从事内幕交易之外，基金管理公司的投研人员还被禁止打探内幕信息

续表

	实施时间	名称	内幕交易的行为主体	备注
8	2014年7月23日	《非上市公众公司收购管理办法》	信息披露义务人	“信息披露义务人”是指在收购公众公司或所持有的公众公司权益变动的情形下依据该办法需要进行信息披露的投资者及其一致行动人
9	2014年7月23日	《非上市公众公司重大资产重组管理办法》	知悉公众公司重大资产重组信息的任何单位和个人	
10	2015年1月9日	《股票期权交易试点管理办法》	股票期权做市商	该办法的上级法为《期货交易管理条例》
11	2016年7月18日	《证券期货经营机构私募资产管理业务运作管理暂行规定》	证券期货经营机构	适用于证券期货经营机构从事私募资产管理业务时

续表

	实施时间	名称	内幕交易的行为主体	备注
12	2017年7月1日	《区域性股权市场监督管理试行办法》	区域性股权市场运营机构、区域性股权市场参与者	区域性股权市场参与者指证券发行人、挂牌公司及区域性股权市场的其他参与者
13	2017年12月7日	《全国中小企业股份转让系统有限责任公司管理暂行办法》	全国股份转让系统的股票挂牌转让及相关活动参与者	
14	2017年6月22日	《全国银行间同业拆借中心“债券通”交易规则(试行)》	通过内地与香港债券市场基础设施的互联互通，投资于内地银行间债券市场的境外投资者	
15	2020年5月1日	《保险资产管理产品管理暂行办法》	保险资产管理机构	

续表

	实施时间	名称	内幕交易的行为主体	备注
16	2020年6月23日	《保险资金参与金融衍生产品交易办法》	参与金融衍生产品交易的保险机构	
17	2020年11月12日	中国银保监会《关于保险资金财务性股权投资有关事项的通知》	开展财务性股权投资的保险机构	
18	2020年12月30日	中国证券监督管理委员会《关于加强私募投资基金监管的若干规定》	私募基金管理人及其从业人员	

除了表3.2中所列的法律法规之外，还有另外一些行政法规或相关文件曾试图对内幕交易的行为主体进行规定，但由于合法性或法律地位等，未能起到对主体的扩充效果。例如，2007年证监会发布的《上市公司信息披露管理办法》(已失效)在对内幕交易做禁止性规定的时候几次使用“任何机构和个人不得……”的说法，[1]但将任何人均纳入内幕交易禁止对象显然有违《证券法》本意。该办法在总则第4条中规定的是禁止“任何知情人”利用内幕信息从事内幕交易，这里可以勉强将其理解为《证券法》中规定的“内幕信息的知情人”。而第55条中规定的“任何机构和个人不得非法获取……内幕信息，不得利用所获取的内幕信息买卖或者建议他人买卖公司证券及其衍生品种……”中的主体，可以理解为“非法获取内幕信息的人”。这样来分析，该办法就符合《证券法》了，但换句话说，该办法也没有起到扩充《证券法》内幕交易主体的作用。此外，《金融机构信贷资产证券化试点监督管理办法》和2015年全国银行间同业拆借中心发布的《全国银行间同业拆借中心债券交易流通规则》中亦有对内幕交易行为主体的规定，但由于这两个文件的制定单位并不是《证券法》兜底条款授权的国务院证券监督管理部门，因此并不能据以要求相关行为

[1] 2007年《上市公司信息披露管理办法》第55条规定：“任何机构和个人不得非法获取、提供、传播上市公司的内幕信息，不得利用所获取的内幕信息买卖或者建议他人买卖公司证券及其衍生品种，不得在投资价值分析报告、研究报告等文件中使用内幕信息。”第66条规定：“任何机构和个人泄露上市公司内幕信息，或者利用内幕信息买卖证券及其衍生品种，中国证监会按照《证券法》第二百零一条、第二百零二条处罚。”

人应承担《证券法》规定的法律责任。

另一个不得不提的文件——证监会《指引》引起的争议更大。《指引》创设了《证券法》中不存在的"内幕人"这一概念，意图涵盖所有内幕交易之主体，并且通过定义结合列举的方式对该概念进行了界定。[1]《指引》列举的第1项中直接援引了《证券法》，内容指向《证券法》中规定的兜底条款之外的内幕信息的知情人，第2项则明确说明是根据《证券法》兜底条款的授权而规定的内幕信息的知情人，期间列举的并购重组的参与方以及内幕信息的知情人的配偶意在填补《证券法》的部分漏洞。第4项使用了全国人大法工委对《刑法》第180条内幕交易罪的释义解释了非法获取内幕信息的人，意在弥补《证券法》未界定此概念的缺失。然而，剩下的第3项和第5项，从这二者在第6条中的位置来看，既非内幕信息的知情人，亦非非法获取内幕信息的人，已经跳出了《证券法》对内幕交易主体的限定框架。尤其是第5项"通过其他途径获取内幕信息的人"，虽然可能是为了解决我国没有直接规定受密人责任的问题，但有将任何人均纳入内幕交易的

---

〔1〕《指引》第5条规定："本指引所称内幕人，是指内幕信息公开前直接或者间接获取内幕信息的人，包括自然人和单位。……"第6条规定"符合下列情形之一的，为证券交易的内幕人：(一)《证券法》第七十四条第(一)项到第(六)项规定的证券交易内幕信息的知情人；(二)中国证监会根据《证券法》第七十四条第(七)项授权而规定的其他证券交易内幕信息知情人，包括：1.发行人、上市公司；2.发行人、上市公司的控股股东、实际控制人控制的其他公司及其董事、监事、高级管理人员；3.上市公司并购重组参与方及其有关人员；4.因履行工作职责获取内幕信息的人；5.本条第(一)项及本项所规定的自然人的配偶；(三)本条第(一)项、第(二)项所规定的自然人的父母、子女以及其他因亲属关系获取内幕信息的人；(四)利用骗取、套取、偷听、监听或者私下交易等非法手段获取内幕信息的人；(五)通过其他途径获取内幕信息的人。"

行为主体之嫌，因此更是明显超出了《证券法》的授权范围。《指引》下发后，引发了不少争议。有学者指出，虽然该文件能够在网络上轻易获取，但它没有以任何规范性文件的形式发布，而仅仅是针对证监会内部以及上海、深圳证券交易所做出的内部指导文件〔1〕，因此不具有法律地位，不应成为据以执行的规范。〔2〕对于此类质疑，证监会工作人员后期也予以了回应，承认该指引并不具有法律约束力，不宜被作为证监会依据《证券法》授权制定的监管规定。〔3〕然而，虽然证监会在行政处罚决定书中并未正式引用过《指引》，但在《重组办法》出台之前，证监会就已经对收购人或目标公司的相关工作人员及亲属做出过行政处罚决定了，但其中大部分缺乏足够法律依据。〔4〕原证监会副主席范福春曾在2007年《指引》下发后的某次讲话中提到，《指引》“补充了内幕人、内幕信息的范围，对当然内幕人、法定内幕人、规定内幕人和其他途径获取内幕信息者的举证责任进行了合理划分。……已试行一段时间，对调查、认定工作起到了积极推动作用”。〔5〕这段话中使用

---

〔1〕 中国证券监督管理委员会《关于印发〈证券市场操纵行为认定指引（试行）〉及〈证券市场内幕交易行为认定指引（试行）〉的通知》（证监稽查字〔2007〕1号）明确写明发文对象是“中国证监会各省、自治区、直辖市、计划单列市监管局，上海、深圳证券交易所，会内各部门”。

〔2〕 See Nicholas Calcina Howson, *Enforcement without Foundation? —Insider Trading and China's Administrative Law Crisis*, Social Science Electronic Publishing, Vol.60, No.4, p.962（2012）.

〔3〕 参见夏中宝：《从“身份中心主义”到“信息中心主义”——内幕交易主体法律规制之变迁》，载《金融服务法评论》2014年第1期。该文作者系证监会稽查总队工作人员。

〔4〕 参见彭冰：《内幕交易行政处罚案例初步研究》，载《证券法苑》2010年第2期。

〔5〕 参见中国证监会：《坚决打击内幕交易和市场操纵行为　努力促进证券市场健康发展》，2007年9月5日，载中国证监会官网2017年12月20日，http://www.csrc.gov.cn/pub/newsite/zjhxwfb/xwdd/200709/t20070905_68521.html。

的词语大部分不是法律术语，但仍可以看出，“规定内幕人”指的正是《指引》第6条第2项所规定的“中国证监会根据《证券法》第七十四条第（七）项授权而规定的其他证券交易内幕信息知情人”。这说明，至少在《指引》发布初期，证监会是把《指引》中列举内幕信息知情人的条款当做其根据《证券法》授权而做出的规定了。[1]

在这一阶段，我国内幕交易监管制度在内幕信息方面也有一些新的规定，但本书不打算对其进行详细梳理，因为一方面平等论和关系论在内幕信息领域无重大差异，另一方面《证券法》和《期货交易管理条例》中内幕信息兜底条款对证监会的授权是“认定”而非“规定”，即只要证监会认为某项未公开信息对证券或期货交易价格有重大影响，证监会便可以将其“认定”为内幕信息。因此在我国，内幕信息的范围可以相当广泛。

（四）我国目前属于“杂糅关系论色彩的平等论”

总体来说，这一阶段我国的内幕交易法律制度主要围绕《证券法》和《期货交易管理条例》确定的既定框架发展，在不少方面对原来证券期货法律上存在的漏洞作出了弥补。其中，《信披通知》《重组办法》《非上市公众公司收购管理办法》等根据法律授权对“内幕信息的知情人”的范围进行了大范围补充；证监会依靠《内幕交易刑事解释》和《关于审理证券行政处罚案件证据若

〔1〕根据中国证券监督管理委员会《关于修改、废止部分证券期货制度文件的决定》，该指引已于2020年10月30日被废止。

干问题的座谈会纪要》提供的来自刑法和法院的支持，通过在岳某斌内幕交易案中的经典论述，在实务中扩大了证券法上“非法获取内幕信息的人”的外延。随着内幕交易的行为主体范围的扩张，行为主体与发行人或信息来源方之间的信义关系锁链被再度打破，我国内幕交易监管制度也因此整体上摆脱了信义关系的束缚，回归了平等论。

尤其是2019年年底新颁布的《证券法》进一步增加了内幕信息知情人的范围，将发行人本身也纳入了内幕信息知情人的范畴，更加坐实了我国平等论的定位。

不过，通过前文对内幕监管具体制度的梳理可以看出，我国虽然回归了平等论，但仍在法律规范中杂糅了一些关系论形态。这种现象的产生根源在域外。欧盟和美国在内幕交易监管方面的分化是最近十几年甚至近几年才愈加清晰的，欧美学术界对这一问题虽然有认识，但由于他们身在各自法域之内，因此对平等论和关系论很少有系统研究。西方研究在这方面的欠缺，导致了平等论和关系论之间的区别在相当长的时期内没有引起我国的重视。因此，在对平等论和关系论缺乏基本认知的情况下，我国的内幕交易立法只能盲目移植欧美等发达地区的规则或条款，却没能看到域外不同法律规则背后的理论差别。在缺乏清晰理论认识的情况下，平等论与关系论各自的思维和语词之间常常以难以察觉的方式发生冲突，其表现就是我国的内幕交易监管制度从2006年的关系论主导逐步发展成为目前以平等论为内核、杂糅关系论形态的较为混乱的法律体系。《证券法》详细列举了内幕信息知情人的范围，试图通过行为人与证券发行人之间的某种关系来探寻行为人的可归责性，[1]但那些根据兜底条款授权的规定而成为内幕信息知情人的主体却常常没有遵循这样的关系论思路；“非法获取内幕信息的人”更是在刑法司法解释的助力下成为类似于欧盟次级内幕人的存在。因此，从区分平等论和关系论的角度来审视，我国的内幕交易立法和执法情况呈现了强烈的杂糅形态。

关系论这种推理路径有一套严谨的思维模式，如果在一定范围内的内幕交易制度没有以信义关系或其他信赖关系为核心，那么该制度就很难被称为是采用关系论。换句话说，当以平等论作为内幕交易是否违法的基本思路时，法条的规定中是否含有关系论痕迹，或者法院和监管部门是否在案件中援引信义关系理论进行分析，对内幕交易是否违法的判断并没有任何影响，因为平等论的打击面会覆盖掉关系论的打击面[2]。所以，我国的内幕交易制度虽然杂糅了关系论色彩，但经过后续规范性文件对主体的大范围补充后，就自然而然地具有了平等论的内核。

从前文总结的平等论和关系论之间的具体区别来分析，我国的内幕交易制度也是平等论的。其一，信义关系方面，我国从

---

〔1〕 参见曹理：《市场公平进路下的内幕交易立法改革——以行为构成体系为中心》，载《证券法苑》（第3卷），法律出版社2010年版，第220页。

〔2〕 在不考虑其他要件的情况下。

未明文要求行为人与发行人或信息来源方之间需存在信义关系或其他信赖关系。其二，主体范围方面，我国现行法律制度中列举了诸多只有根据平等论方可受到规制的行为主体。其三，行为样态方面，我国与欧盟基本一致，均禁止内幕交易的三种行为样态，即禁止利用内幕信息从事证券交易，禁止泄露内幕信息，禁止根据内幕信息建议他人买卖证券。其四，民事救济和损害赔偿请求权人方面，我国 2005 年《证券法》虽然规定了内幕交易行为的民事赔偿责任，但由于最高人民法院至今尚未出台类似《关于受理证券市场因虚假陈述引发的民事侵权纠纷案件有关问题的通知》那样能明确赋予投资者民事赔偿诉权的相关司法解释，因此相当长时间都几乎没有投资者通过《证券法》规定取得民事赔偿，这与持平等论的英国的情况有些许类似。2013 年以前，通过公开途径能查到的仅有的三个内幕交易民事赔偿案件，要么以原告撤诉告终，要么被法院以缺乏因果关系或事实、法律依据为由而判决驳回。[1]直到 2013 年 8 月 16 日造成股市大幅震荡的光大乌龙指事件发生，证监会将光大事件认定为内幕交易后，法院才开始支持原告的民事赔偿请求。[2]案件审理法院在判决中指出："在光大证券公司内幕交易期间，如果原告投资

---

〔1〕 这三个案件分别是 2008 年的陈某丰诉陈某良证券内幕交易纠纷、2009 年的陈某灵诉潘某深证券内幕交易赔偿纠纷案，以及 2012 年的中关村（000931）股民诉黄某裕、杜某内幕交易赔偿纠纷案。参见张心向：《我国证券内幕交易行为之处罚现状分析》，载《当代法学》2013 年第 4 期。

〔2〕 参见梁宗：《第二批投资者诉光大内幕交易民事索赔案一审宣判——5 起撤诉 另 18 起投资者获赔》，载《人民法院报》2015 年 10 月 24 日，第 3 版。

者进行 50ETF、180ETF 及其成份股、IF1309、IF1312 交易且其主要交易方向与光大证券公司内幕交易方向相反的，推定存在因果关系。”[1]如前所述，对同时期进行反向交易的人均赋予请求民事赔偿的权利，正是平等论的特点。而且光大案能够促发大规模民事赔偿，主要是由于光大证券未及时披露其巨额乌龙指情况的做法误导了投资者，影响了他们的投资决策，即投资者损失和内幕交易之间存在明显的因果关系。其五，法益保护方面，我国在保护个人法益的同时，更注重保护社会整体法益。我国《刑法》将内幕交易罪置于破坏社会主义市场经济秩序罪一章中，说明本罪主要是对社会法益的犯罪。《关于依法打击和防控资本市场内幕交易的意见》中指出，打击和预防内幕交易的目的在于“维护市场秩序，保护投资者合法权益，促进我国资本市场稳定健康发展”。《指引》第 1 条也表明该指引的制定目的在于“有效打击和防范内幕交易行为，维护证券市场秩序”。这些表述和欧盟反市场滥用相关立法的宗旨十分相似，都体现出了平等论的精神。我国证券、期货法律制度历来以公平、公开、公正为基本原则，这一原则更印证了我国内幕交易法律制度的平等论内核。

---

〔1〕 上海市高级人民法院民事判决书，(2014)沪二中民六商(初)字第 128 号。

三、杂糅形态平等论进路下的关键问题

(一)平等论与关系论杂糅易导致法律争议

平等论与关系论的杂糅使我国在内幕交易监管中容易产生法律争议。以光大乌龙指事件为例，2013年8月16日11时5分光大证券因系统程序错误造成的天量股票下单引起了A股市场瞬间暴涨，为减少损失，光大证券在未公布相关信息的情况下通过ETF和股指期货进行了对冲。经过立案调查，中国证监会于8月30日将事发当日下午的对冲行为认定为内幕交易，决定没收光大证券违法所得并处以5倍罚款。[1]

根据证监会对光大证券作出的行政处罚决定，本案中证监会认定的内幕交易行为分两种，一是将所持股票转换为ETF并卖出的行为，二是卖出股指期货空头合约的行为。[2]根据我国的金融法律框架，前者适用证券法，后者适用期货法。因此，证监会首先分别援引了《证券法》和《期货交易管理条例》中界定内幕信息的条款[3]，确定“光大证券在进行ETF套利交易时，因程序错误，其所使用的策略交易系统以234亿元的巨量资金申购180ETF成

---

〔1〕 参见中国证监会:《光大证券异常交易事件的调查处理情况》，载中国证券监督管理委员会网2014年4月14日，http://www.csrc.gov.cn/pub/newsite/zjhxwfb/xwdd/201308/t20130830_233365.htm。

〔2〕 参见《中国证监会行政处罚决定书(光大证券股份有限公司、徐某明、杨某忠等5名责任人)》(〔2013〕59号)，发文日期:2013年11月1日。

〔3〕 2005年《证券法》第75条第2款第8项、《期货交易管理条例》第82条第1款第11项。

份股，实际成交72.7亿元”为内幕信息。[1]然后根据《证券法》和《期货交易管理条例》中关于内幕交易的规定[2]，将上述两个行为分别认定为证券法下和期货法下的内幕交易。

这一认定结果引起了理论界与实务界的激烈争论。反对者认为光大证券本身“不应是内幕交易人”，在本案中“期货和ETF并非内幕交易的对象”[3]；光大事件中的“内幕信息与光大所交易的对象之间无法建立起明确的单线对应关系，因而无法纳入现行法的规制”[4]。支持者认为“数额如此大的错单交易已经对市场产生重大显著影响，足以影响投资者判断，大面积的证券异动以及股指期货市场的异动，已经属于内幕信息范畴”。[5]也有人指出，根据成熟资本市场国家的实践，此类案件一般不会被判为内幕交易；[6]但又有实务界人士称，各国监管机关的尺度和标准都不一

---

〔1〕 参见《中国证监会行政处罚决定书（光大证券股份有限公司、徐某明、杨某忠等5名责任人）》（〔2013〕59号），发文日期：2013年11月1日。

〔2〕 2005年《证券法》第202条规定：“证券交易内幕信息的知情人或者非法获取内幕信息的人，在涉及证券的发行、交易或者其他对证券的价格有重大影响的信息公开前，买卖该证券，或者泄露该信息，或者建议他人买卖该证券的，责令依法处理非法持有的证券，没收违法所得……”《期货交易管理条例》第73条规定：“期货交易内幕信息的知情人或者非法获取期货交易内幕信息的人，在对期货交易价格有重大影响的信息尚未公开前，利用内幕信息从事期货交易，或者向他人泄露内幕信息，使他人利用内幕信息进行期货交易的，没收违法所得……”

〔3〕 缪因知：《光大证券事件行政处罚与民事索赔之合法性质疑》，载《法学》2014年第1期。

〔4〕 陈洁、曾洋：《对“8·16光大事件”内幕交易定性之质疑》，载《法学评论》2014年第1期。

〔5〕 参见程丹：《学者律师热议杨剑波案 两争论成焦点》，载《证券时报》2014年4月10日，A02版。

〔6〕 参见杨璐：《光大乌龙指案之三：为何被判“内幕交易”》，载财新网，http://finance.caixin.com/2014-02-16/100639202.html。

样，很难直接套用其他国家的标准。[1]

经过本书第一部分对美国和欧盟内幕交易制度发展历程的梳理以及对其中蕴含的关系论和平等论的分析，我们很容易看出，上述争论很大程度上是由于没有区分平等论和关系论之理念才产生的。假如我国采用的是美国热衷的关系论，则光大证券与交易对手方之间并无信义关系或其他信赖关系，因此其对冲行为不应被认定为违法的内幕交易；如果我国采用的是平等论，则光大证券在属于内幕交易行为主体的情况下应当在进行对冲交易之前披露错单信息，否则就不能利用错单信息进行交易。[2]

我国关系论与平等论杂糅的内幕交易监管形态所导致的法律争议在这一极端案例中得到了集中反映。随着我国金融市场的进一步发展，类似的争议还将继续存在，因此，从法律层面明确我国的平等论显得尤为迫切。

（二）有关"非法获取内幕信息的人"范围的法律依据不明确

通过对我国内幕交易立法和案例的分析可以看出，我国内幕交易制度目前存在的另一个严重问题，实际上是行政相对人无法

---

〔1〕 参见杨璐：《光大乌龙指案之三：为何被判"内幕交易"》，载财新网，http://finance.caixin.com/2014-02-16/100639202.html。

〔2〕 不过笔者并未发现能把光大证券纳入内幕交易行为主体的法律依据。一方面，光大证券不属于任何《证券法》及其授权规定或《期货交易管理条例》中列举的内幕信息知情人。《信批通知》中虽然将上市公司列为内幕信息知情人，但只在内幕信息属于"正在筹划中的可能影响公司股价的重大事项"时，上市公司等才属于内幕信息知情人，而错单信息显然不属于正在筹划中的事项。另一方面，即使按照最宽泛的解释，光大证券也不属于非法获取内幕信息的人。《杨某波与中国证券监督管理委员会处罚决定上诉案北京市高级人民法院行政判决书》[（2015）高行终字第943号]将光大证券认定为内幕信息知情人，但没有说明原因。

从法律层面直接判断什么样的人会成为内幕交易的行为主体。

如前所述，中国证监会一方面通过不断制定行政法规增加“内幕信息知情人”的范围，另一方面结合相关司法解释对“非法获取内幕信息的人”进行扩大解释，从而在实践中大幅扩大了我国内幕交易的行为主体。虽然通过行政法规对主体进行列举难免挂一漏万，但证监会对“非法获取内幕信息的人”的解释和适用，实际上已经将我国内幕信息行为主体的范围扩大到几乎可以包括任何人了。

这本身并不是问题。因为在同样以平等论为指导的欧盟，内幕交易的行为主体就是任何人，即原始内幕人加上原始内幕人之外的任何人——次级内幕人。只不过这个次级内幕人需要具备一个主观条件，即知道或应当知道其所持有的信息是内幕信息。中国虽然没有对“知悉”要件进行明文规定，但其实证监会在办案时还是倾向对此进行调查举证，[1]只不过有时证据不那么直接，不得不通过综合各方面证据进行判断。由此看来，我国的非法获取内幕信息的人和欧盟的次级内幕人并没有太大差别。[2]

但问题是，“中国法下内幕交易行为主体几乎包括任何人”这一关键结论，从我国的证券法律制度中是无法直接得出的。要得到这样的结论，行政相对人除了要了解《证券法》上的相关条款

〔1〕 夏中宝：《从“身份中心主义”到“信息中心主义”——内幕交易主体法律规制之变迁》，载《金融服务法评论》第6卷，法律出版社2014年版，第181页。

〔2〕 差别仅在于“非法获取内幕信息的人”无法囊括履行相应监管职责的单位和信息来源方自身，但后者通常会被包含在“内幕信息知情人”范围中。

之外，至少还要看到岳某斌内幕交易案的行政处罚决定书，最好还能理解证监会在“两高”出台《内幕交易刑事解释》过程中所扮演的角色以及该解释的内容，并且认识到证监会在后续的实务中实际适用了该解释。这样高的要求，除了证监会自己之外，恐怕很少有其他人能达到。换句话说，在我国，可能承担行政责任的内幕交易行为主体的范围是难以为人所知的，而这显然有违法治精神。美国学者甚至指出，我国证监会的行政执法超越了法律，违反了《行政处罚法》。[1]一方面，这种法律的不确定性造成了域外对我国法治现状的质疑；另一方面，其更现实的后果是会增加市场参与者的合规成本，降低市场的活跃程度，并引起潜在投资者，尤其是境外投资者的流失。因此，有必要采用法律法规的形式将“非法获取内幕信息的人”的范围明确化。

小　结

通过本部分对我国内幕交易监管制度历史的全面梳理，可以发现我国的内幕交易监管进路经历了从平等论到关系论，又回归平等论的过程。其具体表现为，我国的内幕交易制度在1999年《证券法》出台前属于典型的平等论进路；1999年《证券法》出台后变为带有关系论色彩的平等论；2006年，随着《股票条例》和

---

〔1〕 参见[美]郝山：《中国过于宽泛的内幕交易执法制度——法定授权和机构实践》，载《交大法学》2014年第2期。

《禁止欺诈办法》的实际失效，关系论忽然在我国成为主导理论；2007年至2021年，我国通过各类规范性文件以及证监会对法律的解释，使我国实质上回归了平等论，但由于在法律移植中缺乏对这两种理论的清楚认识，导致我国内幕交易监管制度呈现为杂糅关系论色彩的平等论形态。这种杂糅形态造成了两大问题：一是平等论和关系论的潜在冲突使我国在界定内幕交易行为时容易引起法律争议。二是内幕交易行为主体的范围欠缺直观的法律依据。这两大问题，需要通过对我国法律制度的适当调整来解决。

至于人们常常争议的“利用”要件，从我国内幕交易制度的发展史和2005年《证券法》的修订情况来看，我国证券法无疑是要求“利用”要件的。这就决定了我国的豁免规则不需要列举未利用内幕信息的行为。不过，鉴于我国使用的是“推定利用说”，在某些情况下仍有必要做出相应的补充性规定。

可以看出，我国的证券监督管理部门在制定内幕交易规范和实施监管上具有较强的主观能动性。它通过颁布一系列规范性文件以及在具体案例中对法律进行实质性解释的方式，提升了自身享有的不完备法律理论意义上的“剩余立法权”，构成了不完备法律理论方面的中国经验。

第四章　两种监管进路下的内幕交易豁免制度

内幕交易之豁免的概念已经清晰，豁免原则已经明确，接下来要讨论的是更为具体的豁免制度。

一、两大监管进路指导下的分类

区分平等论和关系论，是正确认识当今世界两大法域（美国和欧盟）内幕交易监管制度的基础。没有对两种理论的清晰概念，不辨别法律中信义关系要求的存否，就很难理解不同法域在内幕交易的主体要件、行为样态、民事救济、法益保护等方面迥然不同的原因，更无法理解为何某些国家的内幕交易豁免类别要远多于另一些国家。同时，不区分关系论和平等论，也很难在比较法视野下有效地厘清不同法域内幕交易构成要件上的细微区别，容易陷入各国不同构成要件之间无限的区别和细节之中。进一步地，如果对构成要件缺乏有条理的认识，则必然会导致内幕交易抗辩理由之研究的困难。分清两种理论，一方面有助于将“豁免”从含义广泛的抗辩之中分离出来，从而进行专门的制度设计；另一方面也能从两大理论的角度对豁免情形进行分类，以便更好地理解域外豁免制度，同时有助于我国这种经常移植域外法的国家合理制定自己的豁免制度。

在讨论具体豁免情形时，区分平等论和关系论有助于有效地厘清不同法域内幕交易构成要件上的细微区别，从而帮助理解域外豁免制度。理论上，在两种理论进路下均可适用的豁免情形包括预定交易安排（含回购计划）、信息隔离制度、安定操作，以及其他正当情形；仅需在平等论法域使用的豁免情形包括要约收购中的收购方、要约收购之外的自身交易信息、公权力机构和国际组织履行特定职责等。可以做出此种区分的原因在于，后面这三种在平等论法域中需要被豁免的情形，在关系论法域中常常并不符合内幕交易的构成要件，即行为人没有相应的信义义务，因此也就无须专门为其提供豁免规则。例如，要约收购中的收购方对拟被收购的目标公司通常并不负有信义义务，因此在关系论的场景中无须专门规定豁免。

需注意，本书对不同豁免情形的分类主要是基于理论上的。现实中，由于不同国家的具体法律制度不同，所以理论上的类型，立法中未必有规定。而且有的国家仅在特定领域内实施平等论，例如美国仅在要约收购领域采纳平等论。因此，这种分类并不是基于国家的分类，而是主要基于平等论和关系论之区别的分类。

二、两大监管进路均可适用的豁免情形

（一）预定交易安排

1. 豁免性质的辨析

内幕交易监管领域所说的“预定交易安排”，简单来说就是行为人在持有内幕信息之前就已经制定了的、明确具体的交易安排，其表现形式可以是合同、制度或计划。这一豁免情形在关系论和平等论法域均有规定的原因主要在于知悉说在这两种法域中均有采纳。因为如果监管机关仅通过异常交易和行为人知悉内幕信息就推定行为人从事了内幕交易，则根据之前的计划或合同安排而从事的交易可能会被直接认定为违法的内幕交易。

预定交易安排应被界定为内幕交易的豁免还是抗辩，在某种程度上与法律是否要求“利用”要件相关（后面的信息隔离制度豁免也存在类似问题）。如果法律未将行为人“利用”内幕信息作为构成违法内幕交易的要件，那么预定交易安排必然应被认定为“豁免”——因为在不考虑其他要件的情况下，无论行为人是否利用了预定交易安排，他的行为都会符合内幕交易的狭义构成要件。但如果法律要求“利用”要件，行为人是否利用了内幕信息则存在不确定性，则此时应当将预定交易安排作为豁免还是抗辩呢？让我们来设想这样一种情景：行为人在做出了具体的交易安排之后，获悉了能使该交易的收益增加的的内幕信息，但该行为人并没有因此加大交易金额，也没有对该计划做任何其他修改。

理论上，如果他利用了内幕信息，则符合内幕交易的主观要件，当立法不把此种情况纳入违法范畴时，则预定交易安排应属于豁免；而如果他没有利用内幕信息，就不符合主观要件，则预定交易安排可直接作为抗辩。但现实中，在上述情景下，无论行为人的内心活动如何，任何人都很难判断其是否利用了内幕信息，甚至连行为人自己都说不清楚。此时，行为人是否利用了内幕信息，简直比“薛定谔的猫”更让人难以捉摸。但换一个角度来说，他是否利用了内幕信息其实根本无关紧要，因为他本来也是要实施这项交易的，他是否“利用”内幕信息并不会对其他人乃至市场有任何影响。

再举一个极端的例子：在取消交易订单或指令也属于法律规定的内幕交易行为样态的情况下，行为人本来打算取消一份买入证券的订单，但从内幕信息的知情人处获悉了相关利好内幕信息后，他决定不取消订单了。从行为人的心理活动来看，他确实利用了内幕信息，因此确实符合内幕交易的主观意图。如果立法者不打算将这种行为视作违法的内幕交易，则只能将预定交易安排界定为“豁免”，而不是抗辩。

由此看来，无论法律是否对利用要件有所要求，将预定交易安排界定为豁免都是更为合理的。虽然理论上预定交易安排在某个难以捉摸的心理状态下可能应被界定为抗辩，但行为人的这种心理状态并不影响他人利益和社会利益，因此探求他的心理状态毫无意义。综上，预定交易安排应当被界定为内幕交易的豁免。

由于美国在预定交易安排的豁免方面是先行者，且其相关制度更为详细，因此本部分将先从美国的制度来讨论预定交易安排的豁免问题，之后会介绍欧盟回购计划的豁免。

2. 美国的预定交易安排豁免

为了解决“知悉”与“利用”之争，美国 SEC 在 2000 年通过的 10b5–1 规则〔1〕中试图用“知悉说”代替不为法院所接受的“持有说”，即认为“知悉”〔2〕内幕信息即可满足法律对主观方面的要件，而不必探究行为人是否“利用”了内幕信息。对此，SEC 给出的理由是“知悉说”比“推定利用说”更清晰、更确定。〔3〕为了避免打击范围过大，该规则中的 10b5–1（c）同时规定了预定交易安排的免责条款，并将其称为“积极抗辩”（affirmative defense）。〔4〕

整体而言，10b5−1（c）规则中有关预定交易安排豁免的核心意思在于，如果行为人在知悉内幕信息之前已经对未来的交易做出了安排，那么这种交易就不属于内幕交易。这种预先安排的具体表现可以是签订证券买卖合同，委托他人执行证券买卖，以及

---

〔1〕 17 C.F.R. § 240.10b5−1.

〔2〕 SEC 认为“知悉”在英文上的含义很明确，意指“having knowledge; conscious; cognizant”。See SEC, *Final Rule: Selective Disclosure and Insider Trading*, U.S.Securities and Exchange Commission, https://www.sec.gov/rules/final/33−7881.htm#P248_95237, 2018−3−14.

〔3〕 See SEC, *Final Rule: Selective Disclosure and Insider Trading*, U.S.Securities and Exchange Commission, https://www.sec.gov/rules/final/33−7881.htm#P248_95237, 2018−3−14.

〔4〕 尽管如此，SEC 采纳“知悉说”并彻底摒弃“利用说”的做法并未得到法院的普遍认可，在学术界也产生了广泛争议。

制订书面的交易计划[1]，等等。比较常见的例子包括，上市公司大股东减持前提前披露减持计划，股民在未开盘时通过电脑下达股票交易订单等。

这种豁免规则在适用时应当注意以下几个方面：

一是明确性，即预定交易安排在交易数量、交易价格、交易日期等方面必须足够明确。如果在这些方面有确定的数字，那这种安排当然是符合明确性要求的；同时，如果能够通过公式、算法或电脑程序等确定出这样的数字，也同样被认为是具有明确性的。关于明确性的问题，前面提到的 2013 年 8 月 16 日在中国发生的光大乌龙指事件可以作为一个反面的例子。事发当天，光大证券的策略投资部在进行自营业务软件的实盘测试时发生了巨额的股票错单情况，该公司在发现问题之后当天即通过 ETF 和股指期货进行了反向交易。事件发生后，中国证监会将该公司的反向交易认定为违法的内幕交易。光大证券在向证监会进行陈述申辩时称，事发当天所做的对冲交易是按照该公司内部的《策略投资部业务管理制度》进行的操作，属于按照预定计划进行的合规且正当的操作。[2]对此，中国证监会给出的回复并不十分具有说

---

〔1〕 10b5-1(c)规则强调交易计划必须采纳书面形式，但对买卖合同和委托他人执行买卖的情况并未要求采纳书面形式。

〔2〕 参见《中国证监会行政处罚决定书(光大证券股份有限公司、徐某明、杨某忠等 5 名责任人)》([2013]59 号)。

服力。[1]从预定交易安排之豁免的原理来看，更有力的回复应当是光大内部的制度并不具有明确性。该制度规定，如果发生系统故障，并由此产生交易异常的情况，应当考虑及时通过股指期货、ETF等工具进行对冲，从而控制风险，使部门风险敞口可控，维持市场中性。[2]可以看出，这一制度虽然写明了采取对冲行动的情况，但没有具体说明如何确定对冲的时间、价格和数量，从而不具有预定交易安排之豁免对明确性的要求，因此不足以构成内幕交易的豁免。当然，按照美国采纳的信义关系理论，该案本身并不会被作为违法的内幕交易来处理，此处只是用以说明预定交易安排的明确性要求。

二是行为人需断绝后续影响力。"断绝后续影响"的意思是，行为人在知悉内幕信息之后不能对之前制定的预定交易安排施加影响。也就是说，如果行为人在知悉内幕信息后对交易安排本身或其实施过程等施加了影响，则不能适用该项豁免。行为人在知悉内幕信息后修改预定交易安排中的时间、金额等要素是比较常见的未断绝后续影响的情形。此外，还有几种特殊情况需要说

〔1〕 证监会驳回这一申诉的理由是："按照光大证券《策略投资部业务管理制度》的规定和策略投资的原理，光大证券可以进行正常的对冲交易，但是光大证券决策层了解相关事件的重大性之后，在没有向社会公开之前进行的交易，并非针对可能遇到的风险进行一般对冲交易的既定安排，而是利用内幕信息进行的交易。"参见《中国证监会行政处罚决定书（光大证券股份有限公司、徐某明、杨某忠等5名责任人）》(〔2013〕59号)。

〔2〕 制度原文为："如果因市场出现流动性急剧下降、市场压力、系统故障及其他原因而导致交易异常，应考虑采用合适的对冲工具（包括但不限于股指期货、ETF等）及时控制风险，进行对冲交易，以保证部门整体风险敞口处于可控范围，保持市场中性。"参见上海市高级人民法院民事判决书，(2016)沪民终208号。

明。例如，行为人用股票作为担保向银行贷款，贷款到期后，行为人得到了利空该股票的内幕信息，因此在有清偿能力的情况下却不偿还贷款，导致银行为行使债权之目的而按照双方贷款协议的约定出售股票。虽然这确实属于按照事先约定买卖证券，但 SEC 认为此种情况不能适用豁免，因为行为人本可以清偿债务，却没有清偿，属于施加了后续影响力。再如，行为人通过融资融券的方式从事证券交易，在其担保物低于规定的最低比例时却没有追加保证金，从而导致经纪商按规定强行平仓。这种情况和前一种情况类似，都会被 SEC 认定为施加了后续影响力，因此不能适用豁免。不过，行为人在知悉内幕信息之前施加影响的，由于其行为缺乏内幕信息的要素，所以本来也不涉及内幕交易问题，因此并不影响该项豁免规则的后续适用。

三是行为人需善意行事。也就是说，故意规避内幕交易法的行为不能适用豁免条款。例如，行为人制定了一份包含一系列证券交易的书面计划，但只选择性地执行其中的一部分。这种情况就属于故意规避法律，因此不能得到豁免。不过，由于美国《1934 年证券交易法》仅禁止“与证券买卖有关”的内幕交易，所以对于行为人终止或暂停执行预定交易安排这种最终没有从事证券交易的情形，形成了一个法律漏洞。一项大规模的实证研究发现，美国的公司中通过预定交易安排从事股票交易的内部人比没有通过预定交易安排从事交易的内部人在 6 个月中获得的利润高 4.1%。这种情况很大可能是由内部人在预定交易安排下进行选择性终止交易所造成的。[1]针对这种可能性，有学者提出应当禁止内部人在知悉内幕信息之后终止预定交易安排。[2]

3. 欧盟的回购计划

与美国将回购计划统一纳入预定交易安排中作为豁免事项的做法不同，欧盟将回购计划单独作为反市场滥用制度的安全港之一进行了详细规定。

回购是指发行人通过现金等方式从市场上买回自己已经发行在外的股份的行为。发行人是否可以回购股份是存在争议的：有观点认为公司回购股份的决定往往是公司的高级管理人员做出的，这些人基于他们的身份能够比其他人更早知悉重大未公开信息，而由于该信息具有重大性，所以经营决策人员很可能利用该内幕信息进行内幕交易，甚至利用公司资金对股价进行炒作。因此，持这种观点的人主张应该禁止发行人回购股份。也有观点认为，公司很可能基于商业考虑而从市场上回购股份，这样的行为是正当的商业行为，法律不应当对其予以禁止。面对这样的争议，欧盟使用了折衷的方法，认为发行人除非具有法定的正当理由，否则原则上不可以回购股份。欧盟在《2014 年反市场滥用条例》中规定的正当理由包括：第一，减少发行人的资本；第二，债转股的需要；第三，股票期权计划或员工持股计划等分配计划的

---

〔1〕 See Alan D.Jagolinzer, *SEC Rule 10b5-1 and Insiders'Strategic Trade*, Management Science, Vol.55, No.2, p.224–239(2009).

〔2〕 See Jesse M.Fried, *Insider Abstention*, Social Science Electronic Publishing, Vol.113, No.2, p.455–492(2003).

需要。[1]

根据《2014年反市场滥用条例》第5条，回购计划在满足下列各项条件时可以不受内幕交易和市场操作的禁止性条款的限制：(1)在交易开始前已经披露计划的完整细节；(2)该交易被作为回购计划的一部分向有权机关报告，且充分向公众披露；(3)符合对价格和数量的限制；(4)其执行目标属于前述正当理由之一；(5)符合欧洲证券与市场管理局(ESMA)制定的监管技术标准(RTS)。[2]

关于监管技术标准，早在欧盟颁布《2003年反市场滥用指令》时，曾同时颁布《回购计划豁免与金融工具稳定指令》(以下简称《豁免指令》)，[3]作为回购计划和安定操作两项豁免的具体实施细则。不过，在《2014年反市场滥用条例》颁布时，这项指令便被废止了。目前仅有2015年ESMA根据《2014年反市场滥用条例》的授权所制定的一份《反市场滥用条例技术标准草案》，[4]该草案延续了《豁免指令》的不少内容，具体规定了对回购计划和安定操作两类交易的条件、时间和数额限制、披露和报告义务，

---

〔1〕 See Regulation (EU) No. 596/2014 on market abuse (market abuse regulation), Article 5(2).

〔2〕 See Regulation (EU) No. 596/2014 on market abuse (market abuse regulation), Article 5.

〔3〕 Commission Regulation (EC) No.2273/2003 of December 22, 2003 implementing Directive 2003/6/EC of the European Parliament and of the Council as regards exemptions for buy-back programmes and stabilisation of financial instruments. *O J* L 399.23/12/2003.

〔4〕 ESMA Final Report-Draft technical standards on the Market Abuse Regulation, available at https://www.esma.europa.eu/sites/default/files/library/2015/11/2015-esma-1455_-_final_report_mar_ts.pdf.

以及价格限制等方面的要求。

（二）安定操作

安定操作（stabilisation）是配合承销制度而来的。在新股发行时，承销商为了将证券价格维持在特定范围内，会采取买入或卖出的方式阻止有价证券价格变动，防止或延迟证券价格上涨或下跌。这种安定操作可以抑制股价的急剧变化，避免投资者遭受重大损失。但是，由于安定操作是以人为方式介入股价的形成，因此可能对证券的供求关系发出错误或误导性信号，[1]进而导致投资者遭受损害。

美国法在原则上禁止安定操作，同时在满足限定条件的情况下允许少部分安定操作，将法律允许的安定操作行为限定为小范围内的某些具体交易行为。除特殊例外情况外，证券的发行人、承销商以及其他任何参与某证券发行的人要约购买或者购买任何数量的正在发行的该证券的行为，均属非法。不过，正因为美国认为除规定范围之内的安定操作外，其他安定操作均属非法，所以也就没有将其专门列入内幕交易的豁免规则当中。

与美国的做法不同，欧共体早在 1989 年时就将安定操作纳入了内幕交易的豁免当中。[2]欧洲委员会认为，安定操作是一种可

〔1〕 ESMA Final Report-Draft technical standards on the Market Abuse Regulation ¶37（p.17），available at https：//www.esma.europa.eu/sites/default/files/library/2015/11/2015-esma-1455_-_final_report_mar_ts.pdf.

〔2〕 See Council Directive 89/592/EEC of 13 November 1989 coordinating regulations on insider dealing，*O.J.* 1989，L 334/30.

以在短期内支撑有价证券的价格的市场行为，能够有效缓解因投资者的短期投资所形成的卖压（售出压力），在发行证券时也可以避免短时间内因供过于求所造成的股价下跌的情况。如果证券价格被低估，安定操作反而可以起到增加投资者与发行人对证券市场的信心的作用。因此，欧洲委员会认为如果能把安定操作中的滥用情况排除掉，取其精华去其糟粕，那么就可以接受安定操作。所以，在证券进行“重大发行”（significant distribution，指首次发行和增发）的时候，可以为支持该证券价格之目的在预定时间内通过购买或要约购买的方式进行安定操作，从而缓解暂时性供给过剩所形成的卖压。

欧盟对安定操作的豁免适用于“重大发行”的场合，且其目的必须仅是维持股价，而不能压制股价。欧盟的这种安排主要是考虑到证券的大量供给可能引发短时供给过剩，所以此时实施安定操作是为了确保证券的顺利发行。欧盟为避免人为炒作，对发行之外的场合则仍持保留的态度。不过欧盟成员方仍然可以根据自身政策的考量将安定操作的豁免条款扩张至其他场合。

由于安定操作很可能被用于市场操纵或内幕交易，所以欧盟制定了具体规则限制这一豁免的适用。欧盟对安定操作的时间、价格有严格限制，同时规定对于安定操作的相关信息应对公众做充分披露并向主管机关报告。具体而言，安定操作必须满足以下条件：在特定时间段进行；与安定操作相关的信息已依法披露且向相关机关报告；符合对价格的充分限制；安定操作交易符合

ESMA 规定的交易条件、时间和数额限制、披露和报告义务，以及价格限制等监管技术标准（RTS）；所有安定操作交易的细节应在交易执行日后的第七个交易日时段结束之前，由从事安定操作的发行人、要约人或其他机构向相关机关报告。[1]

首先，在时间限制方面，ESMA 的《反市场滥用条例技术标准草案》建议根据股权和债券的不同性质进行具体规定，同时，对于首次发行上市的股权或类似股权的证券，其给出的时间段是自证券在交易场所开始交易之日起不超过 30 日。对于“再次发行”的情况，则安定操作的规定时间段自证券最终价格向公众充分披露之日起，至不超过配售日之后的 30 日。对于债券和其他可转债，规定时间段自要约条款向公众充分披露之日起，至不晚于发行人收到当次发行募集款项后 30 日或配售日之后 60 日中较早者为止。[2]

其次，在披露和报告义务方面，《反市场滥用条例技术标准草案》指出，保证市场透明度是防止市场滥用的先决条件，因此，发行人或其他从事安定操作的机构必须采取有效的方式向公众充分披露操作活动。第一，在证券发行开始之前，就应当充分披露这几种情况：（1）可能采取安定操作；（2）不保证一定会采取安定操

〔1〕 See Regulation（EU）No. 596/2014 on market abuse（market abuse regulation），Article 5（4）–（6）.

〔2〕 ESMA Final Report–Draft technical standards on the Market Abuse Regulation ¶38–40（p.17），available at https：//www.esma.europa.eu/sites/default/files/library/2015/11/2015–esma–1455_–_final_report_mar_ts.pdf.

作;(3)可能随时停止安定操作。第二,应当充分公开披露可能进行安定操作的期间、是否在交易场所之内进行,而且还要披露安定操作将用于支撑市场价格的事实。第三,应当在实施安定操作之前披露操作主体。需注意,操作主体有记录每一项安定操作指令和交易的义务。第四,如存在超额配售或超额配售选择权(绿鞋),那么就要披露其最大额度,并且披露适用超额配售或行使超额配售选择权的各项条件。此外,按照《2014年反市场滥用条例》的规定,所有安定操作交易的细节应在交易执行日后的第七个交易日结束之前,由操作主体向有权机关报告。[1]

最后,在价格限制方面,ESMA认为,为了避免被用于哄抬价格,安定操作必须满足特定的价格条件。对于发行股票或其他相当于股票的证券,安定操作的执行价格在任何情况下都不得高于发行价;对于发行可转债,在任何情况下都不得高于公开披露要约最终条款时可转债的市场价格。[2]

(三)信息隔离制度(中国墙)

信息隔离制度,又称"中国墙"或"信息隔离墙",一般是指能接触到内幕信息的法人或其他组织为控制内幕信息及其他未公开信息的不当流动和使用而采取的一系列管理措施。这种制度一

---

〔1〕 ESMA Final Report-Draft technical standards on the Market Abuse Regulation ¶41-50(p.18-19), available at https://www.esma.europa.eu/sites/default/files/library/2015/11/2015-esma-1455_-_final_report_mar_ts.pdf.

〔2〕 ESMA Final Report-Draft technical standards on the Market Abuse Regulation ¶51-52(p.19), available at https://www.esma.europa.eu/sites/default/files/library/2015/11/2015-esma-1455_-_final_report_mar_ts.pdf.

方面是一种内幕交易预防制度，另一方面，在严格执行的情况下，可以豁免法人或其他组织的内幕交易责任。但这种豁免并不适用于在法人或其他组织中从事内幕交易的个人。我国目前也已在相关领域建立了此类信息隔离制度。

美国 SEC 在根据《1934 年证券交易法》授权制定的 14e-3 规则中明文规定了中国墙制度及相应的内幕交易豁免规则。该规则规定，如果一个机构能表明自己实施了合理的、符合自身经营性质的政策和措施，以便确保做出投资决定的个人不会违反内幕交易规定，那么这个机构就被视作不违反内幕交易规定。这里的政策和措施包括但不限于限制交易和促成交易的政策和程序，以及防止此类个人知悉重大未公开信息的政策和程序。也就是说，即使该机构没能完全封锁住内幕信息的流通，但只要能证明其采取了充足的预防措施，就不能抹杀其预防内幕交易的努力。简言之，金融机构只要采取中国墙制度，就可能被豁免内幕交易责任，从而降低因内幕交易而被追诉的风险；但也并不是有中国墙制度，就能免除该机构的内幕交易责任。

“中国墙”的作用一方面是防止重要信息不当流动、使用而可能产生的利益冲突；另一方面就在于防止内幕交易。“中国墙”通过预防内幕信息流动到其他所有潜在的内幕信息传递人，来防范内幕交易扩大化。美国 1988 年通过的《内幕交易及证券欺诈禁止法》第 15(f)条将设立中国墙制度明确作为证券公司应当遵守的义务，要求券商建立、维持及执行合理设计的书面政策和程序，以防止内幕交易，并授权SEC制定管理规则。此外，具有“控制力的人”（与证券业务相关的律师事务所、会计师事务所与银行等）因故意或重大过失未采取中国墙制度防止其内部员工不当传递、使用其信息时，SEC也可依法实施行政处罚措施。《1940年投资顾问法》同时增加了第204A条，对投资顾问做出了相同的规范。[1]

中国墙的内幕交易豁免规范需要有相关配套措施，才能得以实施。美国典型的中国墙措施包括：(1)培训员工注意并防止重大未公开信息的不当传递；(2)限制雇员买卖有价证券；(3)物理隔离：如通过不同建筑物或不同楼层隔离不同的部门，限制接近机密性的档案、电脑设备或办公室；(4)分离公司的投资银行部门；(5)限制套利交易。公司其他配套措施可包括：(1)设立“限制名单”，拥有重大信息的公司可将某些发行人列在名单上，禁止公司其他部门买卖或推荐与发行人有关的证券。(2)设立“观察名单”，在名单上列出公司知悉的未公开信息，如果公司有相关交易，公司会进行严格监管。由于公司高管为了公司的正常运作常常需要接触其他部门的事务，因此合法跨墙行为以及部门间的沟通也可能使中国墙无法发挥作用，公司应对这种情形予以特别监督。

欧盟在《2014年反市场滥用条例》中也规定了中国墙的内幕交易豁免规则。该法第9条规定，在满足下列两项条件的情况

---

〔1〕 参见何佳蓉：《从比较法观点论内线交易豁免规定之可能性》，台湾大学2013年硕士学位论文，第69页。

下，不能仅仅因为法人持有或曾经持有内幕信息的事实而认定该法人已经利用了该信息并因此从事了内幕交易。条件一是法人已经建立、实施和维持充分有效的内部安排和程序，能有效防止代表法人作出交易决定的自然人或其他可能对交易决定有影响的自然人不会持有相关内幕信息。条件二是法人没有鼓励、推荐、引诱或以其他方式影响代表法人从事相关交易的自然人。[1]

（四）其他正当情形

除了上述事项之外，还有其他符合正当原则或明显效率原则的情况可以被豁免。鉴于某些内幕交易具有典型性，它们被安排在本部分。例如，做市商和交易对手方合法履行职责[2]，以及其他合法履行职责、义务的情况。这里的义务，既可以是法定义务，也可以是合法的约定义务。例如，经纪人执行客户交易订单，就属于履行约定义务。

另外，根据公开资料进行研究和预测而得出的结论，各国一般均不作为内幕信息处理。这主要是效率上的考虑，因为对此进行禁止将降低市场参与者信息收集的动力，进而有损市场价格发现之功能。不过，利用这种信息从事交易也并不是完全能被豁免的。例如，定期发布的统计数据或研究结果，甚至某些权威评论员或评论机构的观点，如果可能影响相关金融商品的价格，则也

---

〔1〕 DIRECTIVE 2003/6/EC on insider dealing and market manipulation (market abuse), *OJ L 96*, 12.4.2003, Artical 9.

〔2〕 See Regulation (EU) No. 596/2014 on market abuse (market abuse regulation), Article 9.

可能构成内幕信息。[1]

还有一些善意的行为，应当得到豁免。例如，因发现欺诈而从事内幕交易似乎就应当得到豁免。[2]这个问题有很大的讨论空间。如果有人发现上市公司存在财务造假或其他违法行为，而这一违法情况又尚未被公众知晓，那么他利用该信息从事交易，如果影响足够大的话，则可以帮助市场及早发现公司的欺诈情况。其好处与前面讨论过的“内幕交易能提高市场效率”的理由一致，即有利于信息流动，有助于股票正确定价，减少股价波动等。此外，这种豁免在一定程度上也与信息财产权理论是相吻合的，因为负面信息对社会整体利益通常没什么价值可言，保护这种信息产权，反而可能造成欺诈情况长期被掩盖，进而影响投资者乃至整个社会的利益。

在美国，承担内幕交易的“泄密人—受密人责任”需要满足一个要件，即泄密人是为了个人利益而泄露信息。这个要件的产生，即是源于确立“泄密人—受密人责任”的 Dirks 案。该案中的主角 Dirks 是一家券商的投资分析师，他从某基金公司的前任管理者那里得知该基金公司有大量欺诈行为，经过调查，Dirks 确认了该公司的欺诈行为，并在通知媒体和 SEC 时也把该信息告知了自己的客户，这些客户本来持有大量该基金公司的证券，所以一

---

〔1〕 See Regulation (EU) No. 596/2014 on market abuse (market abuse regulation), Recital (28).

〔2〕 该观点参见缪因知：《反欺诈型内幕交易之合法化》，载《中外法学》2011 年第 5 期。

得到这一消息就抛出了这些证券，避免了损失。结果，SEC 据此认为，Dirks 传递了信息，应当负次要责任。对此，联邦最高法院指出，只有当内幕人“不适当”地向信息受领人提供信息时，信息受领人才应当遵守“或披露或弃绝交易”的规则。而确定不适当的标准，应当是看内部人个人是否直接或间接地从披露行为中获利。如果没有获得个人利益，也就没有违反信义义务。[1]在该案中，泄露信息的原基金公司管理者既没有违反信义义务，也没有获得个人利益，所以违反义务的情况也就不会传递到信息受领人身上。这个案件是一个反欺诈型内幕交易案，但它并不典型，因为泄密人自己并没有从事交易，也没有从泄密中获得个人利益，因此排除泄密人责任相对争议较小。但如果获得了个人利益，这个问题就又会回到那场旷日持久的内幕交易监管之争了。不过至少，单纯揭露欺诈活动的人是不应当承担泄露内幕信息的责任的。这里需要注意的是，由于美国在信息传递领域将内部人以获取“个人利益”为目的而泄露内幕信息作为构成要件，因此，在美国，反欺诈型内幕交易至少在信息泄露领域并不属于豁免，而是广义的抗辩。而由于平等论并没有在要件上限制行为人利用内幕信息的行为是为谋求个人利益，因此，反欺诈型内幕交易和其他善意的行为都可能构成内幕交易的豁免。

其实，“豁免”不仅是法律明确列举的事项，也可以是没有明

---

〔1〕 参见陈舜：《内幕交易理论的普通法基础》，载《证券市场导报》2005 年第 1 期。

文列举的情形。内幕交易豁免制度在世界范围内的发展时间不长，目前很难通过列举的方式做到毫无遗漏，而且豁免本身也不是通过列举就可以穷尽的。因此在内幕交易豁免制度中设立兜底条款是比较合适的。

三、平等论进路特有的豁免情形

（一）要约收购中的收购方

要约收购领域是内幕交易最高发的领域之一。从信息财产权理论的角度看，公司对自己发掘的有社会价值的信息所享有的财产权，应当受到法律的保护。因为在要约收购中，收购方公司为了寻找对其有价值的目标公司而耗费了大量资源，因此，为了保护收购方的信息财产权，应当禁止利用公司的信息为个人利益而非公司利益的交易行为。也就是说，收购方收购目标公司的行为，不仅不应当受到内幕交易制度的禁止，反而应当得到保护。换句话说，在要约收购中，需要被禁止从事内幕交易的是收购方之外的人，而不是收购方。使收购方在正常的并购活动中免于承担内幕交易责任是符合豁免的正当原则和明显效率原则的。收购行为作为一种在大多数情况下能够促进社会整体利益的正当商业行为，如被纳入违法的内幕交易中，会降低市场效率，并不合理。只可惜，信息财产理论并不是监管者直接适用于内幕交易监管中的理论。因此，在实践中，欧美采用的监管方法均是在要约收购领域采纳平等获取信息理论，同时为收购方提供豁免规则。

美国于 1980 年在 Chiarella 案中确立了以信义义务为核心的内幕交易监管制度。为防止要约收购领域内幕交易泛滥，SEC 随即在当年 9 月迅速制定了在该领域适用平等获取信息理论的 14e-3 规则。[1]1997 年，联邦最高法院在 O' Hagan 案中确认了 14e-3 规则的合法性。[2]该规则规定，任何人获悉要约收购股权（tender offer）的消息，如果知道或理应知道该信息尚未公开，且该信息来自内部人的，不得买卖股票，否则将构成内幕交易。该规定不以行为人对股东负信义义务为前提，但以交易行为人知道或应当知道该信息是由内部人取得为其主观要件。该规则同时指出，收购方依法收购目标公司的行为本身，不构成违法。可见，美国在要约收购领域采纳了平等论的进路，并为收购方的收购行为提供了豁免规则。这恰好是信息财产权理论所支持的监管方式。

欧盟方面，《2014 年反市场滥用条例》规定，在公开收购或兼并的情况下，如果目标公司的股东批准兼并或接受要约时一项内幕信息已经公开或已经不再构成内幕信息，那么在这项公开收购或兼并行动中获得该内幕信息，并仅将该内幕信息用于从事此次公开收购或兼并的人，不能仅仅因为持有该内幕信息就被认定为

---

〔1〕 参见项剑：《美国规制要约收购的法律问题研究——兼论中国要约收购法律制度之完善》，厦门大学 2001 年博士学位论文，第 71~78 页。

〔2〕 参见［美］路易斯·罗思、［美］乔尔·赛里格曼：《美国证券监管法基础》，张路等译，法律出版社 2008 年版，第 756 页。

利用了该信息并从事了内幕交易。但这一豁免不适用于小额增持。[1]

从关系论的角度讲，在要约收购中，收购方对目标公司及其股东并没有信义义务，因此，收购方的收购行为并不会在关系论中被作为符合构成要件的违法内幕交易来看待。但按照平等论的观点，收购方收购目标公司的行为由于其自身属性，必然属于内幕交易行为。因为收购方计划收购目标公司这一信息，本身就构成了内幕信息，而收购方利用这一信息进行收购，也就符合了平等论关于内幕交易的构成要件。这正是要约收购中的收购方被纳入平等论所特有的豁免情形之中的原因。

（二）自身交易信息

这种豁免本应分为两种情况，一种情况是用于公司并购领域，即利用自己的信息交易自己的股票的情形。这种豁免比较重要，因此已经在上一部分中进行了专门介绍。另一种情况是利用自己的信息交易并非自己发行的金融工具，一般也属于平等论需要规定的豁免。例如，如果投资者在公开市场上连续进行买入或卖出巨额股票的操作，只要不是故意操纵市场，也不应被作为违法的内幕交易活动处理，尽管此时该投资者的买卖计划已经构成了为他自己所知的内幕信息，而且他也确实利用了该信息从事交易行为。这种利用自身交易信息从事的内幕交易，如果被禁止，

〔1〕 See Regulation (EU) No. 596/2014 on market abuse (market abuse regulation), Article 9.

那么金融市场将难以正常运行。

在澳大利亚，内幕交易适用的成文法是《公司法》，该法对内幕交易规定了多项例外。关于“自有意图”的例外占据了三个条款，其中，第 1043I 条规定，法人团体并不仅仅因为其知道自己意图进行或过去已经进行有关他人发行的金融产品的交易而违反内幕交易相关规定。[1]澳大利亚公司法中的此种例外规定使公司在知道其未来的交易可能对证券价格造成实质影响的情况下得以进行系统性的交易。[2]澳大利亚的这项规定主要针对的是收购情形。

新加坡《证券及期货法》将股票期货等金融商品纳入了“证券”的范围当中，对证券内幕交易进行统一监管，但对其他期货如股指期货和商品期货的内幕交易则不加限制。[3]同时，该法规定了若干豁免情形，[4]其中关于法人内幕交易的例外部分开篇就指出，一个法人并不仅仅因为知道自己意图进行或过去进行的交易或协议而违反内幕交易相关规定。[5]这与同为英联邦国家的澳大利亚十分相似。

---

〔1〕 See Corporations Act 2001 § 1043I(2013), available at http://www.comlaw.gov.au/Details/C2013C00605/Html/Volume_4#_Toc367970223.

〔2〕 Gregory J.Lyon & Jean J.Du Plessis, *The Law of Insider Trading in Australia*, The Federation Press, 2005, p.94.

〔3〕 参见新加坡《证券及期货法》第 214 条关于“证券”的释义。[See Securities and Futures Act of 2001 § 214(2013), available at http://statutes.agc.gov.sg/aol/search/display/view.w3p.]

〔4〕 参见新加坡《证券及期货法》第 222~230 条。

〔5〕 参见新加坡《证券及期货法》第 229 条第 1 款。[“Exception for knowledge of person’s own intentions or activities: A corporation does not contravene section 218(2) or 219(2) by entering into a transaction or agreement in relation to securities merely because it is aware that it proposes to enter into or has previously entered into, one or more transactions or agreements in relation to those securities.”]

新西兰《1988 年证券市场法》在 2008 年修法时对公开发行证券的内幕交易作出了规定,禁止公开发行人的内幕信息知情人交易该发行人的证券。[1]该法有关内幕交易的章节既适用于一般意义上的证券,也适用于包括商品期货、指数期货在内的期货合约[2]等衍生产品。但该法特别对根据自己的交易信息进行证券交易作出了例外规定,即某人并不仅仅因为他知道自己将要进行的或者过去已经进行的相关交易或协议而违反内幕交易规定。[3]此外,为了明确期货合约的适用,新西兰在 2010 年专门以枢密令的形式重申了期货交易监管中的这一例外情形,从而进一步对之前的法律作出澄清。[4]这份枢密令规定,期货合约交易者并不仅仅因为他知道自己过去、现在或将来要从事的、与期货合约及其基础资产相关的商业活动、交易或协议而构成内部人行为。[5]对期货合约中自身交易信息的专门强调,说明新西兰已经意识到市场论可能让一部分善意的交易者承担法律责任。

举例来说,假如某大型石油加工企业为经营目的打算向市场

---

〔1〕 参见新西兰《1998 年证券市场法》第 8C 条。[Securities Markets Act 1988(2013), available at http://legislation.govt.nz/act/public/1988/0234/latest/whole.html#DLM139999.]

〔2〕 参见新西兰《1988 年证券市场法》第 11E 条。

〔3〕 参见新西兰《1988 年证券市场法》第 9C 条。["Exception in case of knowledge of person's own intentions or activities (1) A person (A) does not contravene section 8C merely because A trades the securities with the knowledge that A proposes to enter into, or has previously entered into, 1 or more transactions or agreements in relation to the securities or the public issuer or its business activities."]

〔4〕 See Securities Markets (Insider Trading Exemption—Futures Contracts) Regulations 2010 (2010/354), available at http://legislation.govt.nz/regulation/public/2010/0354/latest/whole.html.

〔5〕 See Securities Markets (Insider Trading Exemption—Futures Contracts) Regulations 2010 § 3.

出售大量石油现货，但又担心因出售量太大造成石油价格下跌，因此在出售石油之前先对石油期货进行了做空操作。在这种情况下，如果法律对内幕交易的主体和信义关系都没有要求，该企业就可能被认定为从事了内幕交易。有了自身交易信息的豁免，该企业就无须承担内幕交易的法律责任。金融期货和衍生品也是相同的道理，金融机构等从事正常的套期保值、套利和投机等交易时不应仅仅因为自己过去曾从事或即将从事的交易而构成内幕交易。当然，如果根据自有信息进行交易的行为中存在其他违法情形，则不一定被豁免。这也是上述三国在法条中都强调“仅仅”二字的原因。例如，基金经理等的老鼠仓等违法行为就不在此种豁免之列。

可以发现，上述豁免中有一种根据自己的想法交易的豁免。这种豁免非常有趣。自己打算交易的想法，别人都不知道，那么确实是具有“未公开性”的。如果自己因为知道自己即将从事影响市场价格的交易而实施了交易，那么从要件上来看确实构成内幕交易，但仅仅因为实施自己的想法而受到法律的责难，实在是有违常理。但这还不像刑法理论中所说的，行为人不因内心想法而受到法律责难，因为行为人确实实施了交易行为。这应该算是内幕交易制度中比较独特的一种豁免，可以说把平等论进路的缺陷认识到了极致。

（三）公权力机构和国际组织履行特定职责

2012 年，美国通过的《禁止利用国会情报交易法》（STOCK

法案）规定，国会议员和联邦政府职员等公职人员对美国和美国人民负有信义义务，因此得以从联邦层面禁止公职人员从事内幕交易。不过，美国并没有在内幕交易领域将对人民的信义义务扩张到政府身上，因此，公权力机构在证券法上目前还算不上是负有信义义务的人。所以，本书将公权力机构履行法定职责的豁免归入平等论进路之下。

相比之下，欧盟发现根据平等论的观点公权力机构和国际组织也成为反市场滥用规则规制的对象。因此，欧盟《2014 年反市场滥用条例》在第 6 条中规定了在履行特定职责时不适用该条例的主体。从欧盟精心罗列各类主体和相关职责的立法方式来看，欧盟显然没有打算将所有公权力机构和国际组织都作为豁免对象。完全被豁免的主体只有欧盟、欧洲投资银行，以及其他以公共债务管理为目的的特定主体。对其他主体的豁免主要从其履行的职责的性质来判断。例如，当成员方或特定组织及其成员或被授权的机构为实现货币、汇率或公共债务管理政策时而产生的交易、订单或行为，不适用该条例。这种豁免尤其适用于对有财政危机的成员方的救助。此外，成员方为实现欧盟共同的农业、渔业政策时也不受该条例限制。对于欧盟或相关系统之外的国家的公共机构和中央银行，欧盟认为应当进行相关的评估方能确定是否豁免。此外，该条例也不适用于为这些组织或机构之目的而行事的雇员。

（四）无“知悉”要件情况下通过偶然途径获得内幕信息的外部人

法律没有在内幕交易制度中规定“知悉”要件时，偶然得到内幕信息的人从事内幕交易，应当得到豁免。外部人并不是法律概念，如果按照美国法的理解，外部人应当是指除内部人和准内部人之外的人。

域外一般不认为偶然取得内幕信息的人应受内幕交易监管制度规制。例如，如果出租车司机听到乘客谈论与证券价格相关的重大未公开信息，并且依据该信息从事了内幕交易，则此种情况具有偶然性，作为二手信息的获得者，该出租车司机一般不应当受到法律谴责。除非该司机通过聊天得知乘客具有内幕信息知情人的身份，能够知道或应当知道该信息是内幕信息，则该司机不应当受到豁免。

根据美国法，这种情况没有被作为豁免规则，不过这与其采用关系论没什么关联。因为美国法的内幕交易监管制度以欺诈为核心，行为人必须具有故意（scienter），如果行为人不知道其获取的信息是内幕信息，则不满足故意要件，因此属于构成要件不该当，而不构成豁免。即使是适用 SEC 的 10b5－1 规则的要求，以“知悉”代替“利用”来解释“故意”之主观要件，偶然获得内幕信息的外部人如果不知悉该信息是内幕信息，也同样属于构成要件不该当的情况，而不构成豁免。

所以，理论上，一个采用关系论的国家如果不以“知悉”作为构成要件，则也应当针对偶然获得内幕信息的外部人从事内幕交易的情况设置豁免条款，除非该外部人属于可以通过私用理论或泄密人—受密人责任进行规制的人。只不过，由于美国这一关系论的重要根据地始终以“故意”作为内幕交易构成要件，因此在分类时，本书将这种通过偶然途径获得内幕信息的情形纳入了平等论进路所特有的豁免之中。另外，欧盟也没有在反市场滥用条款中专门规定此种豁免情形，这一方面是因为欧盟对次级内幕人有“知悉”要件要求，这使得次级内幕人不会在不知道其利用的信息是内幕信息的情况下受到监管；另一方面是因为欧洲法院曾裁决只有行为人和获取内幕信息的途径之间具有非偶然性，方可对行为人规责。因此，即使对于无“知悉”要件要求的原始内幕人，也不需要规定此豁免。

综上，虽然美欧没有规定这样的豁免条款，但如果一国的内幕交易法律制度中没有规定“知悉”要件，也没有要求行为人和其获取内幕信息的途径之间需具有非偶然性，则应当将外部人通过偶然途径获得内幕信息的情形列为豁免。

小　结

在讨论具体豁免情形时，区分平等论和关系论有助于有效地厘清不同法域内幕交易构成要件上的细微区别，从而帮助理解域外豁免制度。理论上，在两种理论进路下均可适用的豁免情形包括预定交易安排（含回购计划）、信息隔离制度、安定操作，以及其他情形；仅需在平等论法域使用的豁免情形包括要约收购中的收购方、要约收购之外的自身交易信息、公权力机构和国际组织履行特定职责，以及无知悉要件情况下通过偶然途径获得内幕信息的外部人。域外已经成型的具体豁免规则非常值得我国参考、借鉴。需要注意的是，本书对不同豁免情形的分类是基于理论的，而不是基于不同国家的。

在这些豁免情形中，预定交易安排和要约收购中的收购方主要是基于明显效率原则被纳入豁免的，信息隔离制度、无知悉要件情况下通过偶然途径获得内幕信息的外部人的豁免则主要是基于正当原则，而安定操作、要约收购之外的自身交易信息、公权力机构和国际组织履行特定职责则可能符合这两个原则中的任何一个，也可能同时符合这两个原则。

第五章　构建我国内幕交易监管下的豁免制度

我们已经确定，中国的内幕交易监管制度采用的是平等论，只不过有些许杂糅的情况。所以，要为我国设计豁免制度，最好先清理掉杂糅的部分。但在那之前，应当先考察一下我国现行的豁免规范。

一、现行豁免规范

我国《证券法》上明文规定的内幕交易豁免制度至今只有一条，即收购型豁免。1999 年《证券法》第 70 条第 2 款规定："持有百分之五以上股份的股东收购上市公司的股份，本法另有规定的，适用其规定。" 2005 年《证券法》对其进行了完善，在原来"持有"的基础上增加了通过协议等形式共同持有的情况，并用"自然人、法人、其他组织[1]"作为主体替换了"股东"一词，从而避免

〔1〕 2019 年《证券法》将该条中的"其他组织"改为"非法人组织"，其他内容无变化。

了某些遗漏。[1]这里的“另有规定”指向的是2005年《证券法》第86条[2]，根据该条规定，持有或共同持有上市公司5%以上股份的人继续增持该公司股份时，只须履行事后披露的义务，而无须承担内幕交易法律责任。该条本质上就是有关要约收购中收购方的豁免规则。

证监会2007年印发的内部文件《指引》中，规定了更为详细的抗辩事由。《指引》第五章“不构成内幕交易的情形”分为两条，其中第19条[3]规定的都是豁免的情形，即内幕交易构成要件之外的规则，而且强调了只有在“依法”的前提下才构成豁免。该条所用的“不构成内幕交易行为”的说法并不严谨，其准确的说法应是不构成违法的内幕交易行为。另外，该指引第20条[4]也列举了五项不构成违法内幕交易的情形，但这五项主要是广义的

---

〔1〕 2005年《证券法》第76条第2款规定：“持有或者通过协议、其他安排与他人共同持有公司百分之五以上股份的自然人、法人、其他组织收购上市公司的股份，本法另有规定的，适用其规定。”

〔2〕 2005年《证券法》第86条规定：“通过证券交易所的证券交易，投资者持有或者通过协议、其他安排与他人共同持有一个上市公司已发行的股份达到百分之五时，应当在该事实发生之日起三日内，向国务院证券监督管理机构、证券交易所作出书面报告，通知该上市公司，并予公告；在上述期限内，不得再行买卖该上市公司的股票。投资者持有或者通过协议、其他安排与他人共同持有一个上市公司已发行的股份达到百分之五后，其所持该上市公司已发行的股份比例每增加或者减少百分之五，应当依照前款规定进行报告和公告。在报告期限内和作出报告、公告后二日内，不得再行买卖该上市公司的股票。”

〔3〕 《指引》第19条规定：“上市公司、上市公司控股股东或其他市场参与人，依据法律、行政法规和规章的规定，进行下列市场操作的，不构成内幕交易行为：(一)上市公司回购股份；(二)上市公司控股股东及相关股东行为履行法定或约定的义务而交易上市公司股份；(三)经中国证监会许可的其他市场操作。”

〔4〕 《指引》第20条规定：“有下列情形之一的，行为人的证券交易活动不构成内幕交易行为：(一)证券买卖行为与内幕信息无关；(二)行为人有正当理由相信内幕信息已公开；(三)为收购公司股份而依法进行的正当交易行为；(四)事先不知道泄露内幕信息的人是内幕人或泄露的信息为内幕信息；(五)中国证监会认定的其他正当交易行为。”

抗辩，其中只有第 3 项收购行为属于豁免，第 5 项兜底条款也可能是豁免。而第 2 项和第 4 项，实际上都不满足我国证券法规定的“利用”要件，因此属于不满足构成要件的情形，而不是豁免。

此外，我国刑法上规定了内幕交易罪的免责抗辩事由，即 2012 年“两高”发布的《内幕交易刑事解释》第 4 条中规定的四种情形。首先，“持有或者通过协议、其他安排与他人共同持有上市公司百分之五以上股份的自然人、法人或者其他组织收购该上市公司股份的”，对应我国证券法规定的收购豁免。其次，“按照事先订立的书面合同、指令、计划从事相关证券、期货交易的”，是参考域外制度制定的预定交易安排豁免。再次，“依据已被他人披露的信息而交易的”，不属于本书讨论的豁免，而是广义的抗辩，相当于未满足内幕信息的未公开性之要件。最后，“交易具有其他正当理由或者正当信息来源的”，是兜底条款。“两高”专门作出这项规定，很大程度上是由于该司法解释将刑法上的“非法获取证券、期货内幕信息的人”进行了扩大解释，使刑法中的内幕交易制度变成了以平等论为指导的制度，因此需要豁免规则进行平衡。

不考虑法律效力和部门法差别的话，上述规定中的豁免规则直接涵盖了本书前面提出的预定交易安排（含股票回购）、要约收购中的收购方、其他正当情形三种豁免，其中提到的有“正当信息来源”的兜底条款间接涵盖了通过偶然途径获得内幕信息的外部人，该解释没有列出的豁免是信息隔离制度、安定操作、自身交易信息方面的豁免情形。

不过，由于《指引》不具有对外的法律效力，《内幕交易刑事解释》是刑法规范，所以我国证券法实际上仍是仅有一条有关收购的豁免条款。考虑到施加行政责任的法律应当具有确定性，我国还是需要通过制定证券法层面的规则来明示相对人，从而为相对人合理的行为提供法律保障，以免他们由于担心产生法律风险而不敢进行正常的投资、经营活动。此外，由于某些豁免规则容易被不轨之人利用，因此应当在规定豁免条款的同时制定更为详细的实施规则。

二、内幕交易制度层面修法建议

（一）应贯彻平等论思想

根据前面对我国内幕交易制度的梳理，我们已经得出了中国内幕交易制度的内核是平等论，只不过外在表现上杂糅了一些关系论的特征。而这种杂糅的形态导致我国内幕交易制度的基本分析思路不明确，从而容易产生各类法律争议。因此，比较现实的重构应当是从立法语言层面将整个内幕交易监管制度的话语体系向平等论进行统一。其具体理由如下：

第一，平等论思路符合国际变化趋势。其一，欧盟所有国家已经统一适用以市场论为指导的《2014 年反市场滥用条例》，这意味着在欧洲至少有近三十个国家已经以市场健全、市场透明度和保护投资者信心作为内幕交易监管的宗旨。其二，欧盟前成员英国作为英联邦的核心成员，在法律上对于其他英联邦国家具有重要影响。一方面，英国本身就具有市场论的传统，在内幕交易制度上更强调对社会法益的保护。另一方面，英国《1993 年刑事司法法》(Criminal Justice Act 1993)和《2000 年金融服务与市场法》(Financial Services and Markets Act 2000, FSMA 2000)受到了欧共体《1989 年反内幕交易指令》的影响，对内幕交易的规制更为严格。而自 2005 年英国根据欧盟《2003 年反市场滥用指令》修改国内的《2005 年金融服务与市场法》(FSMA 2005)和《市场行为准则》以来，英国的内幕交易制度逐步实现了欧盟化。因此，澳大利亚、新西兰、新加坡等英联邦国家的内幕交易制度也逐渐摈弃了关系论，树立了市场论思想。其三，美国虽然是关系论的重地，但近年来也显示出向平等论回归的迹象。前文提到的 Cuban 案、Dorozhko 案、Obus 案以及新纽曼案暴露了关系论在内幕交易监管中存在的局限性，因此联邦巡回法院的法官们不同程度地做出了冲破关系论的尝试。例如在 2009 年的 Dorozhko 案中[1]，有黑客伪造电子身份入侵某信息公司服务器，提前获取了另一公司的财务报告，并在报告公开前后买卖期权。审理该案的联邦第二巡回法院挑战了信义关系理论，认为与储存财务报告的信息公司和发布财务报告的公司本身都不具有任何特殊关系的黑

〔1〕 See SEC v.Dorozhko, 574 F.3d 42, 44 (2d Cir.2009).

客违反了反欺诈条款，因而构成内幕交易。这一判决因为违背信义关系理论和私用理论而备受争议。这类判例进一步引发了美国学界对关系论和平等论的争论。面对诸如黑客入侵这样的新型挑战，以及世界其他国家趋向平等论的内幕交易成文法立法浪潮，有美国学者也认为应制定以平等获取信息理论为基础的成文法，使美国适应世界的立法趋势。[1]

第二，向平等论统一符合我国的历史传统。如前所述，我国从内幕交易制度建立初期就一直秉承平等论思想，倾向于禁止任何人从事内幕交易。这种历史理念正是后期不少规范性文件喜欢使用此类字眼的缘由之一。而2005年《证券法》实施之后，《禁止欺诈办法》与《证券法》的连接忽然被切断，其所导致的我国向关系论的转向，实际上并不符合我国内幕交易相关立法传统。

第三，向平等论统一符合我国现实情况。这种现实情况分为立法现实、司法现实和执法现实。在立法现实层面，我国《信披通知》、《重组办法》、"两高"《内幕交易刑事解释》等一系列文件使法律对行为人的归责不再受信义关系或其他信赖关系的束缚，甚至几乎使任何人都可能成为内幕交易的行为主体。在司法现实层面，《关于审理证券行政处罚案件证据若干问题的座谈会纪要》为证监会实施行政处罚时按照"两高"《内幕交易刑事解释》来界定"非法获取内幕信息的人"提供了法院审理层面的支持，减少了证

〔1〕 Edward Greene, Olivia Schmid, *Duty-Free Insider Trading?* , Colum.Bus. L.Rev., 2013, p.370.

监会在司法上的后顾之忧。在行政执法现实层面，证监会一方面通过对“非法获取内幕信息的人”进行扩大解释，解决了包括间接受密人在内的信息受领人的监管难题，在实质上将“非法获取内幕信息的人”解释成了类似于欧盟次级内幕人的含义。另一方面，在2005年《证券法》实施初期，证监会作出的一些行政处罚决定确实超越了当时《证券法》对内幕交易行为主体的规定，其实质就是在以平等论的理念办案。况某、张某、徐某等内幕交易案〔1〕就是这一时期的典型案件。

2007年10月，格力前高管况某受邀参与了格力房地产项目借壳海星科技上市的工作，他在家中打电话聊工作时被其配偶张某听到，之后张某向况某的外甥女徐某推荐购买被借壳的海星科技公司的股票，并告知了其借壳事宜。该案中，没有任何一人属于《证券法》直接列举的主体。况某本人虽然参与了借壳事宜，但他只是格力集团前任高管，因此不属于《证券法》直接列举的“内幕信息的知情人”。但况某可以纳入证监会2007年8月15日向上市公司发布的《信披通知》第3条列举的“由于业务往来知悉该事项的相关人员”中。根据该条规定，这些被列举的人“在相关事项依法披露前负有保密义务”，“在上市公司股价敏感重大信息依法披露前，不得公开或者泄露该信息，不得利用该信息进行内幕交易”。该规定正是证监会根据2005年《证券法》第

〔1〕 参见《中国证监会行政处罚决定书》(〔2010〕32号)，发文日期：2010年8月9日。

74 条的授权，对“内幕信息的知情人”进行的补充规定。因此，当内幕信息属于“正在筹划中的可能影响公司股价的重大事项”时，“内幕信息的知情人”范围不仅是 2005 年《证券法》第 74 条列举的前六种人，也包括该通知中列举的各类人。但该通知中并未列举因亲属关系知悉内幕信息的人。因此，虽然况某可以据此纳入“内幕信息的知情人”范围，但张某和徐某并不能根据该通知被纳入其中。

如果不考虑案件发生时间，将 2008 年实施的《上市公司重大资产重组管理办法》套入该案，则可以将况某归为该办法列举的“参与重大资产重组筹划、论证、决策、审批等环节的人员”，将张某纳入“因直系亲属关系知悉股价敏感信息的人员”，他们“在重大资产重组的股价敏感信息依法披露前负有保密义务”，但该办法明文禁止的只是“利用该信息进行内幕交易”，根据之前对该办法的分析，这里的“内幕交易”应做狭义理解，不宜包含泄露内幕信息和根据内幕信息建议他人买卖证券的行为样态。因此，张某的行为无法受内幕交易制度监管。而实际买卖海星科技之证券的徐某，由于并非他们的直系亲属，因此完全不在该办法禁止的主体之内。此处需要再次强调的是，上述《上市公司重大资产重组管理办法》除列举了禁止内幕交易的主体之外，还在总则中写道：“禁止任何单位和个人利用重大资产重组信息从事内幕交易、操纵证券市场等违法活动”。如前所述，由于该法在后文中做出了具体的列举，这一条不能直接适用。因此，根据该办法，证监会只能处罚况某和张某进行的内幕交易，而不能禁止他们泄露内幕信息或推荐他人购买股票；而徐某则完全不在该办法规定的相关主体范围之内。需注意，该处罚决定作出时，最高人民法院组织的“关于审理证券行政处罚案件证据若干问题的座谈会”尚未召开，《内幕交易刑事解释》也并不存在，因此证监会没有将张某和徐某纳入“非法获取内幕信息的人”中。

但结果，证监会最终将这三人都认定为《证券法》不曾提到的所谓“内幕信息知悉者”，并认定况某“泄露该信息”，其配偶张某“泄露该信息”并“建议他人买卖该证券”，徐某在信息公开前“买卖该证券”。结合上述分析，证监会将况某认定为“内幕信息的知情人”是有《信披通知》作为法律依据的，但对张某和徐某的认定恐怕欠缺足够依据。在该案中，确实存在一些细节，某种程度上似乎透露出了该案责任人的社会危害性。例如，徐某从况某处借款 50 万元购买股票，张某是徐某证券账户的全权代理人，徐某在张某家中用张的电脑下单购买了海星科技的股票。结合这些细节来看，证监会将这三人的行为认定为违法并不失合理之处。但是，超越法律规定的行政处罚始终是存在重大瑕疵的。〔1〕只能说，证监会在办案时依然秉持着我国 2005 年《证券法》实施之前

〔1〕 这种情况也可以理解。因为 2005 年《证券法》实施后，1993 年国务院发布的《股票条例》虽然已经实际停用，但一直没有被明文废止。参见彭冰：《内幕交易行政处罚案例初步研究》，载《证券法苑》2010 年第 2 期。而该条例正是持平等论思想的，该案中的张某、徐某可以纳入该条例规定的“以不正当手段获取内幕信息的其他人员”，从而成为内幕交易的行为主体，只不过这样解释会比较牵强。

的平等获取信息理论的思路。因此，该案反映了我国在内幕交易行政执法层面采纳平等论的现实情况。此外，证监会在《2017 年证监会行政处罚情况综述》中明确指出，证监会打击内幕交易的目的在于警示处于信息优势的上市公司“内部人”加强自律，保护处于信息劣势的中小投资者，切实维护公平透明的市场交易秩序。〔1〕证监会的这一番宣言字字句句都是平等获取信息理论的精髓：信息平等、保护投资者、维护公平透明的市场秩序。这与欧盟维护投资者信心、追求市场健全〔2〕和市场透明度的理念如出一辙。综上，我国在立法、司法和执法三个层面的现实情况均表明向平等论统一内幕交易制度的话语体系更符合我国实际。

第四，向平等论统一符合我国的政策导向。2017 年 10 月，习近平总书记在中共十九大报告中指出，建设现代化经济体系，需要加快完善社会主义市场经济体制。在金融领域，要“深化金融体制改革……健全金融监管体系，守住不发生系统性金融风险的底线”。2017 年 12 月举行的中央经济会议将“防范化解重大风险”与精准脱贫、污染防治一起列为决胜全面建成小康社会的三大攻坚战之一。而打好防范化解重大风险攻坚战，重点就是“防控金融风险……做好重点领域风险防范和处置，坚决打击违

---

〔1〕 中国证监会：《2017 年证监会行政处罚情况综述》，载中国证券监督管理委员会网 2017 年 12 月 28 日，http://www.csrc.gov.cn/pub/newsite/zjhxwfb/xwdd/201712/t20171227_329694.html。

〔2〕 欧盟常说的“市场健全”（market integrity）一词，更符合中文语境的翻译，可能正是“市场秩序”。本书采用的“健全”译法来自赖英照教授。参见赖英照：《股市游戏规则：最新证券交易法解析》，2014 年自版发行，第 445 页。

法违规金融活动，加强薄弱环节监管制度建设”。因此，在内幕交易监管领域贯彻与我国现实情况相符合的平等论，更符合当前中央对违法金融活动采取严打态度的政策导向。

总结来说，将平等论理念彻底贯彻于我国的内幕交易监管制度中，使之在思想和话语体系上形成统一，能解决关系论存在的法律漏洞，更贴近国际内幕交易监管发展趋势，更符合我国国内立法、司法和执法层面的现实，更能满足我国经济发展的政策考量。选择平等论，很大程度上并不是因为平等论比关系论更好，而是因为关系论并不适合我国现实情况，为了解决目前我国内幕交易监管制度中存在的杂糅问题，只能选择更贴近我国现实情况的平等论进行思维上的统一。

（二）相对现实的修法方案

为了解决当前存在的理论杂糅以及“非法获取内幕信息的人”法律依据不明确的问题，应当系统性地考虑我国现行内幕交易法律体系，尊重立法现实，通过阻力较小的方式在法条中贯彻平等论思想。下面本书将以解决问题、系统联动、尊重现实、阻力最小等作为指导理念，对我国内幕交易法律制度的重整提出一套也许可行的建议。

首先，第一个也是最核心的一点建议是，将《证券法》及相关规范中的“非法获取内幕信息的人”改为“非因正当理由而知悉内幕信息的人”。

在梳理我国内幕交易法律制度时本书曾提到，1999 年《证券法》使用“非法获取内幕信息的人”代替 1993 年《股票条例》和《禁止欺诈办法》所使用的“以不正当手段获取内幕信息的人”很可能主要是为了与 1997 年《刑法》第 180 条保持一致。而《刑法》的立法者很可能是考虑到刑法本身的严厉性，所以没有沿用《股票条例》和《禁止欺诈办法》中的涵盖广泛的“以不正当手段获取内幕信息的人”，而是将其改成了打击面更小的“非法获取内幕信息的人”。但其实这一修改并不适合证券法。证券法与刑法的协同所导致的内幕交易监管困难，使证监会和“两高”不得不通过种种备受争议的方式扩大该词的范围。这一现象反映出 1999 年《证券法》采用《刑法》中的这一用词是不恰当的。

如前所述，当前我国内幕交易制度中的“非法获取内幕信息的人”一词，实际上被证监会在岳某斌案中阐释成了“不具有合法资格或理由而获取内幕信息的人”，而“两高”的《内幕交易刑事解释》又为这一阐释提供了法律背书。这种曲折的做法非常不利于行政相对人理解内幕交易的行为主体。本书建议将“非法获取内幕信息的人”直接改为与证监会的解释类似的“非因正当理由而知悉内幕信息的人”，这样可以使执法中的现实情况在法律层面得到确认。因此，这种修改实际上不仅不会导致行政执法权范围扩大的问题，反而会因为在其中增加了“知悉”要件而对证监会的行政权力起到限制作用。而且，这种改法也与《内幕交易刑事解释》抗辩条款中豁免“有其他正当理由或者正当信息来源”之交易行为的规定相协调。这一修改建议最重要的作用在于使此类主体用词的表面意思和内幕交易监管中的实际意思相一致，从而使民众通过阅读《证券法》即可对行为主体有大致认识，避免产生误导。

这一小小的修改同时能够起到将我国的内幕交易法律制度话语体系统一到平等论上的效果。前面已经论述过，我国目前使用的“非法获取内幕信息的人”一词实际上和欧盟规定的次级内幕人的范围非常类似。欧盟的次级内幕人是原始内幕人之外的任何人。[1]而我国现实中的“非法获取内幕信息的人”除了不包括履行相应职责的监管部门和内幕信息知情人以外的信息来源方之外，基本能包括内幕信息知情人之外的任何人。只是“非法”二字让人觉得似乎只有违法之人方构成此类主体，并误以为亲朋好友间悄悄传递内幕信息并利用其进行交易的行为不至于构成违法的内幕交易。因此，将“非法”改为“非因正当理由”即可起到让《证券法》从直观上回归平等论的效果。此修改另一个间接的好处是，其他相关规范性文件中常提的“禁止任何人”从事内幕交易，不再显得特别碍眼。

这里没有使用原来《股票条例》和《禁止欺诈办法》中“以不正当手段获取内幕信息的人”的说法，一方面是考虑到“手段”具有主动而为的含义，无法适用于被动获取内幕信息的人，而“非因正当理由而知悉内幕信息的人”则可以涵盖这类人。而且，当时

〔1〕 次级内幕人有主观要件的限制。

的这种规定很大程度上是来自美国法对信息受领人（受密人）的规定，而采用这种修改其实才更贴近美国联邦最高法院在Dirks案中对信息受领人的表述。Dirks案对泄密人—受密人责任进行了详细论述，其重要论点之一即是受密人只在“不恰当”地获取信息时才承担责任。可以看出这里的“不恰当”也是能用来形容被动获取行为的。[1]因此，这一改动也可以解决处理受密人时来自《证券法》层面的掣肘。另一方面，用“非因正当”代替“不正当”参考的是证监会在岳某斌案中使用的思路，因为“不正当”只能用于具有恶意的情况，而“非因正当”则可与《内幕交易刑事解释》对“非法获取内幕信息的人”所做的扩大解释相协调。

此处用“知悉”内幕信息的人代替了岳某斌案中“获取”内幕信息的人，主要是为了防止“推定利用”的举证方式被滥用。虽然我国的证券监督管理机构在证明“利用”要件的同时，也倾向于同时证明“知悉”，但在实务中，证监会并不是在每一次行政处罚中都能做到对当事人知悉其所持有的信息是内幕信息这一情况进行充分举证，至少有些行政处罚决定书中这方面的论述比较薄弱。例如，在江某灿、罗某荣、詹某绮内幕交易案[2]中，江某灿是上市公司春晖股份的内幕信息知情人，罗某荣是江某灿的多年

---

〔1〕　这里不得不佩服一下美国联邦最高法院大法官对多种可能性的全盘考虑以及在遣词造句方面的造诣。其原文是“it（信息）has been made available to them（受密人）improperly”。相比之下，1993年的《股票条例》和《禁止欺诈办法》的“通过不正当手段取得内幕信息的人”带有受密人主动而为之色彩，因此少覆盖了一部分主体。

〔2〕　参见《中国证监会行政处罚决定书（江某灿、罗某荣、詹某绮）》（〔2013〕58号），发文时间：2013年10月22日。

好友，詹某绮是罗某荣的妻子，江某灿和罗某荣的通话时点与罗某荣夫妇买入股票的时点大体吻合，证监会由此便认定江某灿泄露了内幕信息，罗某荣夫妇在获知内幕信息后从事了相关证券交易。根据证监会列举的情况，我们最多能够推定罗某荣利用了内幕信息，但对于詹某绮是否知悉其所持有的信息是内幕信息，证监会却没有任何论证。证监会仅凭詹某绮从事了相关交易就推定其利用了内幕信息，是不太合理的。对于这种情况，欧盟的做法是为次级内幕人在利用要件之外增设“知悉”要件，即只有知道或应当知道其所持有的信息是内幕信息的次级内幕人，方被禁止从事内幕交易。因此，此处建议参照欧盟的做法，对内幕信息知情人之外的内幕交易行为主体增加知悉要件，以防“推定利用”被过度使用。因此，本书建议的“非因正当理由而知悉内幕信息的人”中的“知悉内幕信息”，应参照欧盟做法将其理解为“知道或应当知道其所持有的信息是内幕信息”。

其实，由于“非法获取内幕信息的人”在我国几乎就是内幕信息知情人之外的任何人，因此早已应当为其在利用要件之外增加“知悉”要件，但由于“非法获取内幕信息的人”表面上看起来似乎只限于有违法行为的人，因此不易发现对其额外施加知悉要件的必要性。改成“非因正当理由”取得内幕信息的人之后，这种必要性就更明显了一些。

虽然我国现行法规定的“非法获取内幕信息的人”与本书所建议的“非因正当理由而知悉内幕信息的人”在字面上看上去有

较大差别，但根据本书第三章对“非法获取内幕信息的人”的内涵梳理可以看出，在我国的法律实践中，“非法获取内幕信息的人”与本书所建议的“非因正当理由而知悉内幕信息的人”之间实际只差在“知悉”二字上。但这并不意味着那些字面上的变化无关紧要。综上所述，这种修改的重要意义在于：第一，从金融法层面直接确认我国的平等论形态，清理残留的关系论思维，缓和当前因杂糅形态而产生的矛盾冲突；第二，使金融法与其他法律规范相互协调，避免人们对法条产生误解，同时明确信息受领人的责任；第三，防止行政权力滥用。

第二个建议是，完善我国的内幕交易豁免制度。通过之前对平等论和关系论的梳理，以及有关持平等论之法域应有更多豁免规则的论证，可以知道，对于实际以平等论为内幕交易监管宗旨的我国来说，制定更详尽、更全面的豁免条款本是应有之义，只不过这种必要性同样被“非法获取内幕信息”一词掩盖了。因此，借助在金融法上明确平等论的机会，应当将内幕交易豁免制度直接引入证券法。完善豁免制度的理由本书第二章已经阐述，此处不再具体讨论。

总结来说，将《证券法》等相关规范中的“非法获取内幕信息的人”改为“非因正当理由而知悉内幕信息的人”，可以为规制内幕信息知情人之外的行为主体提供明确的法律依据，避免对公众产生误导；可以从证券法层面直接确认平等论的适用，统一我国内幕交易监管话语体系，同时直接解决受密人责任问题；可以减少因杂糅形态而产生的法律争议；可以防止证券监督管理部门权力滥用，从而避免内幕交易监管制度打击面过大。完善我国的内幕交易豁免制度有助于弥补证券法的构成要件缺陷，防止平等论进路打击面过大，同时能增加法律的确定性，从而为市场参与者提升市场效率的合理行为提供法律保障。此外，豁免制度还具有限制行政权力滥用，降低执法成本的效果。

三、豁免制度建议

（一）基本规定

理想状态下，完善我国内幕交易豁免制度的最佳方式是在《证券法》和未来的期货法中规定基本条款，同时通过部门规章的形式制定实施细则。

在基本条款方面，需要增加对预定交易安排、信息隔离制度、安定操作、自身交易信息，以及其他正当情形的豁免。同时必须规定适用豁免条款的前提是善意行事，否则豁免条款很容易被用来规避内幕交易法律责任。

前文中提到的“公权力机构和国际组织履行特定职责”的豁免情形，此处没有建议，一方面是考虑到在我国对公权力机构追究内幕交易责任的可能性较小，如有需要豁免的情况，可纳入兜底条款考量，无须单独列出；另一方面是因为欧盟单独列出这类豁免很大程度上是由其本身性质所决定的，因为欧盟作为一个紧密的国际组织需要协调成员方及相关国际组织相互之间的关系，而我国作为一个主权国家在内幕交易监管领域并没有这方面的需求。至于“无知悉要件情况下通过偶然途径获得内幕信息的外部人”，则因前文已经建议为内幕信息知情人之外的人增加知悉要件，因此并不需要作为我国的豁免来规定。即使没有知悉要件，也可作为其他正当情形纳入兜底条款之中。而“反欺诈型内幕交易”在符合正当原则的情况下也可以纳入“其他正当情形”之中。

豁免的正当原则和明显效率原则并不一定需要写入法条当中，因为这两个原则的内涵都可以在“其他正当情形”中体现。不过，正当原则和明显效率原则是实际适用豁免时仍需遵循的原则，因为这两大原则一方面可以指导具体规定的应用，另一方面可以防止豁免制度被滥用。

（二）实施细则

除了在法律法规中规定基本条款，本书同时建议通过部门规章的形式针对不同豁免情形制定实施细则。

在预定交易安排之豁免方面应当注意：其一，计划中必须详细记载交易安排的制定日期、存续期间、交易证券的数量、交易金额、或可确定数量的详细方式、交易价格和交易日期、受委托执行之人等。以上事项如果是依照公式、算法或电脑程序决定的，还应在交易安排之中记载相关的公式、算法或电脑程序等内容。其二，严格限制对交易安排施加人为影响。其三，制定内幕信息知情人交易安排报备制度。其四，谨慎豁免选择性执行交易安排的情况。

信息隔离制度方面，虽然我国目前已经要求证券、期货、基金公司等设立信息隔离制度，但具体操作层面仍以自律管理[1]为主。因此，对信息隔离制度进行内幕交易的豁免，首先需要将信息隔离制度的具体实施要求上升为有强制执行力的规范层面，方适合推出信息隔离制度的豁免。

安定操作方面，应当对交易的目的、主体、时间、价格、数量做出严格限制，同时设置具体的信息披露规则，并要求行为人履行事后报告义务。其细则可在证券发行相关制度中一并规定，但须注意其主体应囊括我国目前在股票发行上市中从事稳定股价行为的各类主体，例如享有超额配售选择权的承销商、发行人控股股东、发行人实际控制人及其一致行动人、发行人董事及高级管理人员等。

要约收购之外的自身交易信息方面，须注意豁免的是“仅仅”因行为人知道自己将要进行的或者过去已经进行的相关交易或协议导致其行为符合内幕交易构成要件的情况。其他不当情形的存在可能导致无法适用该豁免。

此外，豁免之外的其他抗辩事由，如有必要，仍可同时规定，以便进一步明确我国的内幕交易构成要件。但理论上需明确豁免和抗辩的区别。

---

〔1〕 例如，中国证券业协会依据《证券公司信息隔离墙制度指引》对证券公司实施自律管理。

小　结

为解决我国在杂糅形态下法律争议频发和法律依据不清这两大关键问题，应结合国际趋势和国内现实，以平等论为指导思想对我国的内幕交易立法进行重构。要实现此种法律重构，相对现实且简便的方式是将证券法中“非法获取内幕信息的人”改为“非因正当理由而知悉内幕信息的人”。借由这一简单的修改，即可从金融法层面直接确认我国的平等论形态，从而清理残留的关系论思维，解决当前因杂糅形态而产生的矛盾冲突，明确信息受领人责任，并防止行政权力滥用。

我国现行内幕交易监管的豁免制度十分不完善，证券法层面的豁免仅有针对公司收购的豁免一项。而且，虽然我国本具平等论内核的内幕交易法律制度中理应建立更为详尽、全面的豁免规则，但如能通过上述对“非法获取内幕信息的人”的修改使我国的内幕交易监管制度呈现更为纯粹的平等论形态，则完善相应豁免制度的必要性将更加明显。

为完善我国内幕交易豁免制度，一方面要在证券法和期货法中对预定交易安排、信息隔离制度、安定操作、自身交易信息作出基本规定，将正当原则和明显效率原则融入兜底条款“其他正当情形”之中；另一方面要通过部门规章的形式制定各类豁免的实施细则。需要注意的是，豁免制度中应禁止故意利用豁免条款规避内幕交易法律责任。

结　论

回到引发本书思考的光大乌龙指事件。该案是否构成违法的内幕交易，首先要看我国采纳的监管进路是信义关系理论还是平等获取信息理论。根据本书的研究，我国的内幕交易监管制度虽然杂糅了信义关系理论和平等获取信息理论，但实质上采纳的是平等获取信息理论的进路。因此，在不考虑法律具体规定的情况下，光大的行为可以构成违法的内幕交易。

在这个层次上，光大案引起的争议是由法律移植引起的。大多数时候，我国制定法律时需要借鉴发达地区的经验。如果我们主要从一个国家移植，或者被移植的多个国家采纳了类似的制度，那么移植而成的法律通常不会有太大的问题。但是，如果参考了多个国家的法律，而这些国家的法律制度又有着根本不同，就很容易使最终形成的法律制度出现无法自洽、矛盾丛生的情况。

我国的内幕交易法律体系就不幸地处在两种非常不同的监管进路的夹缝中。因此，在处理内幕交易案件时，不仅外界会有许多质疑，甚至在联合办案时，司法机关和证券监管部门之间也会产生激烈的争论。可是长期以来，人们并未认识到问题的关键所在，因为以美国为代表的“关系论”和以欧盟为代表的“平等论”之间的重要差别，并未被清晰认识。即使有人看到了二者之间存在一些区别，也未能意识到这种区别对于我国内幕交易监管的重要影响。

要认清这两大进路的区别，就必须从内幕交易监管的历史入手。在梳理美国监管历史的过程中，我们发现，美国并不是从一开始就采纳其目前在内幕交易监管中广泛使用的关系论的。而欧盟现在信奉的平等论，竟是源于20世纪60年代的美国。欧盟不仅截取了美国内幕交易监管理论史中的一个节点，而且将这一点发展壮大，形成了独树一帜的“市场论”，将维护欧洲统一市场的整体秩序和保护投资者信心作为其内幕交易监管的首要宗旨。结果是，在欧盟，无论内幕人和金融商品的发行人之间是否存在信义关系，都不影响法律对内幕交易行为的制裁。欧盟和美国内幕交易监管制度之间存在的这一根本性差异，并不容易被发现。因为欧盟的很多条款也是逐渐从美国移植而来的，甚至在美国转变为关系论之后，这种移植也并未停止。所以，欧盟现行内幕交易立法中，仍留有不少美国法的痕迹。最初，欧共体颁布《1989年反内幕交易指令》时，两者之间的差别尚不明显，因为信义义务的影子常常可以透过法律所列举的行为主体的身份传达出来。可惜，美国判例法中的信义义务精髓，并未被欧洲大陆所接受。在横跨判例法和成文法之间的鸿沟进行移植时，信义义务在欧盟内幕交易监管制度中的消失似乎难以避免。也正是因为信义义务的消失如此不着痕迹，平等论与关系论之间的巨大差异，即使是在欧美国家也长期未被重视。直到最近几年黑客窃取内幕信息等案件发生后，美国才恍然发现大西洋彼岸的欧盟已经将早年产生于美国的平等论幼苗浇灌成了大树，而无须再在各类内幕交易案件中左支右绌地给法律做体操了。反观欧盟方面，可能是由于长期以来在内幕交易执法方面相对较为薄弱，所以也没太在意自己的立法已经比美国“老师”激进了很多。

我国在移植美国的法律时恐怕也遭遇了与欧盟类似的问题。虽然我国在 2005 年《证券法》实施后基本整体上接受了美国的关系论，但在后续的制度发展中，同样逐渐丢掉了原本隐藏在主体身份之中的信义义务。这一方面是由于《证券法》本身没有直接将信义义务作为构成要件进行规定，另一方面也是由我国自 1990 年立法禁止内幕交易以来所长期秉持的平等论观念与欧盟理论的新发展之间的共同作用所引起的。以至于我国自 2007 年开始即通过各类规范性文件和证监会在实践中对法律的扩大解释，不断突破关系论的束缚，使我国从实质上回归了平等论。

但由于缺乏对两大进路和法律现状的清醒认识，我国的内幕交易监管制度在理论进路上发生了根本变化之后，却呈现为目前的杂糅关系论色彩的平等论形态。在这种杂糅形态下，人们很难从现行证券法中直接发现平等论的核心地位，平等论和关系论进路之间的内在冲突使我国在理论上和实践中均产生了很大的法律争议，监管部门平等论进路的执法行为也常常备受指责。甚至连美国学者都批评我国证监会在内幕交易行政执法层面开辟了一条完全逾越法律的道路。[1]

为了平息两大理论之杂糅所导致的混乱现状，我国必须顺应实际，将平等论从《证券法》层面明确确立为我国的核心监管进路，从而厘清法律思路。在很大程度上，我国应当以平等论进路作为统一方向，并不是因为平等论比关系论的监管范围更广，而是考虑到我国内幕交易立法、执法、司法的现实情况，以及从中渗透出的根深蒂固的平等论监管风格。这种监管风格，在目前的形势下是不会被逆转的。平等论作为一种不以信义义务为构成要件的监管进路，通常有着比关系论打击范围更广的特点，这一特点使内幕交易监管更容易扩大到不必要的地步。因此，采纳平等论进路的我国更需要建立完善的内幕交易豁免制度。

目前，完全采纳平等论的欧盟已经在其反市场滥用法律规范中制定了一系列豁免规则来平衡平等论的弊端，美国也根据其法律制度的实际情况设置了部分豁免事项。在厘清平等论和关系论进路差别的前提下，我国完全可以在正当原则和明显效率原则的指引下参考欧美的豁免规则，建立起一个适合我国内幕交易法律体系的豁免制度，从而防止因监管范围不断扩大而可能产生的负面影响。

---

〔1〕 参见［美］郝山、陶永祺：《中国过于宽泛的内幕交易执法制度——法定授权和机构实践》，载《交大法学》2014 年第 2 期。

在更深的价值取向层次上，光大案是否属于内幕交易，抑或能否适用豁免，则取决于立法者对公平和效率的权衡。但由于法律的不完备性，我们常常无法判断立法者对具体案件中涉及的公平和效率的态度。此时，掌握剩余立法权和执法权的监管者就要承担权衡公平和效率的责任。在光大案中，监管者对公平的看重，超过了对光大证券进行对冲所带来的效率的看重，这才是光大证券的行为被认定为违法内幕交易的根本原因。但如果将光大案放在其他国家，监管者的态度则不一定与中国监管者一致。

提出可行能力公平观的阿马蒂亚·森曾举过一个令人印象深刻的例子：三个小孩为一把笛子争吵，他们都认为自己最有资格拥有笛子。安妮是三人中唯一会吹奏笛子的人；鲍勃是唯一没有任何玩具的最贫穷的人；而卡拉则是花费了几个月的心血制作了这把笛子的人。那么，谁该拥有这把笛子？[1]

单纯从法律的角度来看，笛子可以毫无争议地归属卡拉，因为卡拉通过制作这一行为自然而然地获得了笛子的所有权。但这个看似简洁的例子实际上淋漓尽致地展现了公平之争：强调保护最少受惠者的罗尔斯会选择支持最贫穷的鲍勃；功利主义者会纠结于安妮和鲍勃之间，因为安妮能获得吹奏的快乐，而贫穷的鲍勃如能获得笛子也会非常快乐；诺齐克这样的极端自由主义者会和法学家一样，认为卡拉有权拥有自己制造出来的东西。

---

〔1〕 参见［印］阿马蒂亚·森：《正义的理念》，王磊、李航译，中国人民大学出版社2012年版，第11页。

于是，阿马蒂亚·森说道，即使是非常理智的人，也很难对什么是绝对公平或绝对正义达成共识。[1]

作为内幕交易的核心价值概念之一，多面的“公平”将内幕交易带入了一个永远无法解决的争议当中。但如果将人们对“公平”的多元化理解融入内幕交易法之中，就可以为其提供一定的弹性，反过来缓解法律的不完备性所导致的执法困境。本书提出在内幕交易豁免制度中引入“正当原则”，正是利用了公平理念的这一特点。同时，通过富有弹性的正当原则赋予监管者更大的剩余立法权和执法权，也恰恰与不完备法律理论的原理相契合，即法律越不完备，越应当赋予监管者更多的剩余立法权和执法权。内幕交易法的不完备性是被公平与效率之争加剧的，而从公平与效率之争中推演出来的“正当原则”和“明显效率原则”又完全能够解释现实制度中存在的各种豁免情形，这正体现出了原则对具体制度的指导作用。

本书对内幕交易豁免制度的研究仍是比较基础的。未来有关内幕交易监管下豁免制度的研究可以从技术性条款入手，以便为豁免制度的实践提供更扎实的学术支持。

---

〔1〕 参见［印］阿马蒂亚·森：《正义的理念》，王磊、李航译，中国人民大学出版社2012年版，中文版“序”第3页。

参考文献

一、中文专著

1. 陈甦主编:《证券法专题研究》,高等教育出版社 2006 年版。

2. 陈兴良主编:《刑法学》(第 2 版),复旦大学出版社 2009 年版。

3. 胡光志:《内幕交易及其法律控制研究》,法律出版社 2002 年版。

4. 井涛:《内幕交易规制论》,北京大学出版社 2007 年版。

5. 赖英照:《股市游戏规则:最新证券交易法解析》,2014 年自版发行。

6. 刘连煜:《内线交易构成要件》(第 2 版),新北,元照出版有限公司 2012 年版。

7. 彭冰:《中国证券法学》(第 2 版),高等教育出版社 2007 年版。

8. 全国人大常委会法工委研究室编写组编著:《中华人民共和国刑法释义》,人民出版社 1997 年版。

9. 全国人大证券法修改起草工作小组编:《〈证券法〉修改国际借鉴》,中国发展出版社 2007 年版。

10. 盛学军主编:《欧盟证券法研究》,法律出版社 2005 年版。

11. 宋晓燕:《证券法律制度的经济分析》,法律出版社 2009 年版。

12. 王萍:《证券交易与监管法律研究》,中国政法大学出版社 2015 年版。

13. 夏文斌:《走向正义之路:社会公平研究》,黑龙江教育出版社 2000 年版。

14. 杨亮:《内幕交易论》,北京大学出版社 2001 年版。

15. 张巍:《资本的规则》,中国法制出版社 2017 年版。

16. 张小宁:《证券内幕交易罪研究》,中国人民公安大学出版社 2011 年版。

17. 张新宝:《侵权责任法原理》,中国人民大学出版社 2005 年版。

18. 郑顺炎:《证券内幕交易规制的本土化研究》,北京大学出版社 2002 年版。

19. 中国证监会行政处罚委员会编:《证券行政处罚案例判解》(第 1 辑),法律出版社 2009 年版。

20. 中国证监会上海稽查局编:《证券违法违规案例评析》,上海人民出版社 2002 年版。

21. 中国证券投资者保护基金有限责任公司:《证券违法典型

案例报道选编(2010年编)》,经济管理出版社2010年版。

22.周正庆主编:《证券知识读本》(修订本),中国金融出版社2006年版。

23.朱伟一:《美国证券法判例解析》,中国法制出版社2002年版。

二、中文译作

1.[美]威廉姆·T.爱伦:《公司法和公司治理初论:当代中国公司法中新增勤勉信义义务的前景和问题展望》,黄婕、许世夺译,载《法律适用》2006年第3期。

2.[美]托马斯·李·哈森:《证券法》,张学安等译,中国政法大学出版社2003年版。

3.[美]郝山:《中国过于宽泛的内幕交易执法制度——法定授权和机构实践》,载《交大法学》2014年第2期。

4.[美]詹姆斯·D.考克斯、[美]罗伯特·W.希尔曼、[美]唐纳德·C.兰格沃特:《证券管理法:案例与资料》(第3版),中信出版社2003年版。

5.[美]约翰·罗尔斯:《正义论》,何怀宏、何包钢、廖申白译,中国社会科学出版社1988年版。

6.[美]罗伯塔·罗曼诺编著:《公司法基础》(第2版),罗培新译,北京大学出版社2013年版。

7.［美］路易斯·罗思、［美］乔尔·赛里格曼:《美国证券监管法基础》,张路等译,法律出版社 2008 年版。

8.［英］约翰·斯图亚特·穆勒:《功利主义》,叶建新译,中国社会科学出版社 2009 年版。

9.［美］罗伯特·诺齐克:《无政府、国家与乌托邦》,何怀宏等译,中国社会科学出版社 1991 年版。

10.［美］罗伯特·诺齐克:《无政府、国家与乌托邦》,姚大志译,中国社会科学出版社 2008 年版。

11.［美］帕尔米特:《证券法》(注译本),中国方正出版社 2003 年版。

12.［德］卡塔琳娜·皮斯托、许成钢:《不完备法律(上)——一种概念性分析框架及其在金融市场监管发展中的应用》,汪辉敏译,载《比较》2002 年第 3 辑。

13.［德］卡塔琳娜·皮斯托、许成钢:《不完备法律(下)——一种概念性分析框架及其在金融市场监管发展中的应用》,汪辉敏译,载《比较》2002 年第 4 辑。

14.［印］阿马蒂亚·森:《正义的理念》,王磊、李航译,中国人民大学出版社 2012 年版。

15.［美］詹姆斯·B. 斯图尔特:《贼巢》,张万伟译,北京联合出版公司 2016 年版。

16.［美］唐纳德·A. 威特曼编:《法律经济学文献精选》,苏力等译,法律出版社 2006 年版。

17.[英]亨利·西季威克:《伦理学方法》,廖申白译,中国社会科学出版社 1993 年版。

18.[英]理查德·亚历山大:《内幕交易与洗钱:欧盟的法律与实践》,范明志、孙芳龙等译,法律出版社 2011 年版。

19.[美]弗兰克·伊斯特布鲁克、[美]丹尼尔·费希尔:《公司法的经济结构》,张建伟、罗培新译,北京大学出版社 2005 年版。

三、英文专著

1.Stephen M.Bainbridge, *Securities Law: Insider Trading, 2nd ed.*, New York: Foundation Press, Thomson/West, 2007.

2.Stephen M.Bainbridge, *Insider Trading Law and Policy*, Foundation Press, 2014.

3.Stephen Jung Choi & Adam C.Pritchard, *Securities Regulation*, Aspen Publishers Online, 2008.

4.John C.Coffee, Hillary A.Sale & M.Todd Henderson, *Securities Regulation: Cases and Materials*, 13th ed., 2015.

5.Thomas Lee Hazen, *Treatise on the Law of Securities Regulation*, 6th ed., Practitioner ed.St.Paul, MN, West, 2009.

6.Thomas Lee Hazen, *Securities Regulation: Cases and Materials*, 8th ed.St.Paul, MN: Thomson Reuters/West, 2009.

7.Louis Loss, Joel Seligman & Troy Paredes, *Fundamentals of Securities Regulation*, 6th ed., New York: Wolters Kluwer Law & Business, 2011.

8.Gregory.Lyon & Jean J.Du Plessis, *The Law of Insider Trading in Australia*, Federation Press, 2005.

9.Henry G.Manne, *Economic Mysteries in Insider Trading*, Saarbrücken: Universität des Saarlandes, Europa-Institut, 1991.

10.Niamh Moloney, EC Securities Regulation, Oxford: Oxford University Press, 2002.

11.Donna M.Nagy, Richard W.Painter & Margaret V.Sachs, *Securities Litigation and Enforcement: Cases and Materials*, West, 2012.

12.Alan R.Palmiter, *Securities Regulation: Examples and Explanations*, Aspen Law&Business, 1998.

13.Margaret V.Sachs, Donna M.Nagy & Gerald J.Russello, *Securities Litigation and Enforcement in a Nutshell*, West Academic Publishing, 2016.

14.Marc I.Steinberg, *International Securities Law: A Contemporary and Comparative Analysis*, Kluwer Law International, 1999.

15.William K.S.Wang & Marc I.Steinberg, *Insider Trading*, 2nd ed., New York City: Practising Law Institute, 2008.

四、中文论文

1. 白建军:《证监会 60 个处罚决定的实证评析》,载《法学》1999 年第 11 期。

2. 蔡奕:《证券法发行上市条款的重大修订解读》,载《法学》2006 年第 2 期。

3. 蔡奕:《我国证券市场内幕交易的法学实证分析——来自 31 起内幕交易成案的统计分析》,载《证券市场导报》2011 年第 7 期。

4. 曹理:《市场公平进路下的内幕交易立法改革——以行为构成体系为中心》,载《证券法苑》2010 年第 2 期。

5. 曹理:《证券内幕交易构成要件比较研究》,吉林大学 2013 年博士学位论文。

6. 陈国庆、韩耀元、王文利:《〈最高人民法院、最高人民检察院关于办理内幕交易、泄露内幕信息刑事案件具体应用法律若干问题的解释〉解读》,载《人民检察》2012 年第 11 期。

7. 陈江生、李珠峰、杨国斌:《西方经济学视域中的公平与效率》,载《科学社会主义》2005 年第 5 期。

8. 陈洁、曾洋:《对"8 · 16 光大事件"内幕交易定性之质疑》,载《法学评论》2014 年第 1 期。

9. 陈舜:《内幕交易理论的普通法基础》,载《证券市场导报》2005 年第 1 期。

10. 陈银娥:《西方福利经济理论的发展演变》,载《华中师范大学学报(人文社会科学版)》2000 年第 4 期。

11. 程皓:《内幕交易、泄露内幕信息罪若干问题研究》,载《法学评论》2006 年第 4 期。

12. 段忠桥:《马克思和恩格斯的公平观》,载《哲学研究》2000 年第 8 期。

13. 段磊:《日本证券市场内幕交易规制的最新动态及借鉴——以 2013 年〈金融商品交易法〉修订为线索》,载《证券市场导报》2014 年第 6 期。

14. 方烨:《日本〈金融商品交易法〉内幕交易规制的修订及借鉴》,载《中国商论》2017 年第 3 期。

15. 冯殿美、杜娟:《内幕交易、泄露内幕信息罪若干问题研究》,载《法学论坛》2006 年第 2 期。

16. 冯珏:《论侵权法中的抗辩事由》,载《法律科学(西北政法大学学报)》2011 年第 4 期。

17. 傅穹、曹理:《内幕交易规制的立法体系进路:域外比较与中国选择》,载《环球法律评论》2011 年第 5 期。

18. 傅穹、曹理:《禁止内幕交易立法理念转换及其体系效应——从反欺诈到市场诚信》,载《法律科学(西北政法大学学报)》2013 年第 6 期。

19. 高垚:《内部人交易、信息获利动机与制衡因素——基于沪市 A 股上市公司的经验证据》,复旦大学 2008 年博士学位论文。

20. 郭雳:《〈证券法〉修订草案中的若干问题及完善》,载《法学》2005年第8期。

21. 国务院法制局:《股票发行与交易管理暂行条例的制定》,载《中国法律年鉴》1994年第1期。

22. 何大昌:《西方经济学关于公平与效率关系理论研究》,载《现代管理科学》2002年第6期。

23. 何佳蓉:《从比较法观点论内线交易豁免规定之可能性》,台湾大学2013年硕士学位论文。

24. 桁林:《中国证券法反欺诈规则分析》,载《法学杂志》2001年第5期。

25. 侯冬梅:《功利主义公平理论研究述评》,载《湖南农机》2008年第7期。

26. 胡光志:《反内幕交易法律制度的经济根源》,载《现代法学》2001年第6期。

27. 胡光志:《反内幕交易法的公平性基础——从内幕交易"无损害"假说谈起》,载《现代法学》2002年第4期。

28. 黄昆培:《内线交易构成要件暨豁免条款之研究》,辅仁大学2013年硕士学位论文。

29. 贾中海、张景先:《三种经典公平正义理论之比较》,载《理论探讨》2011年第4期。

30. 江帆:《经济法的价值理念和基本原则》,载《现代法学》

2005 年第 5 期。

31. 姜华东:《证券市场内幕交易监管的经济学分析》,南开大学 2008 年博士学位论文。

32. 金灵:《内幕交易行为规制的行、刑关系矫正:一个实证研究》,载《证券法苑》2017 年第 2 期。

33. 孔康妮:《我国证券内幕交易法律规制现状与改进探析》,载《山东工商学院学报》2016 年第 1 期。

34. 赖英照:《公务员是不是内部人?》,载《高大法学论丛》2007 年第 1 期。

35. 赖英照:《证券诈欺与资讯平等的拔河——评美国内线交易法制的发展》,载《法令月刊》2013 年第 12 期。

36. 赖英照:《美国内线交易法制的方法与价值》,载《台北大学法学论丛》2016 年第 99 期。

37. 蓝威:《论操纵证券交易价格的抗辩事由——以安定操作抗辩为中心》,载《价格理论与实践》2014 年第 6 期。

38. 李安安:《资本市场法律移植的制度反思与变革》,载《证券法苑》2015 年第 1 期。

39. 李伯轩:《欧盟内幕交易界定标准探析》,载《社科纵横(新理论版)》2010 年第 3 期。

40. 李国秋、吕斌:《1994 年以来证监会内幕交易执法演变的实证研究》,载《金融教学与研究》2012 年第 2 期。

41. 李明良、李虹:《欧盟市场滥用规制框架修订草案述评——兼论金融犯罪罪责认定的客观化与社会化趋势》,载《证券市场导报》2012 年第 11 期。

42. 李明良、李虹:《期货市场内幕交易的内涵:以美国为中心的考察》,载《证券法苑》2014 年第 4 期。

43. 李松龄:《公平与效率的准则——福利经济学公平、效率和分配观的比较》,载《广西经济管理干部学院学报》2002 年第 3 期。

44. 李松龄、栾晓平:《公平与效率的理论综述》,载《山东社会科学》2003 年第 4 期。

45. 李昕:《欧盟反市场滥用立法评述》,载《欧洲》2002 年第 6 期。

46. 李逸斯:《内幕交易规制强化趋势研究》,厦门大学 2016 年硕士学位论文。

47. 李游:《证券内幕交易主体范围研究》,载《时代法学》2015 年第 4 期。

48. 厉以宁:《经济学的伦理问题——效率与公平》,载《经济学动态》1996 年第 7 期。

49. 梁正:《内线交易禁止之射程范围与监理策略》,台湾大学 2010 年硕士学位论文。

50. 林宥宏:《台湾内线交易制定豁免条款之妥适性》,逢甲大学 2013 年硕士学位论文。

51. 刘斌、刘鹏生:《西方经济学关于效率与公平关系问题的评述》,载《生产力研究》2004 年第 9 期。

52. 刘连煜:《内幕(线)交易之行为主体的理论与实务——台湾最新案例研析》,载《证券法苑》2012 年第 1 期。

53. 刘宪权:《内幕交易、泄露内幕信息罪若干疑难问题探析》,载《犯罪研究》2003 年第 2 期。

54. 刘元春:《福利、公平、贫困与饥荒——评阿马蒂亚·森对福利经济学的贡献》,载《教学与研究》1999 年第 4 期。

55. 楼建波、闫辉、赵杨:《〈公司法〉中董事、监事、高管人员信义义务的法律适用研究——以北京市法院 2005～2007 年间的相关案例为样本的实证研究》,载《商事法论集》2012 年第 1 期。

56. 鲁篱:《我国证券法的制度设计与现实选择——评我国证券立法思想之缺失》,载《社会科学研究》2000 年第 6 期。

57. 吕成龙:《谁在偷偷地看牌?——中国证监会内幕交易执法的窘境与规范检讨》,载《清华法学》2017 年第 4 期。

58. 马其家:《我国证券内幕交易认定标准的构建》,载《吉林大学社会科学学报》2010 年第 5 期。

59. 毛玲玲:《中美证券内幕交易规制的比较与借鉴》,载《法学》2007 年第 7 期。

60. 苗有水、刘晓虎:《〈关于办理内幕交易、泄露内幕信息刑事案件具体应用法律若干问题的解释〉的理解与适用》,载《人民司法》2012 年第 15 期。

61. 缪因知:《反欺诈型内幕交易之合法化》,载《中外法学》

2011 年第 5 期。

62. 彭冰:《内幕交易行政处罚案例初步研究》,载《证券法苑》2010 年第 2 期。

63. 齐萌:《内幕交易中的预定交易计划抗辩事由研究》,载《财经科学》2016 年第 9 期。

64. 齐文远、金泽刚:《内幕交易的经济分析与法律规制》,载《法商研究》2002 年第 4 期。

65. 秦子忠:《以可行能力看待不正义:论阿马蒂亚·森的正义理论》,载《上海交通大学学报(哲学社会科学版)》2016 年第 3 期。

66. 上海市第二中级人民法院课题组:《证券市场内幕交易民事赔偿责任问题研究——以光大乌龙指引发的内幕交易案为视角》,载《证券法苑》2016 年第 2 期。

67. 盛学军:《我国证券监管法律制度模式》,载《现代法学》2001 年第 2 期。

68. 万国华、杨海静:《论反欺诈原则在证券法中的确立——对诚实信用作为证券法基本原则的反思》,载《南开学报(哲学社会科学版)》2015 年第 1 期。

69. 汪毅霖:《阿玛蒂亚·森的正义观——对罗尔斯的批判及其公共政策含义》,载《学术月刊》2011 年第 6 期。

70. 王昌来:《浅析证券内幕交易中的内幕信息》,载《当代法学》2001 年第 9 期。

71. 王益:《公平、效率和有效监管——中国金融法改进的目标》,载《金融法苑》2001年第11期。

72. 王永立:《欧洲共同体部长理事会一九八九年第五九二号禁止内线交易指令之研究》,淡江大学2002年硕士学位论文。

73. 温少昊:《证券内幕交易罪主体问题的比较与借鉴——以欧盟指令和法国证券法律法规为视角》,载《法学杂志》2015年第5期。

74. 吴碧英、王艺明:《社会选择理论与森的贡献》,载《浙江学刊》1999年第3期。

75. 吴昉昱:《我国证券内幕交易主体之理论解读与规则构建》,载《政治与法律》2015年第7期。

76. 吴晶晶:《从〈反市场滥用指令〉看欧盟证券立法的转化与协调》,对外经济贸易大学2010年硕士学位论文。

77. 吴舟:《论"两高"最新内幕交易、泄露内幕信息罪司法解释的缺陷及完善》,载《常州工学院学报(社科版)》2012年第6期。

78. 夏中宝:《从"身份中心主义"到"信息中心主义"——内幕交易主体法律规制之变迁》,载《金融服务法评论》2014年第1期。

79. 项剑:《美国规制要约收购的法律问题研究——兼论中国要约收购法律制度之完善》,厦门大学2001年博士学位论文。

80. 谢杰:《最新内幕交易犯罪司法解释的缺陷与规则优化》,

载《法学》2012 年第 10 期。

81. 许成钢:《法律、执法与金融监管——介绍“法律的不完备性”理论》,载《经济社会体制比较》2001 年第 5 期。

82. 杨凌珊:《内幕交易抗辩事由研究》,厦门大学 2013 年硕士学位论文。

83. 杨思斌:《功利主义法学述评》,载《安徽大学学报》2005 年第 5 期。

84. 游家兴、武娟、陈述:《法律执行异质性与内幕交易监管效率——基于 PIN 指数的研究视角》,载《投资研究》2013 年第 1 期。

85. 于海燕、邹湘:《福利经济学主要代表人物的思想及其财政意义》,载《山东纺织经济》2005 年第 4 期。

86. 于莹:《内幕交易法律监管的正当性分析》,载《当代法学》2005 年第 2 期。

87. 喻琼:《论知悉内幕信息的认定》,厦门大学 2014 年硕士学位论文。

88. 原凯:《美国券商内幕交易行为的法律规制述评》,载《浙江工商大学学报》2012 年第 2 期。

89. 曾宛如:《构建我国台湾地区内线交易之规范——从禁止内线交易所欲保护之法意切入》,载《中国资本市场法治评论》第 4 卷,法律出版社 2013 年版。

90. 曾洋:《证券内幕交易的“利用要件”》,载《环球法律评论》2013 年第 6 期。

91. 曾洋:《证券内幕交易主体识别的理论基础及逻辑展开》,载《中国法学》2014 年第 2 期。

92. 曾洋:《“知悉内幕信息”的证明》,载《证券市场导报》2014 年第 11 期。

93. 张保华、李晓斌:《欧盟关于市场操纵行为的监管与立法实践》,载《证券市场导报》2005 年第 1 期。

94. 张怀强:《论斯马特与布兰特之争》,载《神州》2013 年第 27 期。

95. 张瑞玲:《内线交易重大消息之认定与豁免条款之研究——以我国法院实务为中心》,台北大学 2009 年硕士学位论文。

96. 张翕:《中国证监会内幕交易行政处罚案例综述》,载《法律与新金融》2017 年第 22 期。

97. 张文婷、史广龙:《反思法律移植模式下的资本市场创新机制——以“中概股”丑闻背后的公司治理问题为例》,载《证券法苑》2012 年第 2 期。

98. 张祥宇:《证券内幕交易罪主体问题研究》,载《上海政法学院学报(法治论丛)》2016 年第 1 期。

99. 张小宁、解永照:《论证券内幕交易罪中的主观要件》,载《太原理工大学学报(社会科学版)》2011 年第 2 期。

100. 张小宁、解永照:《欧盟规制证券内幕交易的指令体系及其对内幕人员的认定》,载《唯实》2012年第6期。

101. 张心悌:《从法律经济学与资讯财产权探讨内线交易理论:兼论内线交易内部人之范围》,载《台大法学论丛》2008年第3期。

102. 张心向:《我国证券内幕交易行为之处罚现状分析》,载《当代法学》2013年第4期。

103. 张宇润、杨思斌:《论证券法"三公"原则的制度内涵》,载《法商研究》2002年第5期。

104. 张子学:《浅析债券市场内幕交易的规制》,载《证券法苑》2012年第1期。

105. 张世洁:《两岸证券法之"内线交易"规范评析》,载《两岸商法评论》2011年第1期。

106. 郑晖:《内幕交易司法解释中预定交易安排条款探讨——以美国证监会10b5-1(C)规则为视角展开》,载《证券市场导报》2014年第4期。

107. 郑晖:《美国泄密型内幕交易法律责任中个人利益标准研究——兼谈泄密型内幕交易罪之中美对比》,载《证券市场导报》2017年第6期。

108. 钟付和:《证券法的公平与效率及其均衡与整合——兼论我国证券法之立法连续性不足》,载《法律科学(西北政法大学学报)》2000年第6期。

109. 周濂:《把正义还给人民——评阿玛蒂亚·森〈正义

观〉》,载《复旦政治哲学评论》2010 年第 1 卷。

110. 周天舒:《证监会对内幕信息传递人的选择性执法研究——以 2011 年至 2015 年内幕交易案件为样本》,载《北方法学》2017 年第 5 期。

111. 朱伟骅:《内幕交易监管与监管困境研究综述》,载《证券市场导报》2007 年第 9 期。

112. 主力军:《欧盟禁止内幕交易制度的立法实践及启示》,载《政治与法律》2009 年第 5 期。

五、英文期刊

1.Kern Alexander, *UK Insider Dealing and Market Abuse Law: Strengthening Regulatory Law to Combat Market Misconduct*, Research Handbook on Insider Trading, Stephen M.Bainbridge ed., Cheltenham, UK: Edward Elgar Publishing, 2013.

2.Stephen M.Bainbridge, *Insider Trading Regulation: The Path Dependent Choice between Property Rights and Securities Fraud*, SMU Law Review, Vol.52, No.4 (1999).

3.Laura Beny, *Do Insider Trading Laws Matter?Some Preliminary Comparative Evidence*, American Law&Economics Review, Vol.7, No.1 (2005).

4.Laura Beny, *Insider Trading Laws and Stock Markets around the World: An Empirical Contribution to the Theoretical Law and Economics Debate*, Journal of Corporation Law, Vol.32, No.2 (2007).

5.Victor Brudney, *Insiders, Outsiders, and Informational Advantages under the Federal Securities Laws*, Harvard Law Review, Vol.93, No.2(1979).

6.Dariusz M Budzen & Ania M Frankowska, *Prohibitions against Insider Trading in the United States and the European Community: Providing Guidance for Legislatures of Eastern Europe*, Buintl Lj, 1994.

7.Dennis W.Carlton & Daniel R.Fischel, *The Regulation of Insider Trading*, Stanford Law Review, Vol.35, No.5(1983).

8.Richard Carlucci, *Harmonizing Us Securities and Futures Regulations*, Brook J Corp Fin&Com L, Vol.2(2007).

9.Sugato Chakravarty & John J.Mcconnell, *An Analysis of Prices, Bid/Ask Spreads, and Bid and Ask Depths Surrounding Ivan Boesky's Illegal Trading in Carnation's Stock*, Financial Management, Vol.26, No.2(1997).

10.Steven J.Cleveland, *Resurrecting Deference to The Securities and Exchange Commission: Mark Cuban and Trading on Inside Information*, Fla.L.Rev., 2013.

11.John C.Coffee, Jr., *Symposium: The Past, Present, and Future of Insider Trading Law: A 50th Anniversary Re-Examination of Cady*, Roberts and the Revolution It Began: INTRODUCTION: Mapping the Future of Insider Trading Law: of Boundaries, Gaps, and Strategies, Colum.Bus.L.Rev., 2013.

12.James D.Cox, *Insider Trading and Contracting–a Critical Response to the Chicago School*, Duke Law Journal, No.4 (1986).

13.Harold Demsetz, *Corporate Control, Insider Trading, and Rates of Return*, The American Economic Review, Vol.76, No.2 (1986).

14.Mark F.DiGiovanni, *Weeding out a New Theory of Insider Trading Liability and Cultivating an Heirloom Variety: A Proposed Response to Sec V.Dorozhko Note*, Geo Mason L Rev, Vol.19 (2011).

15.M.P.Dooley, *Enforcement of Insider Trading Restrictions*, Virginia Law Review, Vol.66, No.1 (1980).

16.Eric Engle, *Insider Trading in U.S.and E.U.Law: A Comparison*, Social Science Electronic Publishing, 2008.

17.Jesse M.Fried, *Insider Abstention*, Social Science Electronic Publishing, Vol.113, No.2, 2003.

18.Franklin A.Gevurtz, *The Road Not Taken: A Comparison of the E.U.nnd U.S.Insider Trading Prohibitions* (September 12,

2017), available at SSRN: https: //ssrn.com/abstract=3062793.

19.Zohar Goshen & Gideon Parchomovsky, *The Essential Role of Securities Regulation*, Duke Law Journal, Vol.55, No.4 (2006).

20.Edward Greene & Olivia Schmid, *Duty-Free Insider Trading Symposium: The Past, Present, and Future of Insider Trading Law: A 50th Anniversary: Introduction Re-Examination of Cady, Roberts and the Revolution It Began*, Colum Bus L Rev, 2013.

21.D.D.Haddock & J.R.Macey, *Regulation on Demand-a Private Interest Model, with an Application to Insider Trading Regulation*, Journal of Law & Economics, Vol.30, No.2 (1987).

22.R.J.Haft, *The Effect of Insider Trading Rules on the Internal Efficiency of the Large Corporation*, Michigan Law Review, Vol.80, No.5 (1982).

23.Nicholas Calcina Howson, *Enforcement without Foundation?—Insider Trading and China's Administrative Law Crisis*, The American Journal of Comparative Law, Vol.60, No.4 (2012).

24.HUANG Hui, *Insider Trading and the Regulation on China's Securities Market: Where are We Now and Where Do We Go from Here?*, Journal of Business Law, 2012.

25.Alan D.Jagolinzer, *SEC Rule 10b5-1 and Insiders'Strategic*

Trade, Management Science, Vol.55, No.2(2009).

26.Donald C.Langevoort, *Fine Distinctions in the Contemporary Law of Insider Trading*, Colum.Bus.L.Rev., 2013.

27.Alexander F.Loke, *From the Fiduciary Theory to Information Abuse: The Changing Fabric of Insider Trading Law in the U.K., Australia and Singapore*, American Journal of Comparative Law, Vol.54, No.1(2006).

28.Lisa K Meulbroek, *An Empirical Analysis of Illegal Insider Trading*, The Journal of Finance, Vol.47, No.5(1992).

29.Donna M.Nagy, *Insider Trading and the Gradual Demise of Fiduciary Principles*, Iowa Law Review, Vol.94(2009).

30.Ten Oever, E.A Jonathan, *Insider Trading and the Dual Role of Information*, Yale Law Journal, Vol.106(1997).

31.Charles R.T.O'Kelley, *The Evolution of the Modern Corporation: Corporate Governance Reform in Context*, U.Ill. L.Rev., 2013.

32.Katharina Pistor & Chenggang Xu, *Incomplete Law*, New York University Journal of International Law&Politics, Vol.35 (2003).

33.Lynda M Ruiz, *European Community Directive on Insider Dealing: A Model for Effective Enforcement of Prohibitions on Insider Trading in International Securities Markets*, Columjtransnatl

L, Vol.33, No.1 (1995).

34.Anthony Michael Sabino, Michael A. & Sabino, *From Chiarella to Cuban: The Contributing Evolution of the Law of Insider Trading*, Fordham J Corp&Fin L, Vol.16 (2011).

35.Kenneth E.Scott, *Insider Trading-Rule 10b-5, Disclosure and Corporate Privacy*, Journal of Legal Studies, Vol.9, No.4 (1980).

36.H.N.Seyhun, *The Effectiveness of the Insider-Trading Sanctions*, Journal of Law & Economics, Vol.35, No.1 (1992).

37.Marc I.Steinberg, *Insider Trading, Selective Disclosure, and Prompt Disclosure: A Comparative Analysis*, U Pa J Int'l Econ L, Vol.22 (2001).

38.Marc I.Steinberg, *Insider Trading Regulation—a Comparative Analysis*, International Lawyer, Vol.37, No.1 (2003).

39.Marco Ventoruzzo, *Comparing Insider Trading in the United States and in the European Union: History and Recent Developments*, European Company and Financial Law Review, Vol.11, No.4 (2015).

40.Sarah Wilson, *The New Market Abuse Regulation and Directive on Criminal Sanctions for Market Abuse: European Capital Markets Law and New Global Trends in Financial Crime Enforcement*, Era Forum, Vol.16, No.3 (2015).

六、其他文献

1.Alexandre Lamfalussy, Council of Europe.Committee of Three, Final Report of the Committee of Wise Men on the Regulation of European Securities Markets: Committee of Wise Men, 2001.

2.Claudio Segre, The Development of a European Capital Market Report of a Group of Experts Appointed by the EEC Commission, November 1966.

3.Commission Recommendation of 25 July 1977 concerning a European code of conduct relating to transactions in transferable securities (77/534/EEC)(OJ L 212/37, 20 August 1977).

4.Opinion of The Economic and Social Committee on the Proposal for a Council Directive Coordinating Regulations on Insider Trading, OJ C 35, 8.2.1988.

后　记

2013 年光大乌龙指事件发生半个月后，我博士入学。开学没多久，我的博士生导师刘燕教授让我就此事查找一些外国相关文献。最初只是完成任务的心态，结果在查资料的过程中我发现光大乌龙指事件放在美国法的语境下并不属于违法的内幕交易。这一结论令我十分疑惑，加上当时有一门课期末要交论文，于是我就以此为话题写了一篇论文。2014 年中国法学会证券法学研究会要开年会，我就以年会投稿为契机，每日泡在北大法学院图书馆，疯狂地查阅资料、完善论文。

后来，这篇论文卡着截止时间以“光大乌龙指事件内幕交易争议背后的理论根源——源流与分野、豁免与价值”为题提交到了中国法学会证券法学研究会 2014 年年会。我在这篇文章的摘要中写道：“光大证券乌龙指事件被中国证监会认定为内幕交易之后引起了各界广泛争议，这种争议的产生有其理论根源。美国在漫长的内幕交易法律演进过程中逐渐确立了以反欺诈为核心的推理路径，而以欧盟等为代表的部分发达经济体则走向了平等获取信息理论的推理路径。我国内幕交易立法表面上兼具这两种推理路径的特点，因此，光大证券内幕交易的法律争议所反映的实质是两种理论下不同推理路径之间的冲突。然而细究理论之特性并考察我国行政、司法实践后会发现，中国已经实质性地走上了平等获取信息理论的道路。因此，在我国现行法律框架下，中国证监会对光大证券的内幕交易认定应当是合法的。但从对冲交易的基本价值来看，这一认定似乎并不合理。而且根据域外立法实践，一些采纳平等获取信息理论的国家已经为自有交易信息设计了豁免规定。”

那次年会在武汉召开，和我的上课时间冲突。我那时从未参加过大型学术会议，于是便鼓起勇气向任课的蒋大兴老师请假。结果蒋老师说，请假的话翻译作业就要翻倍。我们当时经济法专业的几名一年级博士生正被蒋老师的翻译作业折磨得死去活来，被要求在短时间内每人翻译一篇英文论文。本来翻译量就已经让我们敲字敲到键盘冒烟，听说要翻译两篇，我立刻吓得没敢再提去武汉开会的事。结果没想到，这篇论文居然得到了年会评审的肯定，还得了奖。加上后来刘燕老师说本想资助我去武汉，没想到我竟然没去，以至于我颇有些后悔。（好在一想到还要多翻译一篇论文就不觉得后悔了）就是辛苦了正好也去开会的郭雳老师。我当时请他帮忙带我的奖状回北京，又因为我头一次得这种奖，觉得值得纪念，于是还请郭老师带了一本年会论文集。郭老师说，论文集比较厚，我给你带下册吧。我当时没多想就说好。

等我拿到论文集才发现原来年会论文集如此巨大——A4纸大小，和词典一样厚，还只是下册。以至于到现在我一想起此事就觉得十分对不住善良的郭老师。因为当时我想发表这篇文章，于是后来我又厚着脸皮向他请教论文修改意见。好在郭老师并没有丝毫嫌弃，依然耐心地提出了很多宝贵意见，他尤其建议我在文章最后对《证券法》提供一些修法建议。刘燕老师那时也给我的文章做了很详细的批注，还对文章提出了一些问题。在按照老师们充满洞察力的意见修改论文时，我发现自己当时的知识储备竟然无法回答老师提出的一些看似简单的问题，更无法给出具有可操作性的修法建议。加上光大乌龙指事件最核心的疑问已经得到了解答，好奇心不再强烈，发表文章的事就被我搁置了。

博二时我开始申请出国访学，因为拖延症没来得及想新的研究计划，于是就把从这篇论文中延伸出来的内幕交易豁免制度问题作为申请访学的研究计划。再后来毕业论文开题，博士论文题目就顺理成章地定为了《内幕交易豁免制度研究》。

2018年，博士论文终于完成，被收录在北京大学法学院图书馆和北京大学内网的学位论文数据库中。2022年为出版本书我又进行了最后的修订。

9年前这个查资料的小任务如今竟成了一本书，要感谢我尊敬的导师刘燕教授以及其他在博士论文各环节提出宝贵意见的蒋大兴、郭雳、甘培忠、张守文、刘剑文、邓峰、叶姗、朱大旗、管晓峰等各位师长以及匿名评审专家。更多感谢的内容已封存在博士论文的致谢中，此处不好意思表达太多。

本书的绝大部分参考文献来自北京大学、台湾大学、美国哥伦比亚大学的图书馆和数据库，写作过程得到国家留学基金委“国家建设高水平大学公派研究生”项目、北京大学靖江法律教育国际化发展基金、中华女子学院校级科研课题等资助。最后，特别感谢法律出版社各位编辑老师的悉心编辑，你们的出色工作让本书得以问世。

葛向孜

2022 年 6 月 18 日于北京大兴